Karin Rometsch

Südafrika

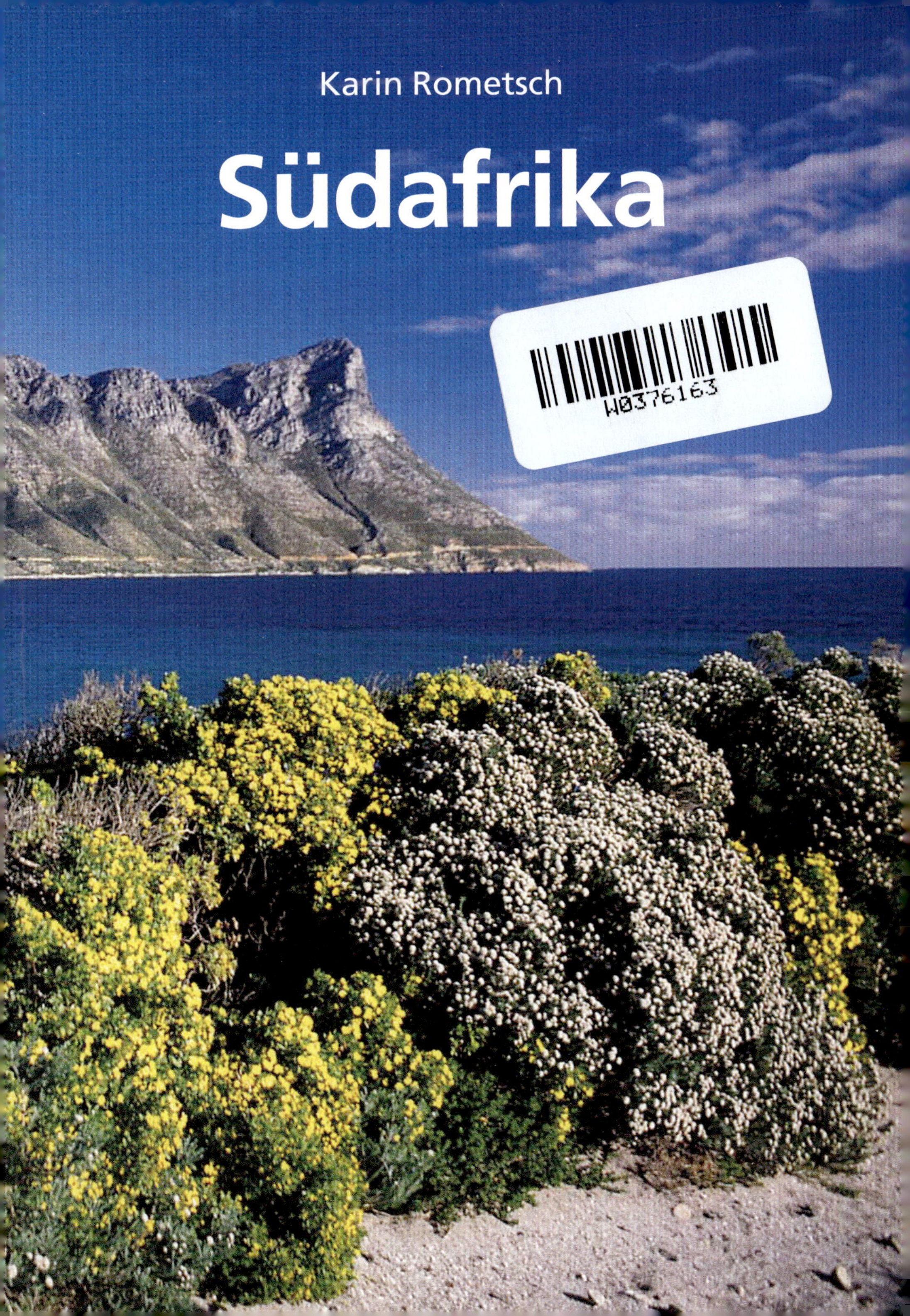

SÜDAFRIKA –
DIE REGENBOGENNATION

Südafrika ist eines der spannendsten Reiseziele überhaupt. Nirgendwo auf der Welt erlebt man so viele Kontraste von urwüchsiger Natur, ethnischer Vielfalt und westlicher Zivilisation.

Das Land liegt im äußersten Süden des afrikanischen Kontinents und ist dreieinhalb Mal so groß wie Deutschland. Es grenzt an Namibia, Botswana, Simbabwe, Swaziland und Mosambik, im Landesinneren befinden sich das Königreich Lesotho. Zwei Weltmeere, der Atlantik im Westen und der Indische Ozean im Osten, umspülen Südafrikas Küste und begegnen sich an seinem südlichsten Punkt.

Leoparden gehören zu den sogenannten Big Five

Eine Herde wilder Büffel nutzt die frühen Morgenstunden zum Grasen, um der Tageshitze zu entkommen: Im Kruger National Park findet man eine Büffelpopulation von rund 2500 Tieren

Südafrika

Eine Übersichtskarte von Südafrika mit den eingezeichneten Reiseregionen finden Sie in der vorderen Umschlagklappe.

TOP 10

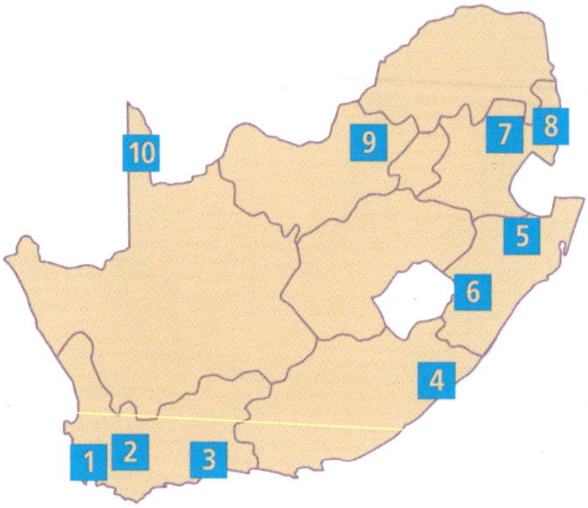

1 Kapstadt und Kap-Halbinsel
20 ff., 28 ff.
Die »Mothercity« ist mit ihrer quirligen V&A Waterfront und dem Tafelberg der Touristenmagnet schlechthin. Ausflüge zum Kap der Guten Hoffnung sind ein Muss. Die Kirstenbosch Botanical Gardens zeigen die ganze Pracht der einzigartigen Kap-Vegetation.

2 Weinland
38 ff.
Bilderbuchland mit kapholländischen Häusern, umrahmt von Gärten und Weinbergen. Das geschichtsträchtige Stellenbosch, das altehrwürdige Weingut Boschendal und die kulinarische Hauptstadt des Landes, Franschhoek, sind einmalig.

3 Garden Route
48 ff.
Die Strecke durch Südafrikas »Garten Eden« begeistert Naturliebhaber, Wanderer und Abenteuerlustige gleichermaßen. Austernessen in Knysna und Dickhäuter füttern im Knysna Elephant Park – abwechslungsreicher kann es kaum sein.

4 Wild Coast
68 ff.
Hohe Wellen schlagen an steile Klippen und bringen Naturskulpturen hervor wie »The Hole in the Wall«. Das Hinterland birgt Kultur und Mystik des Volkes der Xhosa.

5 Zululand
90 ff.
Die Wildparks Hluhluwe-Umfolozi und Ithala bieten »Africa Feeling« vom Feinsten. Die Kultur des stolzen Volkes der Zulu kann man in Shakaland bewundern.

6 uKhahlamba-Drakensberg Park
100 ff.
Majestätisch ragen die Drakensberge in den Himmel, Wasserfälle stürzen in die Tiefe. Adler ziehen ihre Kreise und Wanderer staunen über die Naturgewalt, die sie umgibt.

7 Blyde River Canyon
118 f.
Ein Blick durch »God's Window« offenbart die Schönheit und Weite des Lowveld. Die Panoramastraße entlang Südafrikas größtem Canyon bietet Highlights wie Bourke's Luck Potholes und die Three Rondavels, pittoreske Felsformation jenseits der Schlucht.

8 Kruger National Park
120 ff.
Nirgendwo kann man in Südafrika so eine Vielfalt an Tieren und Landschaften sehen, wie in dem berühmtesten Wildpark der Welt.

9 Sun City und Pilanesberg
135, 137
Kasinos, Bars, künstliche Wasserfälle in traumhaft gestalteter Freizeitlandschaft und das märchenhafte Hotel Palace of the Lost City – alles in unmittelbarer Nähe der wilden Vulkanlandschaft des Pilanesberg National Park, in dem echte Löwen brüllen.

10 Kgalagadi Transfrontier Park
153 f.
Malerische Dünenlandschaft entlang der Trockenflüsse Auob und Nossob. Man scheint am anderen Ende der Welt zu sein. Doch: Die Wüste lebt! Herden von Oryxantilopen ziehen gemächlich durch den Sand, Kalahari-Löwen ruhen unter karger Vegetation und Erdmännchen schauen neugierig auf Besucher.

Dem Reisenden bietet das Land eine Fülle von Attraktionen: Wildtierreservate, weitläufige Strände, Wüsten und majestätische Berge, aber auch Weltmetropolen mit vielen Sehenswürdigkeiten, Museen und attraktiven Einkaufsmöglichkeiten.

Gold und Diamanten und die damit verbundene Geschichte haben Südafrika ebenso geprägt wie die Vielfalt der ethnischen Gruppen und ihrer Kulturen. Es ist spannend mitzuerleben, wie das neue Südafrika nach Jahrzehnten der Rassentrennung ein neues Selbstverständnis entwickelt und allmählich zu dem wird, was den Kämpfern für mehr Gerechtigkeit, allen voran Nelson Mandela, vorschwebte – eine Regenbogennation, in der Gemeinsamkeit und eigenständige kulturelle Identität in Balance sind.

Die **Landschaft** im südlichsten Land Afrikas ist von einzigartiger Schönheit. Geologische Prozesse von unvorstellbarer Kraft und Langsamkeit haben in 300 Millionen Jahren reiche Bodenschätze und faszinierende Oberflächenformen geschaffen. Über 2500 Kilometer Küstenlinie säumen das teilweise recht schmale, flache Küstengebiet. Dahinter erhebt sich im weiten Bogen die Gebirgskette des Great Escarpment, die nach Osten hin ansteigt und in den Drakensbergen die stattliche Höhe von 3482 Metern erreicht.

Südafrikas Nationalhymne

Nkosi sikelel' iAfrika Maluphakanyisw' uphondo lwayo, Yizwa imithandazo yethu, Nkosi sikelela, thina lusapho lwayo.

Morena boloka setjhaba sa heso,
O fedise dintwa le matshwenyeho,
O se boloke, O se boloke setjhaba sa heso,
Setjhaba sa South Afrika – South Afrika.

Uit die blou van onse hemel, Uit die diepte van ons see, Oor ons ewige gebergtes, Waar die kranse antwoord gee,

Sounds the call to come together,
And united we shall stand,
Let us live and strive for freedom, In South Africa our land.

(Seit 1994 die offizielle Nationalhymne, Text und Musik von Enoch Sontonga, einem Bantu. Er war vor 1899 Lehrer in einer Missionsschule von Johannesburg.)

Südafrika – die Regenbogennation

Im Landesinneren liegt das von den Bergen umschlossene, weite und trockene Hochplateau des Highveld.

Trotz der Lage in subtropischen Breiten ist Südafrikas Klima angenehmer als in vergleichbaren Regionen. An der Westküste sorgt der kalte Benguela-Meeresstrom für gemäßigte Temperaturen, im zentralen Hochland klettert das Thermometer, bedingt durch die Höhenlage, auch im Sommer kaum über 30 Grad. Wo sich weiter nördlich das Highveld zum Kalahari-Becken hin absenkt, ist das Klima trocken und heiß. Hier liegen an den Ländergrenzen zu Botswana und Namibia die länderübergreifenden Transfrontier Parks Richtersveld und Kgalagadi, riesige Tierreservate in faszinierender Wüstenlandschaft. An den Küsten im Süden ist das Klima wiederum angenehm mediterran, besonders in Kapstadt, dem umliegenden Weinland und an der wunderbaren Garden Route. Dem Küstenverlauf weiter nach Osten folgend, nehmen die Anzahl der Sonnenscheintage und die Luftfeuchtigkeit zu, es wird subtropischer. Im hohen Nordosten des Landes, etwa im nördlichen Krügerpark, hat das Klima dann schon fast tropischen Charakter.

Viele Menschen kommen nach Südafrika, um **Tiere** in freier Wildbahn zu erleben, die sie sonst nur aus Büchern, dem Fernsehen oder aus dem Zoo kennen. Naturschutz ist ein großes Thema. Insgesamt 22 Nationalparks, allen voran der weltberühmte Krügerpark, bieten fantastische Möglichkeiten, das Land von seiner

Beeindruckende Blütenpracht von Oktober bis Dezember: Jacaranda-Allee in Pretoria

Wildblumen im West Coast National Park

Südafrika – die Regenbogennation

ursprünglichen und ungezähmten Seite zu erleben. In den Reservaten kann man die »Big Five«, Löwe, Leopard, Büffel, Elefant und Nashorn beobachten, dazu viele Antilopenarten, Giraffen, Zebras, Nilpferde und die verschiedenen Raubtiere. Insgesamt sind über 300 Säugetier-, mehr als 500 Vogel- und 100 Reptilienarten in Südafrika beheimatet.

Die Zulu, einst eine der mächtigsten Volksgruppen Südafrikas, pflegen ihre traditionellen Tänze

Auch die **Flora** ist mit über 20 000 Pflanzenarten reich gesegnet. Besonders vielgestaltig zeigt sich die zauberhafte Fynbos-Vegetation in der westlichen Kapregion. Weltweite Einmaligkeit hat auch der Artenreichtum der Sukkulenten im trockenheißen Namaqualand an der Westküste. Wälder gibt es kaum, nur im Osten des Landes wird Forstwirtschaft mit Eukalyptusbäumen, Kiefern und Fichten betrieben. Hin und wieder finden sich kleinere Bestände ursprünglichen Waldes mit schönen alten Exemplaren der geschützten Harthölzer Yellowwood, Stinkwood und Ironwood. Den weitaus größten Teil Südafrikas bedeckt Grasland. Besonders im niederschlagsarmen Highveld dominiert die Gras- und Dornsavanne mit vereinzelten Akazienbäumen, im Nordosten geht sie zunehmend in eine dichter bewachsene Buschsavanne über. Im Vendaland in den Soutpansbergen und im nördlichen Teil des Krüger-Nationalparks findet man die imposanten Affenbrotbäume *(Baobabs)*.

Ebenso vielfältig wie die Natur sind die **ethnischen Gruppen** im Land. Südafrikaner haben Vorfahren schwarzafrikanischer, holländischer, britischer, deutscher, französischer, malaiischer und indischer Herkunft. Multi-Kulturalität ist heute, nach Jahrzehnten der Unterdrückung aller Nicht-Weißen, das Leitbild der südafrikanischen Gesellschaft.

Die ethnischen Kontraste spielen – zumindest bei der überwiegend städtischen Bevölkerung – kaum mehr eine Rolle. Es sind eher die immer noch großen Unterschiede im Einkommen und der damit verbundenen Lebensumstände, die trennen. Wo sich jedoch die Einkünfte angleichen, in der neuen, zaghaft sich bildenden Mittelschicht, gibt es immer mehr Gemeinsamkeiten. Ganz allmählich entsteht die »Regenbogennation«, dieses reizvolle Nebeneinander von Mischung und Vielfalt.

Blühende Proteen in Kirstenbosch

Die Regierung des neuen Südafrika hat in den vergangenen Jahren viel bewegt. Als der Vorkämpfer gegen die Apartheid, Nelson Mandela, 1994 zum Staatspräsidenten gewählt wurde, war die Versöhnung mit der Vergangenheit das große Thema. Als Nachfolger im höchsten Regierungsamt folgten ihm 1999 Thabo Mbeki und 2009 Jacob Zuma. Die Versorgung der Bevölkerung ist das zentrale Anliegen der Politik. Dazu gehören die Schaffung von Wohnraum und Arbeitsplätzen – die offizielle Arbeitslosenrate liegt bei 27,9 Prozent – sowie Gesundheitsprogramme für

Bunte Strandumkleiden am St. James Beach nahe Kapstadt: in der Zeit der Apartheid durften ausschließlich Weiße sie benutzen

die Bevölkerung, insbesondere die Medikamentenversorgung von AIDS-Kranken. In der Bildungspolitik will man die historische Benachteiligung von Schwarzen und Farbigen aufheben.

Südafrika ist reich an Bodenschätzen, insbesondere Gold hatte dem Land früher großen Reichtum beschert. Niedrige Goldpreise führten jedoch dazu, dass heute vor allem der Handel, die verarbeitende Industrie, die Landwirtschaft und die Finanzbranche die größten Arbeitgeber sind. Deutschland gehört nach Japan, Italien und den USA zu den Hauptabnehmerländern und steht als Lieferland an zweiter Stelle (nach China).

Die **Wirtschaftslage** hat sich in den letzten Jahren bedingt durch die weltweite Wirtschaftskrise verschlechtert. Obwohl Südafrika die größte Wirtschaftsmacht auf dem afrikanischen Kontinent darstellt, ist die Arbeitslosigkeit eines der Hauptprobleme des Landes. Verringerte Steuereinnahmen führten zu einem noch größeren Haushaltsdefizit. Der stärkere Wechselkurs des Rand verteuerte heimische Waren auf dem Weltmarkt und Reisen nach Südafrika.

Kunst und Kultur haben in Südafrika eine sehr lange Tradition. Die ältesten Kunstwerke sind die zahlreichen Felsmalereien der Buschmänner (San). Ihre farbigen Darstellungen von Tieren, Menschen und Jagdszenen sind bis zu 20 000 Jahre alt und in vielen Regionen Südafrikas, besonders häufig aber in den Drakensbergen zu finden. Die schwarzafrikanischen Volksgruppen haben ganz eigene Formen des künstlerischen Ausdrucks entwickelt, die sich in Stammeskleidung, Frisuren und Schmuck zeigen, aber auch in ihren Töpfer-, Flecht- und Webarbeiten.

Ndebele-Frauen mit ihrem farbenfrohen Kunsthandwerk

SÜDAFRIKA IN ZAHLEN

Staatsform: Präsidiale Demokratie mit Zweikammerparlament
Volksname: Regenbogennation (Rainbow Nation)
Hauptstadt: Pretoria (Exekutive), Kapstadt (Legislative), Bloemfontein (Judikative)
Provinzen: Western Cape, Eastern Cape, Northern Cape, Mpumalanga, KwaZulu-Natal, Free State, Gauteng, Limpopo Province, North West
Fläche: 1 219 912 Quadratkilometer
Bevölkerung: 57 Mio.
Ethnische Gruppen: 79 % Schwarze, darunter Zulu (21 %), Xhosa (17%) und Sotho (15%) sowie kleinere Gruppen Tswana, Venda, Ndebele, Swazi, Pedi und andere, 10% Weiße, 9% Farbige, 3% Inder
Sprachen: Es gibt elf offizielle Sprachen: Englisch (Amtssprache), Afrikaans, Ndebele, Pedi, Sotho, Swazi, Tsonga, Tswana, Venda, Xhosa, Zulu
Religionen: überwiegend Christen, aber auch Moslems, Hindus, Naturreligionen
Wirtschaft: Handel, Verarbeitende Industrie, Landwirtschaft, Finanzbranche, Tourismus

Infolge der Reorganisation der Verwaltungsbezirke wurden und werden viele Städte Südafrikas umbenannt, sodass es zu Problemen mit dem Kartenmaterial kommen kann. Auch gibt es viele Straßen mit neuen Namen.

In den »Cultural Villages« der verschiedenen Stämme bekommt man einen guten Einblick in ihre Traditionen. Sehr beeindruckend sind die auffälligen Hausbemalungen der Ndebele-Frauen in ihrem typisch farbig-geometrischen Stil, wie sie im Ndebele-Dorf Mapoch bei Pretoria zu bewundern sind. Die Venda im äußersten Norden des Landes stellen kunstvolle Holzschnitzereien und Töpferarbeiten her. Die Zulu wiederum sind für ihre Flechtkunst und den Perlenschmuck bekannt. Das Vukani Museum in Eshowe (KwaZulu-Natal) zeigt eine weltweit einzigartige Sammlung der schönsten Körbe. Den hübschen Perlenschmuck findet man im Zululand überall in den Curio Shops.

Die Kunst der weißen Südafrikaner spiegelt sich vor allem in der Architektur, den Möbeln und Einrichtungsgegenständen aus Silber und Glas wider. Unverkennbar europäische Vorbilder haben die kapholländischen Bauten der Buren mit ihren verzierten Giebeln und strohgedeckten Dächern, die man häufig im Kapland sieht. Auch die prächtigen Häuser der Briten im viktorianischen und edwardianischen Stil lehnen sich eng an die heimische Bautradition an. In dem Karoo-Städtchen Graaff-Reinet oder in Pietermaritzburg, der Hauptstadt von KwaZulu-Natal, kann man viele hervorragend erhaltene Häuser bewundern.

International beachtet werden inzwischen auch die südafrikanischen schönen Künste – Musik, Theater, Malerei und Literatur. In der weltweiten Jazz- und Ethnoszene waren und sind Miriam Makheba, Abdullah Ibrahim oder die A-Cappella-Gruppe Ladysmith Black Mambazo längst kein Geheimtipp mehr.

Die Literaturnobelpreisträger Nadine Gordimer und John Maxwell Coetzee sowie die Autoren Breyten Breytenbach und Donald Woods sind weltbekannt. Mittlerweile erobert auch die Literatur von schwarzen Südafrikanern die literarische Szene. In den letzten Jahren entfaltet sich in der bildenden und darstellenden Kunst ein gewaltiges kreatives Potenzial. Die Theaterstücke des Dramatikers Athol Fugard werden auf allen Bühnen der Welt gespielt.

Kämpfte ihr gesamtes Leben gegen die Apartheid: die 2014 verstorbene Literaturnobelpreisträgerin Nadine Gordimer

CHRONIK SÜDAFRIKAS

DATEN ZUR LANDESGESCHICHTE

Ab 100 000 v. Chr.
Skelettfunde in Höhlen in der Eastern Cape Province und von Kwa-Zulu-Natal belegen die Existenz des Homo sapiens.

Um 26 000 v. Chr.
Die ältesten bekannten San-Felsmalereien im heutigen Namibia zeugen vom sozialen Leben und dem Glaubenssystem der ersten Bewohner im südlichen Afrika.

Um 300 n. Chr.
Bereits in der Eisenzeit gibt es kleine Bauernsiedlungen im Norden und Osten Südafrikas, wie archäologische Funde beweisen.

Ab ca. 600 n. Chr.
Bantu-sprachige Gruppen besiedeln das Gebiet entlang der Ostküste bis hinunter an die Wild Coast im Südosten des Landes.

1300–1500
SeSotho- und SeTswana-sprechende Volksstämme bevölkern das Highveld, den südöstlichen Teil der heutigen Provinz Mpumalanga.

1488
Das Ende des 15. Jahrhunderts markiert den Beginn der europäischen Expansion und Seefahrt. Eine alternative Route nach Indien wird gesucht, um den lukrativen Handel mit Seide und Gewürzen, den bis dahin die Araber beherrschten, zu übernehmen. Der portugiesische Seefahrer Bartolomeu Diaz umsegelt im Januar als erster das Kap der Guten Hoffnung (Cabo de Boa Esperança) und legt in der Mündung des Gourits River und später in der Mossel und der Algoa Bay an.

Vasco da Gama umsegelte 1497 auf seinem Weg nach Indien das Kap der Guten Hoffnung

1497
Vasco da Gama umschifft ebenfalls das Kap der Guten Hoffnung und geht in der Mossel Bay vor Anker. Am 25. Dezember segelt er weiter nach Osten und legt im Pondoland an, das er wegen des Weihnachtsfestes »Terra do Natal« tauft.

Im Mai 1498 erreicht er Indien und bricht das arabische Handelsmonopol. Das südliche Afrika hat die Portugiesen wenig interessiert, an Land lauerten nicht gerade gastfreundliche schwarze Stämme und die tückische Malaria. Sie errichteten nur kleine Stützpunkte in Mosambik.

1652
Auch holländische Schiffe segeln entlang der Südroute nach Indien, um zu ihren Gewürzkolonien zu gelangen. Jan van Riebeeck wird von der niederländische Ostindien-Kompanie beauftragt, eine Versorgungsstation am Kap zu gründen, um die Mannschaften der vorbeikommenden Schiffe mit frischem Wasser, Fleisch, Früchten und Gemüse zu versorgen. Auch soll ein Hospital entstehen. Am Fuß des Tafelberges in der heutigen Table Bay wird die Station errichtet.

Jan van Riebeeck gründete im Auftrag der niederländischen Ostindien-Kompanie zusammen mit 82 Männern und acht Frauen eine Versorgungsstation am Kap

1655
Am Kap wird Mais aus den Niederlanden angebaut und im Company's Garden der erste Weinstock gesetzt.

1657
Beginn der Sklavenzeit: Geraubte Menschen aus Afrika, Indien und Asien werden an das Kap verschleppt, das für sie keine »Gute Hoffnung« verheißt.

1659
Es kommt zu ersten bewaffneten Auseinandersetzungen zwischen Khoikhoi und holländischen Siedlern. Dabei verlieren die Einheimischen immer mehr Land. Als Folge davon wird eine Grenzlinie am Liesbeeck River gezogen.

Die Khoikhoi lebten als nomadische Hirten im südlichen Afrika, bis ihnen die holländischen Siedler dieses Land streitig machten

1688
Französische Hugenotten flüchten vor religiöser Verfolgung nach Südafrika und siedeln mit Erlaubnis der Kapgouverneurs Simon van der Stel im Gebiet um Franschhoek, Drakenstein und Wellington.

1779
Am Great Fish River beginnen die großen bewaffneten Auseinandersetzungen zwischen Treckburen und Xhosa.

1795
Englische Truppen landen in der Nähe des heutigen Muizenberg. Die Kapgarnison muss sich nach erbitterter Gegenwehr ergeben.

1814
Die britische Krone kauft offiziell das Kapland von den Holländern für sechs Millionen Pfund Sterling und macht es zur Kronkolonie.

1820
Großbritannien schickt 4500 Männer (darunter vor allem ausgediente Soldaten und Arbeitslose), Frauen und Kinder an die Südspitze Afrikas, um ein menschliches Bollwerk gegen den zunehmenden Widerstand der Buren aufzubauen und damit die englischen Stützpunkte zu festigen. Die sogenannten 1820er-Settler landen in der Nähe von Port Elizabeth an.

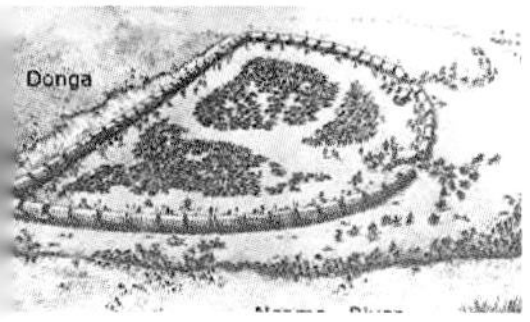

Verteidigungsstellung der Treckburen in der Schlacht am Blood River

1833
In allen englisch kontrollierten Gebieten wird die Sklaverei abgeschafft.

Ab 1834
6000 Buren machen sich auf zum »Großen Treck« ins Landesinnere. Bis 1854 wächst ihre Zahl auf über 15 000 an. Längst sind die Buren nicht nur Getreide- und Gemüsebauern, sondern auch Vieh- und Schafzüchter. Der zunehmende Landbedarf führt dazu, dass sie immer weiter in das traditionelle Weideland der schwarzen Bevölkerungsgruppen, die im Landesinneren leben, vorrücken.

1838
In der Schlacht am Blood River, dem Blutfluss, besiegen die Treckburen unter Führung von Andries Pretorius eine Übermacht von Zulus.

1842
Die unabhängige Republik Natalia wird von den Buren ausgerufen und bringt die Briten auf den Plan. Die lösen die Republik wieder auf, machen Natal zur britischen Kronkolonie und etablieren englisches Recht. Dadurch wird auch hier die Sklaverei aufgehoben. Die Buren ziehen noch weiter Richtung Norden.

1852
Bildung der Zuid-Afrikaanschen Republiek, England erkennt die Unabhängigkeit Transvaals an. Sechs Jahre später wird auch der Oranje Vrystaat in die Unabhängigkeit entlassen.

1867
Ein Fund wendet das Schicksal des Landes in eine ganz neue Richtung: Nahe Hopetown in der nördlichen Kapprovinz wird durch Zufall von Schalk van Niekerk der erste Diamant entdeckt. Van Niekerk sieht Kinder mit einem großen, glitzernden Stein spielen. »Eureka«, so nennt man später den Diamanten, hat über 21 Karat und ist heute im Minenmuseum von Kimberley zu besichtigen.

Pietersburger Bahnhof: Transport englischer Truppen im Burenkrieg

1869
Diamantenfunde in Kimberley. 10 000 Abenteuerlustige kampieren an den Ufern des Vaal River auf der Suche nach dem großen Glück.

1871
Auf der Colesberg Koppie wird die größte Diamantenfundstelle der Welt entdeckt. Die Farmbesitzer Diederk und Johannes de Beers verkaufen ihr Land, auf dem das größte von Menschenhand je geschaffene Loch, das »Big Hole« entsteht. Cecil Rhodes gründet die De Beers Consolidated Mines Limited, ein Name, der bis heute für Diamanten steht. 1872 leben bereits über 50 000 Glücksritter im entstehenden Kimberley. – In Eersteling gibt es auch die ersten bedeutenden Goldfunde.

Paul »Ohm« Kruger (1825–1904) war Präsident der Burenrepublik Transvaal

1880–81
Die Engländer wittern Goldstaub und Diamantenduft. Der erste Krieg zwischen Buren und Engländern endet mit einem Sieg für die Buren unter Paul »Ohm« Kruger. Er wird Präsident von Transvaal.

1886
Goldfelder am Witwatersrand werden abgesteckt. Der erste Goldrausch setzt ein und lockt Tausende von Ausländern an – darunter sehr viele Briten, die schon bald damit anfangen, Bürgerrechte und Gleichstellung mit den Buren in Paul Krugers Republik zu fordern. Johannesburg wird gegründet.

1899–1902
England liegt wirtschaftlich am Boden, dennoch wird eine Armee mit 450 000 Soldaten für einen zweiten Krieg gegen die Buren in den Süden Afrikas geschickt. Im Handstreich will die britische Riesenarmee die 35 000 Mann auf burischer Seite besiegen, doch die Rechnung geht nicht auf.

Die Buren setzen auf neue Schützengrabentaktik und Tarnkleidung und besiegen die Briten zunächst, doch lange können sie sich nicht gegen die Übermacht wehren. Sie setzen auf Guerillataktik, die Engländer auf Konzentrationslager. Erst 1902 kommt es zum Frieden von Vereeniging.

1910
Gründung der Südafrikanischen Union durch die Vereinigung von Kapprovinz, Transvaal, Oranje Vrystaat und Natal.

1912
Mit der Gründung des South African National Congress (SANC, später kurz ANC) gibt es die erste politische Partei für Schwarze.

1913
Native Land Act«. Nach diesem Gesetz dürfen Schwarze nur in ihnen zugewiesenen Regionen Land erwerben. Es kommt zu ersten Protesten und Ausschreitungen am Witwatersrand.

Chronik Südafrikas

Am 16. Juni 1976 wurde der 13-jährige Hector Peterson in Soweto während einer Schüler-Demonstration von Polizisten erschossen

1923
General Hertzog übernimmt das Amt des Premierministers und verschärft bis 1939 die Gesetze gegen Schwarze und Farbige. Afrikaans wird 1936 neben Englisch offizielle Staatssprache.

1931
Südafrika wird unabhängiges Mitglied innerhalb des britischen Commonwealth. 1961 wird es vollständig unabhängig.

1948–90
Die weiße Nationale Partei übernimmt die Regierung und läutet die Ära der Apartheid ein. 1953 wird die Bevölkerung eingeteilt in Schwarze, Farbige, Asiaten und Weiße – wobei nur letztere das Wahlrecht besitzen. 1960 Verbot des ANC, 1962 Verhaftung und Verurteilung von Nelson Mandela zu lebenslanger Haft. In der Zeit von 1976–81 entstehen die »unabhängigen« schwarzen Homelands Venda, Ciskei, Transkei und Bophuthatswana, die aus Südafrika ausgegliedert werden. Damit sind die Schwarzen offiziell keine Bürger Südafrikas mehr. 1984 erhalten Farbige und Inder das eingeschränkte Wahlrecht. Erzbischof Tutu bekommt den Friedensnobelpreis. 1986 wird der Ausnahmezustand über das Land verhängt, Wirtschaftssanktionen treten in Kraft. Durch den Rücktritt des reaktionären Präsidenten P.W. Botha gelangt mit Frederik de Klerk ein reformwilliger Politiker an die Macht, der mit zum Ende der Apartheid beiträgt.

1990 wird Nelson Mandela nach 27-jähriger Haft auf der Gefängnisinsel Robben Island freigelassen. Das Verbot des ANC und anderer oppositioneller Gruppen wird aufgehoben.

1991
Die wichtigsten Apartheid-Gesetze werden abgeschafft. Die EG hebt alle Sanktionen gegen Südafrika auf.

1993
Mandela und de Klerk erhalten den Friedensnobelpreis.

1994
Die ersten freien Wahlen führen zu einem triumphalen Sieg des

Grotesker Ausdruck der Apartheid: die strikte Trennung zwischen Schwarz und Weiß in der Öffentlichkeit

Xhosa-dominierten ANC mit Nelson Mandela an der Spitze. Am 10. Mai wird Mandela als Staatspräsident vereidigt. Frederik de Klerk und Thabo Mbeki werden Vizepräsidenten.

1996
Die neue südafrikanische Verfassung wird mit überwältigender Mehrheit verabschiedet. Ausschreitungen in KwaZulu-Natal.

1999
Die ersten Wahlen nach Inkrafttreten der neuen Verfassung bringen dem ANC (African National Congress) fast eine Zweidrittelmehrheit. Nelson Mandela tritt als Staatspräsident zurück.

Der Tod Nelson Mandelas im Jahr 2013: Trauernde legen Blumen am Denkmal in Howick nieder – in der Stadt wurde er 1962 festgenommmen

2004
Bei Wahlen erringt der ANC die absolute Mehrheit im Parlament. Zweitstärkste Kraft wird die hauptsächlich von Weißen dominierte DA (Demokratische Allianz), gefolgt von der Inkatha Freedom Party.

2008
Präsiden Thabo Mbeki tritt zurück. Der ANC spaltet sich, der Congress of the People (COPE) wird gegründet.

2009
Bei Neuwahlen gewinnt der ANC 66 Prozent, verliert jedoch die Zweidrittelmehrheit. Jacob Zuma wird neuer Staatspräsident. Zweitstärkste Partei ist die Demokratische Allianz (DA) mit 16,7 Prozent, gefolgt von COPE mit 7,4 Prozent und der Inkatha Freedom Party der Zulu.

2010
Südafrika ist Austragungsort der Fußballweltmeisterschaft.

2013
Am 5. Dezember stirbt Nelson Mandela im Alter von 95 Jahren.

2014
Der ANC gewinnt die Parlamentswahlen am 7. Mai mit 62 Prozent der Stimmen. Die Democratic Alliance (DA) von Helen Zille erringt 22 Prozent und damit 89 Sitze im Parlament. Jacob Zuma wird am 21. Mai für weitere fünf Jahre in seinem Amt bestätigt.

2015
Der längste Streik in der Geschichte Südafrikas in den Platinminen wird erst nach fünf Monaten beendet. Mmusi Maimane wird als Nachfolger von Helen Zille an die Spitze der Democratic Alliance gewählt.

2016
Nach Kommunalwahlen im August historischer Tiefstand des ANC. Deutlicher Anstieg der Democratic Alliance. In Kapstadt, Port Elizabeth und Pretoria gewinnt die Partei.

2018
Russland und Südafrika planen eine Kooperation auf dem Platinmetallmarkt.

Die Robberg Halbinsel im gleichnamigen Naturreservat nahe Plettenberg

DIE SCHÖNSTEN REISEREGIONEN IN SÜDAFRIKA

KAPSTADT, DIE KAP-HALBINSEL UND DIE WESTKÜSTE

PARADIES AM SÜDLICHEN ZIPFEL AFRIKAS

Kapstadt ist ohne Zweifel eine der schönsten Städte der Welt in traumhafter Lage. Südafrikas »Mother City« bietet unendlich viele Möglichkeiten für einen angenehmen und erlebnisreichen Aufenthalt: Von hier aus kann man die landschaftlich reizvolle Kap-Halbinsel erkunden, es gibt herrliche Küstenstraßen, Naturparks mit vielgestaltiger Fynbos-Vegetation, schöne Buchten und natürlich alle Arten von Stränden.

An der Westküste, nördlich von Kapstadt, verwandelt sich die Landschaft im Frühling in ein Wildblumenmeer. Alles, was nicht Fels und Sand ist, leuchtet dann in fröhlich-bunten Farben. Besuchenswerte Orte an der Atlantikküste sind das Vogelparadies West Coast National Park und das beschauliche Städtchen Langebaan. Weiter landeinwärts ziehen die reizvollen Cedarberge, die von den Orten Citrusdal und Clanwilliam flankiert werden, Outdoor-Fans und Wochenendurlauber aus der Kapregion an.

1 KAPSTADT

Das Stadtzentrum schmiegt sich weiß und weit in das Halbrund der Hügel Devil's Peak, Signal Hill und Lion's Head, dahinter thront majestätisch der Tafelberg. Afrikas südlichste Großstadt bezaubert durch ihre einzigartige Atmosphäre und den reizvollen Mix aus alten kapholländischen und viktorianischen Häusern, metropolitanen Wolkenkratzern und moderner Architektur. Die Moscheen des Bo-Kaap-Viertels und die Kultur der Kapmalaien sorgen für exotisches Flair. Museen und Galerien laden zum Schauen und Staunen ein, Geschäfte mit jedem nur erdenklichen Angebot verlocken die Kauflustigen. Viele einladende Straßencafés sind ideal für Pausen zwischendurch, das kulinarische Angebot in den Restaurants ist multikulturell und meist auch köstlich. Zum abendlichen Stadtbummel bietet sich ganz besonders die Victoria & Alfred (V&A) Waterfront mit vielen Bars und Restaurants an.

Am 6. April 1652 ankerte Jan van Riebeeck in der Tafelbucht. Er stand in Diensten der niederländischen Ostindien-Kompanie und war beauftragt, am Kap eine Versorgungsstation für die Schiffsmannschaften auf der Passage nach Asien einzurichten. Das war die Geburtsstunde von Kapstadt. Was mit ein paar Dutzend Männern begann, entwickelte sich zu einer Großstadt,

Für den ersten Überblick hervorragend geeignet: Die Zwei-Stunden-Rundfahrt mit dem roten Oben-Ohne-Doppeldeckerbus. Vom Hafen geht es durch die Innenstadt hinauf zum Aussichtspunkt Signal Hill, weiter zu den Stränden von Camps Bay und Clifton und wieder zurück ins Zentrum (www.citysightseeing.co.za).

die heute mehr als 4,3 Millionen Einwohner hat. Seit dem Ende der Apartheid 1994 und der Aufhebung internationaler Wirtschaftssanktionen lebt die Stadt zunehmend vom Tourismus. Kapstadt ist Regierungssitz, zumindest in der ersten Jahreshälfte, in der zweiten werden die Regierungsgeschäfte in Pretoria, der Hauptstadt Südafrikas, geführt.

Das Houses of Parliament in Kapstadt

Kapstadt zu Fuß

Um die ganze Vielfalt und Schönheit der Metropole kennenzulernen – die historischen Gebäude im Zentrum, die interessanten Museen um den Company's Garden, das Bo-Kaap-Viertel der Kapmalaien und die Victoria & Alfred Waterfront –, braucht man eigentlich mehrere Tage, aber einen Überblick kann man sich mit der folgenden Stadttour verschaffen. Footstep to Freedom ist die beste begleitete Tour mit viel Hintergrundinformation.

Der erste Teil des Rundgangs führt von der **Adderley Street**, der alten Hauptstraße und beliebtesten Shoppingmeile der Stadt, zu **Company's Garden**. Geht man sie in südliche Richtung, kommt man an der 1 **Groote Kerk** (1678) vorbei, einer der ältesten Kirchen Südafrikas. Sie besitzt einen noch älteren Glockenturm (1701) und eine sehenswerte Kanzel. Direkt gegenüber liegt die 2 **Slave Lodge**. Sie wurde 1679 als Sklavenunterkunft gebaut und fungierte bis 1967 als Sitz des Obersten Gerichtshofs und als Postamt. Mit dem Motto »From human wrongs to human rights« beschreibt es die Geschichte der Sklaverei in Südafrika. Ganz in der Nähe, in der Wale Street, befindet sich die 3 **St. George's Anglican Cathedral**. Sie ist die Mutterkirche der Anglikaner und Sitz des Erzbischofs von Kapstadt und war in der Apartheid-Zeit Zufluchtsort für Regimekritiker.

Dort, wo die Adderley Street in die Government Avenue übergeht, befindet sich eines der eindrucksvollsten Gebäudeensembles der Stadt, die 4 **Houses of Parliament** und das **Tuynhuis**, die Residenz

Schnell wachsende Metropole am Kap der guten Hoffnung: Kapstadt

des Staatspräsidenten. Während der Sitzungsperiode kann man im Parlamentsgebäude von der Besuchergalerie aus die Debatten der Politiker verfolgen. Auch die Bibliothek mit der einzigartigen, 50 000 Bände umfassenden Mendelssohn-Sammlung ist öffentlich zugänglich. Danach bietet sich ein Spaziergang durch die wunderbaren Grünanlagen des ❺ **Company's Garden** an.

Im und um den Park herum findet man einige besuchenswerte **Museen**. Auf der östlichen Seite im Bezirk Gardens liegt die ❻ **S.A. National Gallery**, die über 6000 Arbeiten von einheimischen Künstlern und Fotos vom Leben der Schwarzen in den Townships zeigt. Ein Stück weiter, in der Hatfield Street, befinden sich die **Große** und die **Alte Synagoge** (1863), letztere beherbergt das ❼ **Jewish Museum** und seit 1999 auch ein **Holocaust Museum**. Quert man die Government Avenue, liegt auf der anderen Seite des Parks das ❽ **S.A. Museum**. Es stellt die Entwicklungsgeschichte der Menschen in Afrika von der Steinzeit bis zur Ankunft der Kolonisten am Kap dar. Beeindruckend ist dabei die Präsentation der verschiedenen ethnischen Gruppen in Südafrika. Zum Museumsgelände gehört auch das **Planetarium**, das den Sternenhimmel der südlichen Hemisphäre zeigt.

Bunt bemalte Häuser in Kapstadts Bo-Kaap-Viertel, wo die Nachfahren der Sklaven leben, die einst von den Niederländern von den ostindischen Gewürzinseln ans Kap verschleppt wurden

Von hier aus lohnt sich ein Abstecher in westliche Richtung zum **Bo-Kaap**, dem charmanten alten Viertel der Kapmalaien, das sich jenseits der Buitengracht Street erstreckt. Kopfsteinpflasterstraßen, alte, pastellfarbene Häuser und Moscheen mit ihren schlanken Minaretten verleihen dem Bezirk seinen einzigartigen Charakter. Im Bo-Kaap leben die muslimischen Nachkommen der Sklaven, die einst aus Ostindien nach Südafrika verschleppt wurden. Das kleine ❾ **Bo-Kaap Museum** in der Wale Street, in einem Wohnhaus aus dem 18. Jahrhundert, bietet einen interessanten Einblick in das Leben in dem kapmalaiischen Viertel. Ganz in der Nähe, in der Dorp Street, liegt die ❿ **Auwal Mosque** (1794), die älteste Moschee des Landes. Hier wurde das erste Buch in Afrikaans geschrieben und auch Afrikaans unterrichtet.

Auf dem Weg zurück Richtung Innenstadt wird der ⓫ **Greenmarket Square** erreicht, wo 1834 die Aufhebung der Sklaverei verkündet wurde. Heute ist es der belebteste Platz der Stadt mit vielen Ständen, an denen es fast alles zu kaufen gibt. Rund um den Greenmarket Square findet man einige Häuser im Art-déco-Stil, besonders schön sind das **Market** und das **Namaqua House**. Am Greenmarket Square liegt auch das ⓬ **Old Town House**, das frühere Rathaus, in dem die **Michaelis Collection** untergebracht ist, eine sehr schöne Sammlung mit Werken alter flämischer Meister. Zum ⓭ **Koopmans de Wet House** in der Strand Street, einem prachtvollen, stilecht möblierten Kapstädter Bürgerhaus des frühen 18. Jahrhunderts, gelangt man über die Long Street, die einstige Flaniermeile Kapstadts. Heute gibt es hier viele bunte Läden, Secondhandshops, Antiquariate und Pubs. Alternativ kann man auch durch die parallel verlaufende Fußgängerzone, die **St. George's Mall**, mit netten Boutiquen und Souvenirshops, Cafés und Kneipen bummeln.

Keinesfalls versäumen sollte man einen Besuch im ⓮ **Castle of Good Hope** einen halben Kilometer östlich. Es ist das älteste Gebäude Südafrikas (1679) und beherbergt eine der größten Kunstsammlungen der Stadt, die **Good Hope Gallery**, sowie ein **Militärmuseum** und die **William Fehr Collection** mit Einrichtungsgegenständen aus dem 17. bis 19. Jahrhundert. Quert man von dort die **Grand Parade**, auf der immer mittwochs und samstags Flohmärkte stattfinden, steht man vor der beeindruckenden ⓯ **City Hall** (1905), dem prächtigen Rathaus der Stadt mit einer Marmorfassade, die italienische Renaissance mit viktorianischem Baustil verbindet. Im Gebäude befinden sich die Stadtbibliothek und die größte Konzerthalle Kapstadts.

Sehenswert ist auch der ⑯ **Artscape Theatre Komplex**, früher Nico Malan Theatre Centre genannt. Das beeindruckende Bauwerk beherbergt die Oper, eine große Sprechbühne und eine kleines Theater für experimentelle Aufführungen sowie das Cape Philharmonic Orchestra. Zu Apartheid-Zeiten widmete man sich hier vor allem der europäischen Kunst, heute hat sich das »Nico« der afrikanischen Kultur geöffnet. Insbesondere die Oper wird wegen des hohen Niveaus ihrer Inszenierungen geschätzt. Man gelangt dorthin über die sich nördlich an die Adderley Street anschließende, von Blumen und Palmen gesäumte Heerengracht.

Die Capetonians verstehen zu feiern. Der bunte Coon Carnival Anfang Januar ist das größte und lebhafteste Festival der Stadt

Mit den ab dem Hauptbahnhof häufig verkehrenden Bussen gelangt man bequem zur gut zwei Kilometer entfernten ⑰ **Victoria & Alfred Waterfront**. 1988 begannen die Umbauarbeiten in dem heruntergekommenen Hafengebiet, das inzwischen mit seinen zahlreichen Geschäften, Boutiquen, Restaurants und Hotels zu einem attraktiven Ausgeh- und Shoppingviertel für Touristen und Kapstädter geworden ist. Hier kann man auch abends unbesorgt umherschlendern und eines der vielen Pubs oder Restaurants besuchen. An der Waterfront liegt eine weitere Attraktion, das ⑱ **Two Oceans Aquarium** mit über 300 Fischarten, aber auch Pinguinen, Robben und Schildkröten. Ein besonderes Highlight ist der riesige Haitank mit gewaltigen Exemplaren. Inhaber eines Tauchscheins dürfen gegen eine Gebühr sogar mit den Haien tauchen.

An den Kais gibt es unzählige Angebote für Boots- und Segeltouren, Whale Watching, Tauchausflüge, Hochseefischen und Gleitschirmfliegen. Vom **Nelson Mandela Gateway** starten die Bootstrips zur Gefängnisinsel **Robben Island**. Die Insel hat ihre traurige Berühmtheit durch Nelson Mandela erlangt, der dort 18 Jahre als politischer Gefangener verbringen musste. Das Gefängnis ist heute ein **Museum**, durch das die Besucher von ehemaligen Häftlingen geführt werden. Die 1997 unter Naturschutz gestellte Insel zeichnet sich durch ihre erstaunlich intakte Flora und Fauna aus, beispielsweise findet man hier die zweitgrößte Brillenpinguin-Kolonie des Landes. Hin und wieder werden hier auch kleine Musikfestivals veranstaltet. Wer das andere Kapstadt, die **Townships** kennenlernen möchte, tut das am besten im Rahmen einer geführten Tour. Die exotischen Namen der Wohngebiete wie Langa

Victoria & Alfred Waterfront, das Viertel fürs Vergnügen

(Sonne), Nyanga (Mond), Gugulethu (unser Stolz), Khayelitsha (unsere neue Heimat) und andere können nicht darüber hinwegtäuschen, dass die Menschen hier – ausschließlich Farbige und Schwarze – unter schwierigen Bedingungen leben. Obwohl die Regierung in den vergangenen Jahren bereits viel in die Strom- und Wasserversorgung sowie die Abwasser- und Müllbeseitigung investiert hat, profitieren längst noch nicht alle Bewohner von den Infrastrukturverbesserungen.

Um die Townships sammeln sich die Landflüchtigen, die in Pappkartons leben und sich von dem Abfall ernähren, den die weniger Armen wegwerfen. Geradezu sprichwörtlich jedoch sind der Humor, mit dem die Township-Bewohner ihr Leben meistern, und ihre Freude an Musik. Führungen werden von Grassroute Tours, Vincent Williams (in die Cape Flats) oder der Touristeninformation angeboten.

SERVICE & TIPPS

Tourist Information
The Pinnacle, Burg & Castle Sts.
✆ 086-132-2223
www.capetown.travel, Mo–Fr 8–18, Sa 8.30–14, So 9–13 Uhr
Mit Internetcafé.

Waterfront Visitor's Centre
2. Stock, Victoria Wharf
✆ 021-408-7600
www.waterfront.co.za
Tägl. 9–21 Uhr

Footsteps to Freedom
✆ 083-9452-1112
www.footstepstofreedom.co.za
Tägl. 10.30 und 14.30 Uhr, unterschiedliche Führungszeiten, siehe Website
Zweieinhalbstündige Führung durch das historische Kapstadt.

Siviwe Cape Town Township Tours
✆ 076 483 5539, www.townshiptourscapetown.co.za
Ein zweistündiger Spaziergang durch das älteste Township Langa führt zu Begegnungen mit den Bewohnern in ihren typischen Häusern.

9 Bo-Kaap Museum
71 Wale St., Bo-Kaap, Kapstadt
✆ 021-481-3938
www.iziko.org.za/museums/bo-kaap-museum
Mo–Sa 9–16 Uhr, Eintritt R20
Von hier aus werden auch Stadtteilführungen angeboten.

Castle of Good Hope
Grand Parade, Kapstadt
✆ 021-787-1249
www.castleofgoodhope.co.za

In der Umgebung des wunderschönen Company's Garden liegen einige der interessanten Museen von Kapstadt

Tägl. 9–17 Uhr, Weihnachten und Neujahr geschl., geführte Touren 11, 12, 14, 15 und 16 Uhr
Eintritt R30

Jewish Museum
88 Hatfield St., Gardens, Kapstadt
✆ 021-465-1546
www.sajewishmuseum.co.za
Eintritt R65/35, bis 12 J. frei (Pass erforderlich)
So–Do 10–17, Fr 10–14 Uhr, Sa und an jüdischen Fei geschl.
Eintritt R75 mit Audioguide

Koopmans de Wet House
35 Strand St., Innenstadt Kapstadt
✆ 021-481-3935
www.iziko.org.za
Mo–Fr 9–16 Uhr, Eintritt R20/10
Stilecht möbliertes Kapstädter Bürgerhaus des frühen 18. Jh.

12 Michaelis Collection im Old Town House
Greenmarket Sq., Innenstadt Kapstadt , ✆ 021-481-3933
www.iziko.org.za

In den Tourist Informations liegt die »Arts & Crafts Map« aus, in der alle Kunstausstellungen, Galerien und einige Museen verzeichnet sind.

Tägl. außer So 9–16 Uhr
Eintritt R20/10
Kunstsammlung mit alten flämischen Meistern. Aufführung von Kammerkonzerten.

Das South African Museum im Company's Garden von Kapstadt ist auch ein Highlight für Dino-Fans: Neben einer Mineraliensammlung, die als eine der besten der Welt gilt, werden auch zahlreiche Grabungsfunde der frühen Besiedlung ausgestellt

8 S. A. Museum und Planetarium
25 Queen Victoria St., Gardens
Kapstadt
Museum ✆ 021-481-3800
www.iziko.org.za
Tägl. 9–17 Uhr, Eintritt R30/15
Planetarium ✆ 021-481-3900
Eintritt R60
Eine der umfangreichsten Sammlungen des Landes zu Kultur und Menschheitsgeschichte Südafrikas. Im Planetarium gibt es täglich Shows.

6 S. A. National Gallery
Government Ave., Gardens
Kapstadt
✆ 021-481-3970, www.iziko.org.za
Tägl. 9–17 Uhr, Eintritt R30/15
Hervorragende Sammlung von Kunstwerken aus mehreren Jahrhunderten.

Im Two Oceans Aquarium lässt sich die faszinierende Vielfalt der Unterwasserwelt aus Atlantischem und Indischem Ozean bewundern

2 Slave Lodge
Adderley & Wale Sts., Kapstadt
✆ 021-467-7229, www.iziko.org.za
Mo–Sa 9–17 Uhr, Eintritt R30/15
Ursprünglich eine Unterkunft für Sklaven, heute ein Museum für Kunsthandwerk und Ethnologie.

William Fehr Collection
Im Castle of Good Hope
Kapstadt, ✆ 021-467-7223
www.iziko.org.za, tägl. 9–17 Uhr,
Eintritt R50/25
Möbel und anderes aus dem 17.–19. Jh.

Artscape Theatre Komplex
D.F. Malan St., Foresnore
Kapstadt, ✆ 021-410-9800
www.artscape.co.za
www.capetownopera.co.za
www.cpo.org.za
Kapstadts Oper sowie weitere Bühnen.

15 City Hall
Darling St., Innenstadt, Kapstadt
✆ 021-465-2029
Rathaus, Stadtbibliothek und Konzerthalle.

4 Houses of Parliament
Parliament St., City, Kapstadt
www.parliament.gov.za
Mo–Fr 9–12 Uhr einstündige Führung nur mit Voranmeldung unter
✆ 021-403-2911 oder
info@parliament.gov.za
Es ist möglich, Parlamentsdebatten mitzuverfolgen. Karten nur gegen Vorlage des Reisepasses.

Robben Island/ Robben Island Museum
Nelson Mandela Gateway, V&A Waterfront, Kapstadt
✆ 021-413-4200
www.robben-island.org.za
Tägl. Abfahrt 9, 11, 13 Uhr
Ticket R360, Tourdauer 4 Std., in der Hochsaison online vier Wochen vorher reservieren
Im ehemaligen Gefängnis sind das Robben Island Museum und das UWC-Robben Island Mayibuye Archiv untergebracht, das mit umfangreichem und interessantem Bild-, Film- und Textmaterial die Zeit der Apartheid und die Aktivitäten der Widerstandsbewegung dokumentiert. Im Terminal permanente Fotoausstellung.

Two Oceans Aquarium
Dock Rd., V&A Waterfront
Kapstadt
✆ 021-418-3823
www.aquarium.co.za
Tägl. 9.30–18 Uhr, Eintritt R175
Highlight ist das riesige Haibecken.

The Test Kitchen
375 Albert Rd., Woodstock
Kapstadt
✆ 021-447-2337
http://www.thetestkitchen.co.za
Di–Sa 18.30–20.30 Uhr
Überraschungs-Menü im Dark Room. Aber auch im Light Room ein Genuss! RRR

Grand Africa Cafe
Haul Rd., Waterfront, Kapstadt
✆ 021-425-0551
Di–Sa 12–23.30, So 12–17 Uhr
Echtes Strandfeeling direkt am Meer. Legendär die Prawns und die Pizza. RR–RRR

Asoka
68 Kloof St., Gardens, Kapstadt
✆ 021-422-0909
Tägl. außer Mo 17–spät
Lukullische und musikalische Highlights. RR

Mama Africa Restaurant
178 Long St., City Centre
✆ 021-424-8634
www.mamaafricarestaurant.co.za
Di–Fr 12–15, Mo–Sa auch 18.30–23 Uhr
Südafrikanische und kapmalaiische Gerichte, gute Stimmung, tägl. Livemusik. RR

Afternoon Tea im Mount Nelson Hotel
Orange St., Gardens, Kapstadt
Tägl. 13.30–17.30 Uhr
Hinreißendes Tea-Time-Buffet mit Kuchen, Forellenfilets und anderen Spezialitäten. R–RR

Biesmiellah Restaurant
Wale & Pentz Sts., Kapstadt
✆ 021-423-0850, Mo–Do 12–22, Fr–Sa bis 23.30 Uhr
Kapmalaiische Gerichte *(Sosaties* und *Bredies),* indische Küche. R–RR

Rafiki's
13 Kloof Nek Road,Kapstadt
✆ 021-426-4731
Essen, Trinken, Lachen, Tanzen. Prima Atmosphäre. R–RR

Julep
2 Vredenburg Lane, City Centre
Kapstadt
✆ 021-423-4276
Di–Sa 18–2, So bis 24 Uhr
Szenetreff: Cocktails, Tanzen, Zuhören. Oft Livemusik.

Sunset Deck & Restaurant
Peninsula Hotel, 313 Beach Rd., Sea Point, Kapstadt
✆ 021-430-7777
www.dining-out.co.za
Tägl. 6.30–22.30 Uhr
Super Cocktails und Snacks zu traumhaftem Sonnenuntergang. Außerdem Frühstück, Lunch und Dinner (RR).

Quay Four Tavern
V&A Waterfront, Kapstadt
✆ 021-419-2008
www.quay4.co.za, tägl. 7.30–spät
Klasse Kneipe zum Schauen und Plaudern, Burger und Seafood. Livemusik tägl. ab 20 Uhr. Im ersten Stock befindet sich ein hervorragendes Restaurant (RR–RRR).

Atlas Trading
104 Upper Wale St., Kapstadt
Mo–Do 8.15–17.15, Fr 8.15–12 und 14–17.15, Sa 8.30–13 Uhr
Exotische Gewürze und Kräuter. Tipp: Leaf Masala aus zwölf Gewürzen.

Unbedingt einen Besuch wert ist das UCT Irma Stern Museum im Vorort Rosebank. Irma Stern ist eine herausragende, international anerkannte Künstlerin, deren Werke in ihrem früheren Wohnhaus The Firs ausgestellt sind. Cecil Rd., Rosebank, Kapstadt, ✆ 021-685-5686, www.irmastern.co.za, Di–Fr 10–17, Sa bis 14 Uhr, Eintritt R50.

Die unter Service & Tipps empfohlenen Restaurants werden durch Rand-Zeichen (R) klassifiziert:

R – preiswert
RR – mittlere Preisklasse
RRR – teuer

Musiziert wird nicht nur in den Klubs und Kneipen, sondern auch auf der Straße

Region 1
Kap-Halbinsel

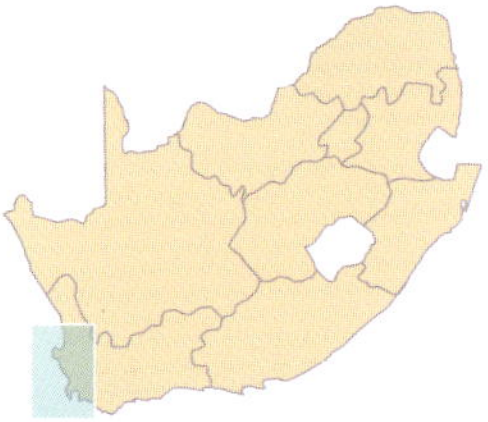

AUSFLÜGE AUF DIE KAP-HALBINSEL

Der **Table Mountain National Park** erstreckt sich vom **Signal Hill** im Norden über 60 Kilometer bis zum **Cape Point** im Süden. Er umfasst einen beachtlichen Teil der zum Weltkulturerbe erklärten »Kapflora«. Flankiert wird er im Westen vom Atlantik, im Osten vom wärmeren Gewässer der **False Bay**. Der majestätische **Tafelberg** mit seinem unvergleichlichen Blick über Kapstadt ist das touristische Highlight. Aber auch der **Kirstenbosch Botanical Garden,** das **Cape of Good Hope Nature Reserve** und die **Pinguin-Kolonie** von Boulders sind Besuchermagneten. Zu den schönsten Straßen der Welt zählt der **Chapman's Peak Drive.**

Die südlichste Weinstraße des Kontinents, die **Constantia Wine Route,** führt zu traditionsreichen Weingütern am Kap.

Leuchtturm am Cape Point

❷ CAPE OF GOOD HOPE NATURE RESERVE

Die vom Meer umbrandete, fast 8000 Hektar große Südspitze der Kap-Halbinsel gehört zu den attraktivsten Regionen Südafrikas. Fahrstraßen, die teilweise hinunter an die lebhafte Küste führen, erschließen die abwechslungsreiche Fynbos-Landschaft mit idealen Bedingungen zum Wandern, Schwimmen und Surfen.

Mit Fynbos (sprich: *Feinbosch*) werden Pflanzen bezeichnet, die wegen ihrer fiederigen kleinen Blätter mit wenig Wasser auskommen. Gut tausend Pflanzen dieser Art sind hier am Kap der Guten Hoffnung zu finden – eine weltweit einmalige Artendichte. Zum Fynbos gehören Erikas, Proteen und Restios (Riedgrasgewächse) und zudem Blumen, die bei uns in Gärten und Balkonkästen gedeihen: Fresien, Geranien, Lilien und Iris. Im Frühling zeigt sich der Fynbos von seiner buntesten Seite.

Im Park sieht man häufiger Kap-Paviane, die bisweilen ziemlich dreist sind. Man sollte sie auf keinen Fall füttern. Auch Buntböcke und andere Antilopenarten sowie die kleinen Klippschliefer leben hier. Daneben gibt es 250 Vogelarten und zahlreiche Schlangen, Echsen und Schildkröten.

Eine Karte der Kap-Halbinsel finden Sie auf S. 20.

SERVICE & TIPPS

Table Mountain National Park
www.sanparks.org
Z.T. gebührenpflichtig (Tafelberg, Cape of Good Hope Nature Reserve, Silvermine Nature Reserve, Pinguin-Kolonie bei Boulders, Chapman's Peak Drive).

Cape of Good Hope Nature Reserve
✆ 021-780-9010/11, April–Sept. 7–17, Okt.–März 6–18 Uhr
Über 1000 Fynbos-Pflanzen. Ein Restaurant liegt 7 km hinter dem Parkeingang, ein weiteres befindet sich am Cape Point. Hier beginnt auch der Cape Point Hiking Trail.

Die Bezeichnung »Kap der Guten Hoffnung« hat ihren Grund: Neben dem 1680 gesunkenen legendären »Flying Dutchman« (»Fliegender Holländer«), liegen hier weitere 22 Wracks auf dem Meeresboden. Da brauchten Seeleute »gute Hoffnung« zur Umsegelung des unberechenbaren Kaps.

❸ CHAPMAN'S PEAK DRIVE

Atemberaubend schöne Ausblicke bietet der auf 600 Meter Höhe führende Chapman's Peak Drive. Die sanierte, mautpflichtige Straße, die zwischen Hout Bay und Noordhoek durch felsiges Gebiet führt, zählt zu den schönsten Küstenstraßen überhaupt.

Jeder Vista Point erlaubt fantastische Ausblicke. Auch der Chapman's Peak Walk (6,5 km), der sich in rund drei Stunden erwandern lässt, ist ein voller Genuss (www.chapmanspeakdrive.co.za).

Spektakuläre Ausblicke auf die Küstenlandschaft der Kap-Halbinsel bietet der Chapman's Peak Drive

❹ CONSTANTIA WINE ROUTE

Die renommierte Constantia Wine Route führt zu den traditionsreichen Weingütern und Restaurants Groot Constantia, Buitenverwachting, Klein Constantia, Constantia Uitsig und Steenberg, bei denen man herausragende Weine verkosten kann. Die Weingüter haben täglich geöffnet. Sammler und Antiquitätenliebhaber können am Wochenende auf dem **Groot Constantia Antiques and Collectable Market** fündig werden.

SERVICE & TIPPS

☒ **Buitenverwachting**
Klein Constantia Rd., Constantia
✆ 021-794-3522
www.buitenverwachting.com
Wechselnde Öffnungszeiten
Eines der Spitzenrestaurants des Kontinents.
RRR

❺ HOUT BAY

Lange Strände sind das Markenzeichen von Hout Bay, dem kleinen Fischerhafen mit seiner bunten Flotte. Früher gab es im Hinterland große Wälder – *Hout* bedeutet Holz –, die jedoch kahl geschlagen wurden. Liebhaber von Meeresfrüchten zieht es in die **Mariner's Wharf** beim alten Fischmarkt. Hauptattraktion ist eine Bootsfahrt zur **Robbenkolo-**

nie auf Duiker Island, wo sich auf den Felsklippen Tausende von Tieren in der Sonne aalen. Sehenswert ist auch das **Hout Bay Museum**, das die Geschichte der Region beleuchtet.

Das Cape Floral Kingdom ist zwar das kleinste, aber mit 9600 Spezies das artenreichste der sechs Pflanzenreiche der Erde. 25 Prozent der Pflanzen kommen allein auf der Kap-Halbinsel vor.

SERVICE & TIPPS

Tourist Information
St. Andrew's Rd., Hout Bay
Mo–Fr 9–17, Sa 9.30–13 Uhr

Hout Bay Museum
St. Andrew's Rd., Hout Bay
✆ 021-790-3270
Mo–Fr 8–16.30 Uhr, Eintritt R5
Dokumentation der Geschichte von Hout Bay. Tourenprogramm.

Dunes
Beach Crescent, Hout Bay, direkt am Strand, ✆ 021-790-1876
Tägl. 12–17 und 19–22.30 Uhr
Bestes Strandlokal der Gegend. RR

6 KIRSTENBOSCH NATIONAL BOTANICAL GARDEN

In den östlichen Ausläufern des Tafelbergs liegt der älteste und mit 528 Hektar der größte botanische Garten Südafrikas. Er wurde schon 1895 gegründet und beherbergt heute rund 6000 verschiedene Pflanzenarten. Die zauberhafte Anlage mit ihrer ungeheuren Vielfalt und Farbigkeit kann auf hübsch angelegten Wegen erkundet werden. Besonders beeindruckend sind der Duft- und der Blindengarten. Zwischen Dezember und März werden hier regelmäßig Open-Air-Sommerkonzerte veranstaltet, die man auf dem Rasen sitzend genießen kann.

SERVICE & TIPPS

Kirstenbosch Botanical Garden
Rhodes Dr., Newlands
✆ 021-799-8783/799-8899
https://www.sanbi.org/gardens/kirstenbosch/
Tägl. Sept.–März 8–19
April–Aug. 8–18 Uhr, Eintritt R70
Übersichtskarte am Eingang. Geführte Touren. Restaurant.

Auf dem Kirstenbosch Tree Canopy Walkway, der auch »Boomslang« (Baumschlange) genannt wird

7 MUIZENBERG

Der Ort war einst die Sommerfrische der Reichen. Heute erfreuen sich Touristen und Einheimische an den schönen Stränden, den guten Surfbedingungen und den ausgezeichneten Möglichkeiten zur Walbeobachtung. Beliebtes Fotomotiv am 36 km langen Sandstrand sind die Badehäuschen, die als bunte Farbkleckse aus weißem Sand unter blauem Himmel hervorstechen. Das **Natale Labia Museum**, das sich in der ehemaligen Residenz (1929) von Prinz Natale und Prinzessin Ida Labia befindet, präsentiert wechselnde Kunstausstellungen.

Zwischen Juni und September kommen die Wale aus ihren Futtergründen in der 8000 Kilometer entfernten Antarktis an die südafrikanische Küste, um ihre Jungen zur Welt zu bringen

SERVICE & TIPPS

Tourist Information
The Pavilion, Beach Rd.
Muizenberg
✆ 021-787-9140

Casa Labia
192 Main Rd., Muizenberg
✆ 021-788-4106
www.casalabia.co.za
Di–Fr 10–16, Sa/So 9–16, Fr 18–22 Uhr
Kulturzentrum und Galerie. Konzerte. Restaurant (RR–RRR).

Boyes Drive
Die Panoramastraße von Muizenberg nach Kalk Bay wartet mit schönen Aussichtspunkten auf.

Walbeobachtung
✆ 079-391-2105
Fast täglich finden Touren statt.

Empire Cafe
11 York Rd., Muizenberg
✆ 021-788-1250
Tägl. außer So 7–16, So 8–16 Uhr
Sehr gutes Essen mit Aussicht auf Seal Island. RR–RRR

Tiger's Milk
3 Sidmouth Rd., Muizenberg
✆ 021-788-1860
Tägl. 11–2 Uhr
Lockere Atmosphäre, gute Küche, schöne Aussicht. RR

8 SIMON'S TOWN

Fährt man auf der Ostseite der Kap-Halbinsel wieder in die Metropole zurück, kommt man durch das Hafenstädtchen, in dem früher Südafrikas südatlantische Flotte beheimatet war. Heute ist Simon's Town ein beschaulicher Ferienort. In der St. George Street stehen einige sehr schöne viktorianische Häuser. Die Old Residency (1772) beherbergt das **Simon's Town Museum**, das die außergewöhnliche Geschichte des Hundes »Able Seaman Just Nuisance« wiedergibt, der während des Zweiten Weltkriegs in der Royal Navy gedient hat. Sein bronzenes Abbild ist am Jubilee Square zu sehen.

Ein weiteres Highlight ist die **Brillen-Pinguin-Kolonie** am Boulders und am Foxy Beach. Hier kann man die Schwarzfräcke von erhöhten Plattformen aus bestens beobachten und fotografieren. Das **Roman Rock Lighthouse** ist der einzige Leuchtturm in Südafrika, der auf einem Felsen gebaut wurde.

Peer's Cave bei Fish Hoek ist Fundort von neun Begräbnisstätten aus der Steinzeit, von denen die älteste 12000 Jahre alt ist.

SERVICE & TIPPS

Simon's Town Publicity Bureau
St. George's St.
Simon's Town 7995
✆ 021-786-5798
www.simonstown.com
Mo–Fr 9–16, Sa 9–13 Uhr
Infos und Reservierungen.

Simon's Town Museum
Court Rd., Simon's Town
✆ 021-786-3046
Mo–Fr 10–16, Sa 10–13 Uhr
Eintritt R20

Pinguin-Kolonie
Südl. von Simon's Town
Tägl. 8–17, im Sommer bis 18.30 Uhr
Eintritt R75

Black Marlin
Millers Point, 2 km südl. von Simon's Town
✆ 021-786-1621
Tägl. 8–21 Uhr
Bekanntes Fischrestaurant an der False Bay.
RR

Die possierlichen Brillen-Pinguine (African penguins) kann man in der Kolonie am Boulders Beach aus nächster Nähe beobachten

9 TABLE MOUNTAIN (TAFELBERG)

Kein Kapstadt-Besucher sollte versäumen, die Mother City vom 1086 Meter hohen Wahrzeichen der Stadt, dem Tafelberg zu betrachten. Konditionsstarke gehen zu Fuß, Genießer nehmen die **Seilbahn**: Die Gondel benötigt etwa vier Minuten für die Auffahrt, dreht sich dabei um die eigene Achse und eröffnet einen großartigen 360-Grad-Panoramablick. Neben der spektakulären Aussicht hat der Tafelberg eine überaus reiche Fynbos-Flora zu bieten, die auf gut ausgeschilderten **Wanderwegen** erkundet werden kann. Auf dem Tafelberg sind die niedlichen *Rock Dassies* (Klippschliefer) ebenso zu Hause wie Antilopen, Paviane und Felsenadler. Vorsicht, es gibt auch Kobras und Puffottern. Besser in kleinen Gruppen wandern.

Die Tafelberg-Seilbahn

SERVICE & TIPPS

Tafelberg-Seilbahn
Kloof Nek, Kapstadt
✆ 021-424-0015
www.tablemountain.net
Tickets möglichst online kaufen
Hin- und Rückfahrt R330
Tägl. 8–19 Uhr, im Sommer länger
Busse nach Kloof Nek fahren ab dem Kaufhaus OK Bazaar in der Adderley St., Infos über Wanderwege unter www.mcsa.org.za.

AUSFLÜGE AN DIE WESTKÜSTE

⑩ CEDARBERGE

Nicht nur Wanderer sind begeistert von den Cedarbergen, die gut 200 Kilometer nördlich von Kapstadt liegen. In der Wildnis mit ihren bezaubernden Felsformationen, weiten Wäldern und schönen Wasserfällen bieten sich auch für Kletterer und Mountain-Biker reizvolle Herausforderungen. Auch wer sich für die Kultur der San und ihre wunderschönen Felsenzeichnungen interessiert, wird hier an vielen Orten fündig. Die höchsten Gipfel sind **Sneeu-** (2026 m) und **Tafelberg** (1969 m), die im Winter häufig mit Schnee bedeckt sind. Es gibt zahlreiche Trails, die an einem Tag bewältigt werden können. Wer die Cedarberge durchstreifen möchte, sollte sich vorher eine geeignete Wanderkarte und für manche Wege ein Permit besorgen.

Beeindruckende Felsformationen locken Wanderer und Kletterer in die Cedarberge

Der Name der Cedarberge geht auf die Clanwilliam-Zedern zurück, die fast vollständig verschwunden waren, heute aber wieder in Höhen von etwa 1000 bis 1400 Metern gedeihen.

SERVICE & TIPPS

Cape Nature Conservation
Algeria Forst Station
✆ 027-482-2444
www.capenature.co.za
Mo–Fr 7.30–16 Uhr, Eintritt R60
Ausführliches Informationsmaterial und Wanderkarten über die Cedarberg-Region, Reservierungen.

Früchte gedeihen nicht nur hervorragend im Westküstenklima – sie werden auch zum Trocknen ausgebreitet und in dieser Form exportiert

11 CITRUSDAL

Der Ort ist, wie der Name schon sagt, ein Zentrum des Zitrusfrüchteanbaus, aber auch Wein gedeiht hier sehr gut. Der älteste Orangenbaum des Landes steht seit über 250 Jahren auf der Groot Hexrivier Farm. Unter der Woche kann man sehr gut die Weinkooperative **Good Hope Citrus Co-Op** besichtigen, natürlich mit Weinprobe. Durch Citrusdal führt auch die abwechslungsreiche **West Coast Wine Route**. Besondere Highlights sind der Besuch der Weingüter **Namaqua Wines** und **Klawer Wine Cellars**.

18 Kilometer weiter südlich findet man in einer Schlucht eine radioaktive warme Quelle, **The Baths** genannt, die zum Baden und Relaxen einlädt.

SERVICE & TIPPS

Citrusdal Tourism Office
Voortrekker St. 39, Citrusdal 7340
✆ 066-401-0610
www.citrusdal.info

West Coast Wine Route:

Namaqua Wines
✆ 027-213-1080
www.namaquawines.com

Klawer Wine Cellars
✆ 027-216-1530
www.klawerwine.co.za
Mo–Fr 8–17, Sa 9–13 Uhr
Weinproben bei Erzeugern.

The Baths
16 km südl. von Citrusdal
✆ 022-921-8026/7
www.thebaths.co.za
Heiße Quellen, Baden, Chalets, Camping.

⑫ CLANWILLIAM

Clanwilliam wurde 1725 gegründet und zählt damit zu den zehn ältesten Städten Südafrikas. Zahlreiche historische Gebäude wie der **Landdrost's Court** und das **Old Prison** (1808) dokumentieren die Entwicklung des Ortes. Im Old Prison (Altes Gefängnis) ist heute ein Museum untergebracht. Noch vor der Besiedlung war diese Region ein bevorzugtes Gebiet der nomadischen Buschmänner (San), wie zahlreiche Felsenmalereien bezeugen.

Am Stadtrand findet man das **Ramskop Nature Reserve**, in dem man während der Wildblumenblüte von Mitte Juli bis Ende Oktober schöne Spaziergänge unternehmen kann. Interessant ist auch ein Ausflug zur **Wupperthal Moravian Mission Station**, die 1830 am Ufer des Tra-Tra River errichtet wurde. Man erreicht sie über den Pakhuis Pass.

Von Clanwilliam aus trat der Rooibos-Tee seinen Siegeszug um die Welt an. Er schmeckt nicht nur gut, sondern ist auch sehr gesund.

Über 400 Wildblumenarten verwandeln die trockene Region um Clanwilliam im Frühjahr in ein Blütenmeer.

SERVICE & TIPPS

Informationszentrum im Old Prison
Main Rd., Clanwilliam 8135
✆ 027-482-2024
www.clanwilliam.info
Mo–Fr 8.30–17, Sa/Fei 8.30–12.30 Uhr
Ou Trunk Museum (Old Prison)
Mo–Fr 8–13, Sa 9–12 Uhr
Heimatgeschichte.

⑬ LANGEBAAN

Seit es keine Bahnstation mehr in Langebaan gibt, geht es hier meist ruhig zu. Nur in der Saison wird der beschauliche Ferienort lebendig, wenn die Besucher des West Coast National Park und viele Wassersportler hierher kommen. Die schönen Strände bieten ausgezeichnete Bedingungen zum Windsurfen. Es gibt eine gute Windsurfschule, die auch Boards verleiht.

Bei weniger gutem Wetter lohnt sich ein Ausflug zum **West Coast Fossil Park**, der Überreste von interessanten prähistorischen Tieren zeigt, darunter urzeitliche Bären, löwengroße Säbelzahnkatzen, dreizehige Pferde und zwei ausgestorbene Elefantenarten.

SERVICE & TIPPS

Tourist Information
Oostewal & Bree Sts.
Langebaan 7357
✆ 022-772-1515
Mo–Fr 9–17, Sa 9–14 Uhr
Infos und Reservierungen.

West Coast Fossil Park
R27 Richtung Vredenburg
Tägl. 8–16 Uhr, Führungen stündl. 10–15 Uhr, Sa/So bis 13 Uhr
Eintritt R30, mit Führung R60

Die Strandloper
Am Strand, Langebaan
✆ 022-772-2490
www.strandloper.com
Nicht immer geöffnet, Reservierung notwendig
Abends köstliches Buffet bei Kerzenschein. Wein mitbringen.
R–RR

Cape Windsurf Centre
Main St., Langebaan
✆ 022-772-1114
www.capesport.co.za
Surfschule und Brettverleih.

Hervorragende Bedingungen finden die Surfer im West Coast National Park

⓮ SALDANHA

In der ersten Septemberwoche, wenn das **Festival of the Sea** stattfindet, wird es richtig turbulent in Saldhana. Neben leckeren Fischgerichten gibt es dann jede Menge Folklore. Auch in der übrigen Zeit muss man nie auf frischen Fisch verzichten. Saldhana besitzt den tiefsten Naturhafen Südafrikas und eine Fangflotte, die nicht nur die große Fischfabrik am Hafen versorgt. Die Bucht bietet Wassersportlern gute Bedingungen, und wem das Atlantikwasser zu kalt ist, der findet im nördlich gelegenen **SAS Saldanha Nature Reserve** ein reizvolles Wandergebiet. Ein schönes Erlebnis ist auch der Besuch der Vogelkolonie auf **Bird Island**, die man mit dem Boot erreichen kann.

SERVICE & TIPPS

Tourist Information
P.O. Box 395, Saldanha 7395
✆ 022-714-2088
www.saldanhabay.com

SAS Saldanha Nature Reserve
Nördl. von Saldanha, an der Küste
✆ 022-702-3523
Tägl. geöffnet, bei gehisster roter Flagge nicht betreten!
Vier schöne Wanderwege von 4 bis 14,5 km.

Slipway Waterfront Restaurant
Saldanha Bay Harbour, Saldanha
✆ 022-714-4235
Tägl. 9–16.30 Uhr
Fischgerichte direkt am Meer. R–RR

Die fischreichen Küstenregionen Südafrikas bieten vielen, teilweise seltenen Vogelarten – wie hier den Kormoranen – eine Heimat

15 WEST COAST NATIONAL PARK

Der West Coast National Park ist eines der größten Feuchtgebiete der Welt mit idealen Lebensbedingungen für **Wat- und Seevögel**, den Winter verbringen viele Zugvögel aus Europa hier. Zur Vogelbeobachtung sollte man schon im Morgengrauen die herrlich gelegene **Langebaan Lagune** aufsuchen, das frühe Aufstehen wird reichlich belohnt.

Im August oder September, wenn die Wildblumen blühen, bietet sich ein Abstecher nach Norden zur **Postberg-Sektion** an. Dann verwandelt sich die Region in ein zauberhaftes Blütenmeer, in dem man auch Buntböcke, Gnus und Springböcke beobachten kann. Sehr informativ ist ein Besuch im Umweltschutzzentrum **Geelbek Goldfields Environmental Centre**, das in einem historischen Gutshaus untergebracht ist. Der Teegarten eignet sich prima für eine Pause.

SERVICE & TIPPS

West Coast National Park
Main St., Langebaan 7357
✆ 022-772-2114/5
www.sanparks.org
Sept.–März 7–19, April–Aug. 7–18 Uhr, letzter Eintritt halbe Stunde vor Schließung, Eintritt R186/93 (Blühsaison), sonst R87/44
Wanderwege und Mountainbike-Trails mit Möglichkeiten zur Vogel- und Tierbeobachtung.

WEINLAND

DIE ROUTE FÜR GENIESSER

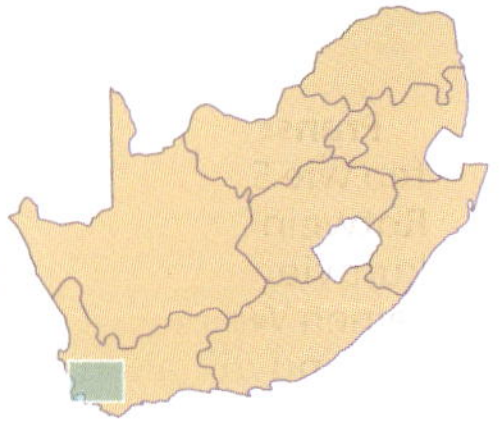

Nachdem der Gründer der Kapkolonie, Jan van Riebeeck, die ersten aus Spanien, Frankreich und Deutschland eingeführten Reben am Fuß des Tafelbergs gepflanzt hatte, schrieb er am 2. Februar 1659 in sein Tagebuch: »Heute, der Herr sei gelobt, wurde zum ersten Mal aus Kaptrauben Wein gepresst.« Dabei hat er nicht ahnen können, dass sich hier eine der bedeutendsten Weinregionen der südlichen Hemisphäre entwickeln sollte. Zunächst waren es Hugenotten, später vor allem deutsche Winzer, die den südafrikanischen Weinbau weiterbrachten. Eine Läuseplage Ende des 19. Jahrhunderts ruinierte die Winzer zwar fast, doch mit neu eingeführten amerikanischen Rebstöcken ging es bald wieder steil bergauf. 1918 wurde gar eine so große Ausbeute erzielt, dass die Weinpreise in den Keller gingen. Das war die Geburtsstunde der Zentralgenossenschaft Kooperative Wijnbouwers Vereeniging (KWV), die auch heute noch Mengen, Preise und Qualität streng überwacht und den Export kontrolliert. Das Ende der Apartheid und die Öffnung der Weltmärkte brachten dem südafrikanischen Wein einen beträchtlichen Aufschwung.

Stellenbosch, Franschhoek und Paarl bilden das Herz des Weinbaus in der Kapregion und bezaubern die Besucher ebenso wie Wellington und Tulbagh, Worcester und Robertson nicht allein durch Gaumenfreuden, sondern auch durch die ausgezeichnet erhaltenen historischen Gebäude in den Innenstädten und ihr vielfältiges Freizeitangebot.

❶ FRANSCHHOEK

Die Gründung von Franschhoek geht auf 200 hugenottische Familien zurück, die in Frankreich wegen ihres Glaubens verfolgt wurden und geflohen waren. Sie bekamen 1688 von Kapgouverneur Simon van der Stel dieses überaus fruchtbare Land zugewiesen. Aus Frankreich hatten sie Reben, ihre Fachkenntnisse im Weinanbau und viel Fleiß mitgebracht.

Die Geschichte der Hugenotten in Franschhoek (Franzosenwinkel) erfährt man im **Huguenot Memorial Museum**, das sich neben dem **Hugenotten-Denkmal** befindet.

Franschhoeks Weinstraße umfasst 48 Weingüter, die weiße Rebsorten wie Sauvignon Blanc, Chardonnay, Semillon, Chenin Blanc und die Rotwein-Trauben Shiraz, Pinot Noir, Merlot und Cabernet Sauvignon kultivieren. Zudem werden Sekt und Likörwein hergestellt. Neben seinen Weinen von Weltruf weist Franschhoek exzellente Restaurants auf und gilt als kulinarischer Geheimtipp.

Kaum ein anderer Ort liegt idyllischer, umrahmt von Bergflanken und Weinbergen – so weit das Auge reicht

SERVICE & TIPPS

Tourist Information
62 Huguenot Rd.
Franschhoek 7690
✆ 021-876-2861
www.franschhoek.org.za
www.franschhoekwines.co.za
Mo–Fr 8–17, Sa 9–17, So 9–16 Uhr
Infos zur Weinroute, Wanderkarten. Zimmernachweis. Mit Fahrradverleih.

Huguenot Memorial Museum
Franschhoek
✆ 021-876-2532
www.museum.co.za, Mo–Sa 9–19, So 14–17 Uhr, Eintritt R80/40
Die Geschichte der Hugenotten in Franschhoek wird hier eindrücklich dokumentiert. Es gibt auch eine Infobroschüre auf Deutsch.

Le Quartier Français
16 Huguenot Rd., Franschhoek
✆ 021-492-2222, tägl. 7–11, 12–22 (Nebensaison bis 21) Uhr; Tasting Room Di–So Dinner.
Nobelrestaurant mit französischer und kapmalaiischer Küche. Ausgesuchte Weine. RRR

Monneaux
Main Rd., Franschhoek
✆ 021-876-3386, tägl. 12–14.30 und 18.30–21.30 Uhr
Restaurant der Spitzenklasse mit fein aufeinander abgestimmten Speisen. Mittagessen auf der Terrasse, Abendessen im eleganten Diningroom. RRR

Maison
An der R45, Franschhoek
✆ 021-876-2116

www.maisonestate.co.za
Tägl. außer Di 12–15, Fr/Sa auch 19–23 Uhr
Moderne Küche auf idyllischem Weingut (Verkostung Mo–Sa 10–16, So 10–14 und Shop tägl. 12–14.45, 18–20.45 Uhr. RR

Im 18. Jahrhundert von geflohenen Hugenotten aufgekauft: das Herrenhaus des Weingutes Boschendal

Boschendal
Pniel Rd., Groot Drakenstein
✆ 021-870-4273/4
www.boschendal.co.za
Weinprobe tägl. 10–18 Uhr (✆ 021-870-4211)
Auf dem Weg von/nach Stellenbosch kommt man am ältesten Weingut, dem berühmten Boschendal vorbei. Es wurde 1685 von Simon van der Stel an die beiden Hugenotten Nicholas Lanoy und Jean Le Long übergeben. Das imposante Herrenhaus aus dem Jahr 1812 ist mit wertvollen Antiquitäten aus dem 17. und 18. Jh. eingerichtet. Im renommierten Boschendal Restaurant spürt man deutlich den französischen Einfluss. Reservierung erforderlich.

Unter alten, ausladenden Bäumen lässt es sich in Boschendal wunderbar picknicken, am Kiosk kann man einen Picknickkorb kaufen.

Cabrière Estate
Pass Rd., Franschhoek
✆ 021-876-2630
www.cabriere.co.za
Restaurant Sept.–Ende Mai Mo–So 12–14, Mo–Sa 18.30–20.30, Weinverkostung Mo-Sa 10-18, So 10-16 Uhr
Kellerführung nach Vereinbarung. Samstags köpft der Besitzer des Weinguts Achim von Arnim bei der Führung Sektflaschen mit einem Schwert. Unbedingt sollte man den hier gekelterten »Champagner« probieren!

La Motte
Main St. (R45), Franschhoek
✆ 021-876-8000
www.la-motte.com
Tägl. außer Mo 11–17 Uhr
An den Hängen der Wemershoek-Berge liegt das typisch weiß getünchte kapholländische Gutsgebäude aus dem Jahr 1752. Weinprobe in edlem Ambiente. Einmal im Monat gibt es ein klassisches Kellerkonzert.

L'Ormarins
Groot Drakenstein an der R45
✆ 021-874-9000
www.rupertwines.com
Tägl. außer Mo 10–16.30 Uhr
Malerisch spiegelt sich die schöne Fassade des Weingutes in dem kleinen Teich. Vor über drei Jahrhunderten gründete es der Hugenotte Jean Roi L'Ormarins, das heute preisgekrönte Weine produziert.

2 PAARL

Das 1687 gegründete Paarl zählt zu den bedeutendsten Weinorten Südafrikas mit einigen bemerkenswerten Gebäuden im kapholländischen, viktorianischen und Art-déco-Stil im Stadtzentrum. Im **Paarl Museum** sind kapholländische Möbel und Haushaltswaren ausgestellt. Auch die strohgedeckte **Strooidakkerk** von 1805, eine der ältesten Kirchen Südafrikas, in der noch heute Gottesdienste stattfinden, ist einen Besuch wert.

Das 56 Meter hohe **Afrikaans Language Monument** am Paarl Mountain erinnert seit 1975 an die burische Nationalbewegung, die 100 Jahre zuvor von Paarl ausgegangen war. Die Bewegung hatte erreicht, dass Afrikaans 1925 als zweite Staatssprache anerkannt wurde. Das **Afrikaans Language Museum** befindet sich im ehemaligen Haus des Gründers der Volksbewegung, Gideon Malherbe. Hier wurde auch »Die Afrikaanse Patriot«, die erste Zeitung in Afrikaans, veröffentlicht.

Die **Paarl Weinstraße**, auch Red Route genannt, zählt 39 Weingüter, Kooperativen und eine Brandy-Kellerei zu ihren Mitgliedern.

SERVICE & TIPPS

Paarl Publicity Association
216 Main St., Paarl 7646
✆ 021-872-4842
www.paarlonline.com
Mo–Fr 8–17, Sa/So 10–13 Uhr
Discovery Map Paarl für Ortsbesichtigung. Zimmernachweis. Red Route Map zu den Weingütern.

Paarl Museum
303 Main St., Paarl
✆ 021-872-2651
Mo–Fr 9–16, Sa 9–13 Uhr
Eintritt R5
Historische Möbel und Alltagskultur der letzten Jahrhunderte. Außerdem Dokumentation der Stadtgeschichte.

Paarl Mountain Nature Reserve
Jan Philips Mountain Dr., Paarl
✆ 082-744-5900
Tägl. von Sonnenauf- bis -untergang geöffnet
Naturschutzgebiet mit grandiosen Ausblicken über das Paarl Valley. Antilopen, Adler und Dassies. Wildblumengarten mit seltenen Arten. Fahr- und Wanderwege.

Bosman's
Im Grande Roche Hotel
Plantasie St., Paarl
✆ 021-863-5100
www.granderoche.com
Tägl. geöffnet
Sehr gediegene Atmosphäre in historischem Gebäude. Die Speisekarte ist ausgefallen.
RRR

Kooperative Wijnbouwers Vereeniging KWV
Cathedral Cellar, Kohler St.
Suider-Paarl
✆ 021-807-3007 www.kwv.co.za
Mo–Sa 9–16.30, So 11–16 Verkauf und Verkostung, Kellerführungen Mo–Sa 10, 10.30 und 14.15 (englisch), 10.15 (deutsch), So 11 Uhr (englisch)
Hier stehen die fünf größten Weinfässer der Welt.

Laborie
Taillefert St., Suider-Paarl
✆ 021-807-3007/8, tägl. außer So 9–16.30, So 10–15 Uhr
Empfehlenswert ist das mit Antiquitäten eingerichtete Restaurant.

Nederburg
R303 in Richtung Wellington
✆ 081-848-4295 (auch deutschsprachige Führung)
www.nederburg.co.za
Verkauf und Verkostung Mo–Fr Mai–Sept. 9–17, Okt.–Apr. bis 18, Sa/So 10–16, Kellertouren Mo–Fr Mo-Fr 10.30, Sa/So 11 Uhr
Das größte Weingut von Südafrika wurde 1792 von deutschen Auswanderern gegründet. Heute werden über 10 Mio. Flaschen jährlich produziert. Picknick-Lunch.

Spice Route Wine Estate
Suider Agter Paarl Rd., südl. von Paarl
✆ 021-863-5200
www.spiceroute.co.za
Verkauf und Verkostung tägl. 9–

Paarl wurde nach dem großen Granitfelsen oberhalb des Ortes benannt, der bei bestimmtem Licht wie eine »Perle« glitzert.

Jedes Jahr im März findet in Paarl das wichtigste Weinereignis Südafrikas statt, die Nederburg Wine Auction, zu der rund 2000 Weinconnaisseure aus aller Welt anreisen.

Die Kooperative Wijnbouwers Vereeniging KWV in Paarl

Der 30 km lange Bainskloof Pass bietet eine wunderschöne Aussicht über Wellington, Paarl und das Swartland.

17 Uhr
Auch Verkauf von Bier, Biltong und Schokolade. Abwechslung bietet hier der Besuch in der Glasbläserei (www.redhotglass.co.za).

Wilderer's Distillery
Simondium
✆ 021-863-3555
www.wilderer.co.za
3 km außerhalb von Paarl (R45 Richtung Franschhoek) liegt die Edelbrennerei für feinste Destillate. Verkostung und Verkauf. Man hat auch die Möglichkeit, die Herstellungsprozesse kennenzulernen. Tägl. Lunch mit Spezialitäten wie Flammkuchen.

Fairview Farm
Suid-Agter-Paarl Rd., Suider-Paarl
www.fairview.co.za
Tägl. 9–17 Uhr
Verkostung und Verkauf von Wein und Ziegenkäse. Imbiss. Restaurant Goatshed mit mediterraner Küche.

Wineland Ballooning
✆ 021-863-3192
www.kapinfo.com
Atemberaubende Ballonfahrten über Berge und Täler von November bis April mit anschließendem Firstclass-Frühstück in einem Hotel. Start nur zum Sonnenaufgang wegen der starken Thermik.

3 ROBERTSON

Die Rosen in Robertson wurden ursprünglich gepflanzt, um die Winzer rechtzeitig vor Weinrebenschädlingen zu warnen.

Eingebettet zwischen dem Langeberg im Norden und dem Riviersonderend Mountain liegt der malerische Weinort Robertson mit seinen prachtvollen Jacaranda- und Eichenalleen im Herzen des Breede River Valley. Ein kleiner Bummel führt durch das Zentrum mit Häusern vorwiegend im kapholländischen Stil, zahlreiche Wanderwege, einer darunter durch das **Dassieshoek Fynbos Mountain Reserve**, erschließen die Umgebung.

SERVICE & TIPPS

Tourist Information
Voortrekker St.
Robertson 6705
✆ 023-626-4437
www.robertsonr62.com, Mo–Fr 8–17, Sa 9–14, So 10–14 Uhr
Informationen über Wanderwege und Freizeitaktivitäten.

Bon Cap
Eilandia (von Robertson auf der R60 Richtung Worchester)
✆ 023-626-1628
www.boncaporganic.co.za
Mo–Fr 8–17, So 8–16 Uhr
In siebter Generation wird hier Wein angebaut. Das kleine Weingut setzt schon länger auf organischen Anbau und ist seit 2002 zertifiziert. Hier kann man auch übernachten. Mit Bistro.

Robertson Wine Valley
✆ 023-626-3167
www.robertsonwinevalley.com
Entlang der Route 62 umfasst die Weinstraße über 50 Weingüter der Orte Robertson, McGregor, Ashton und Bonnievale vereint. Die Robertson Wine Route gilt als die älteste Weinstraße Südafrikas. Höhepunkt ist das **Wine on the River** im Oktober.

Traktorfahrt
Protea Farm, auf dem Langeberg
✆ 023-614-3012
Mi, Sa 10 Uhr, Reservierung nötig
Ein ungewöhnliches Abenteuer mit herrlichen Ausblicken.

4 STELLENBOSCH

Nicht nur der herausragende Wein lockt Touristen in die »Stadt der Eichen«, die zweitälteste Stadt Südafrikas, sondern auch der prächtige historische Stadtkern mit reizvollen Häusern im kapholländischen Stil. Die Gründung von Stellenbosch geht auf den Kapstädter Gouverneur

Simon van der Stel zurück. 1679 schlug er sein Quartier am Ufer des Eerste River auf und entschloss sich, in dem fruchtbaren Jonkershoek Valley eine Siedlung zu gründen, die er *Stel-en-bosch*, Wald von Stel, nannte. 1685 wurden dort Kirche und Gerichtsgebäude errichtet, und seit 1918 ist Stellenbosch Universitätsstadt.

Das **Stellenbosch Village Museum** zeigt typische Gebäude aus den Jahren 1709–1850 mit originalgetreuen Interieurs. Einen sehr schönen Eindruck von der kapholländischen Architektur bekommt man auch rund um den **Braak**, den Stadtplatz. Hier befindet sich das älteste Munitionsmagazin Südafrikas, **Kruithuis** (1777) genannt, das heute ein kleines Militärmuseum beherbergt. Sehr schön ist auch das **Burgerhuis** (1797), das früher als Pfarrhaus diente. Die **St. Mary's on the Braak Church** aus dem Jahr 1852 hat einen bemerkenswerten Glockenturm.

D'Ouwe Werf in der Church Street gilt als das älteste Gasthaus Südafrikas und beherbergt auch heute noch Gäste in seinen 25 geschmackvoll mit antikem Mobiliar eingerichteten Zimmern. Natürlich sieht man in Stellenbosch auch Gebäude im viktorianischen Stil wie das **De Wet House** in der Kerk Straat oder das **Devonshire House** (1850) Ecke Kerk und Ryneveld Street.

In der **Dorpstraat** reihen sich Häuser im kapholländischen, viktorianischen und georgianischen Baustil aneinander, darunter auch zwei Museen: die **Rembrandt van Rijn Art Gallery**, die eine beachtliche Sammlung südafrikanischer Kunst zeigt, und das **Stellenryck Wine Museum**, dessen Ausstellung sich ganz dem Thema Wein widmet.

Im Februar zieht das bekannte **Food and Wine Festival** Besucher an, und von Dezember bis März lockt das attraktive Open-Air-Programm im **Oude Libertas Amphitheatre**. Neben Kulturereignissen werden eine ganze Reihe von Freizeitaktivitäten angeboten: Ausritte mit Weinprobe, Heißluftballonfahrten, Fallschirmspringen, Mountainbike-Touren oder eine Partie Golf auf einem der beiden zauberhaft gelegenen Plätze. Erholsam ist ein Besuch im **Jonkershoek Nature Reserve**.

Der Rhenish Church Complex wurde 1832 als Missionsstation für Sklaven und »Coloureds« errichtet. Vor wenigen Jahren wurde es als bestrestauriertes Gebäudeensemble Südafrikas ausgezeichnet

SERVICE & TIPPS

Stellenbosch Tourism & Information Bureau
36 Market St., Stellenbosch 7600
✆ 021-883-3584
www.stellenbosch.travel
Mo–Fr 8–17, Sa 9–14, So 9–13 Uhr
Plan für Stadtrundgang erhältlich. Beschreibung der Wanderwege. Freizeitaktivitäten. Mit Curio Shop.

Townshiptour
Halbtages- und Ganztagestouren
Auskunft bei Tourist Information
Führt durch das historische Stellenbosch und ins Township Kayamandi. Besuch eines Shebeen und Musikvorführungen von lokalen Künstlern.

Rembrandt van Rijn Art Gallery
31 Dorp St., Stellenbosch
✆ 021-886-4340
Mo–Fr 9–12.45, 14–17, Sa 10–13, 14–17, So 14.30–17.30 Uhr

Freunde der Kammermusik sollten auf keinen Fall das Stellenbosch Festival Ende September versäumen. Es ist das wichtigste Fest des Jahres mit internationalen Klassikstars und lokalen Größen.

Ausstellung zeitgenössischer Kunst aus Südafrika.

Stellenbosch Village Museum
18 Ryneveld St., Erfurthuis
✆ 021-887-2937, www.stelmus.co.za
Mo–Sa 9–17, So 10–16 (April–Aug. So nur bis 13 Uhr)
Mehrere renovierte Häuser aus dem 18. und 19. Jh. mit originalgetreuer Einrichtung.

Stellenryck Wine Museum
Dorp St., Stellenbosch
✆ 021-888-3588
www.museumsonline.co.za
Mo–Fr 9–12.45 und 14–17, Sa/Fei 10–13 und 14–17 Uhr
Alles rund um das Kulturgut Wein.

Van Ryn's Brandy Cellar
Van Ryn Rd., Vlottenburg
✆ 021-881-3875, www.vanryn.co.za
Okt.–Ende April Mo–Fr 9–18, Sa/So 10–16, Mai–Ende Sept. Mo–Fr 9–17, Sa 9–16, Führungen Mo–Fr 10, 11.30 und 15, Sa 10 und 11.30 Uhr
Historische Kellerei mit alten Kupferkesseln und Fassbinder-Show.

Jonkershoek Nature Reserve
10 km östl., Jonkershoek Rd.
✆ 021-483-0190 oder 082-467-0405
Tägl. 7.30–16 Uhr, Eintritt R40
Wanderwege und Autoroute.

De Volkskombuis
Aan de Wagenweg, Stellenbosch
✆ 021-887-2121, tägl. 12–14.30, Mo–Sa auch 18.30–21.30 Uhr
Gilt als beste Küche der Stadt. Traditionelle südafrikanische Küche und kap-malayische Gerichte. RR–RRR

Postcard Cafe
Stark Condé Wines, Jonkershoek Rd., Stellenbosch
✆ 021-861-7703
www.postcardcafe.co.za
Mi–So 9–16 Uhr
Café in Bilderbuchlandschaft. Frühstück und Lunch.

Bergkelder
George Blake St., Stellenbosch
✆ 021-809-8025
www.bergkelder.co.za
Feb–Nov. Mo–Fr 9–17, Sa 9–14 Uhr, geführte Touren 10, 14 und 15, Sa 10, 11 und 12, Dez.–Jan Mo–Fr 12 und 13 Uhr
Der Keller wurde im Papegaaiberg angelegt! Besichtigung und kleine Diaschau, Weinprobe und Verkauf.

Blaauwklippen
4 km südl. in Richtung Somerset West gelegen (R44)
✆ 021-880-0133
www.blaauwklippen.com
Tägl. außer So 10–18, So 10–18 Uhr
Weingut wie aus dem Bilderbuch, eingebettet zwischen Rebstöcken und Bergkulisse. Das Herrenhaus stammt aus dem Jahr 1789. Viele Weine sind preisgekrönt. Kellertouren, Verkostung. Mit Museum und Souvenirshop. Hervorragendes Restaurant.

Spier
Annandale Rd., südwestl. von Stellenbosch
✆ 021-809-1100, www.spier.co.za
Weinprobe tägl. 10–17 Uhr
Großes Weingut, das schon seit dem Jahr 1692 besteht. Heute wird nach ökologischen Gesichtspunkten Wein angebaut und gekeltert. Es gibt Restaurants und eine Hotelanlage, ein Gepardengehege sowie Greifvogel-Volieren (tägl. 9.30–17 Uhr). Reit- und Golfmöglichkeiten.

Stellenbosch Wine Route
36 Market St., Stellenbosch
✆ 021-886-4310
www.wineroute.co.za
Mehr als 200 Weingüter und -kooperativen umfasst Südafrikas bedeutendste Weinstraße. Dazu zählen traditionsreiche Namen wie Blaauwklippen, Delheim, Rust-en-Vrede und Spier. Die meisten bieten Weinproben und -verkauf, meist in idyllischer Umgebung an.

Waterford
Blaauwklippen Rd., Stellenbosch
✆ 021-880-5300, (deutsche Kontaktstelle 0421-30-530)
www.waterfordwines.com
Mo–Fr 9–17, Sa 10–17 Uhr
Zählt zu den schönsten Weingütern der Region. Die Wine Drive Safari führt in 2 Stunden durch die Weinhänge.

Zevenwacht
Kuils River
✆ 021-900-5700
www.zevenwacht.co.za

Mo–Fr 8.30–17, Sa/So 9.30–17 Uhr
Unvergleichlich schön gelegenes Weingut – bei gutem Wetter kann man bis zur False Bay und zum Tafelberg blicken. Spazierwege durch die Weinberge. Mit Käserei, Restaurant, Spa und appetitlich gefüllten Picknickkörben (auf Anfrage).

Stellenbosch Golf Club
An der R44 in südl. Richtung (10km), ✆ 021-880-0103
www.stellenboschgolfclub.com
Landschaftlich herrlich gelegener 18-Loch-Platz. Gastspieler sind willkommen.

Oude Libertas Amphitheatre
Stellenbosch
✆ 021-809-7473/7380
www.oudelibertas.co.za
Nov.–März, Abendkasse Mo–Fr 9–16, Sa 9–13, an Show-Tagen ab 16 Uhr
Eintritt R180–350
Open-Air-Aufführungen (Theater, Opern, Ballett, Jazz u. a.).

Stellenbosch Wine Festival
www.stellenboschwinefestival.co.za
Eintritt R150–350 pro Tag
Im Februar eine der größten Weinverkostungen der Welt.

5 TULBAGH

Von jeher inspirierte das schöne Tal, in dem der Weinort Tulbagh liegt, viele Maler, die versuchten, das ungewöhnliche Licht der Landschaft in ihren Bildern einzufangen. Ein Bummel entlang der Church Street führt zum **Oude Kerk Volksmuseum** und anderen historischen Gebäuden. In der **Beautiful Butterfly Art Gallery** stellen Künstlern der Region aus. Durch die idyllische Lage und beschauliche Atmosphäre angezogen, kommen immer mehr Brautleute zum Heiraten hierher.

Tulbagh ist bekannt für seine schönen Königsproteen. Die Tulbagh Show im September ist eine der ältesten Pferde- und Blumenausstellungen.

SERVICE & TIPPS

Tulbagh Valley Publicity Association
4 Church St., Tulbagh 6820
✆ 023-230-1375/48
www.tulbaghtourism.co.za
Hier erhält man viele gute Freizeittipps. Fragen Sie nach den aktuellen Ausstellungen.

Oude Kerk Volksmuseum
22 Church St., Tulbagh, Mo–Fr 9–17, Sa 9–16, So 11–16 Uhr
Im ältesten Kirchengebäude Südafrikas untergebracht.

Paddagang Restaurant
23 Church St., Tulbagh
✆ 023-230-0242
Tägl. 9–22, Di bis 17, So bis 16 Uhr
Südafrikanische Küche mit Spezialitäten wie *Waterblommetjiebredie*. RR

Readers
12 Church St., Tulbagh
✆ 023-230-0087
Tägl. außer Di 9–22 Uhr
Die Speisekarte ist klein, aber fein. Seien Sie mutig und probieren etwas Neues. Die Besitzerin berät gerne bei der Auswahl. RR

Beautiful Butterfly Art Gallery
Van der Stel St., Tulbagh
✆ 072-686-0227
Künstlerbedarf. Mal- und Töpferkurse. Kunstausstellungen.

Tulbagh Weinstraße:
www.tulbaghwineroute.com

Drostdy-Hof
Winterhoekpad, Tulbagh
✆ 023-230-0203
Mo–Fr 10–17, Sa 10–14 Uhr

Der Drostdyhof, der frühere Landgerichtssitz in Tulbagh, ist heute ein Museum, in dem man auch Wein probieren kann

Im tiefen Gewölbekeller, der sowohl als Gefängnis als auch als Sklavenunterkunft gedient hat, wird der köstliche Wein bei Kerzenlicht verkostet. Das ehemalige Bezirksgerichtsgebäude dient heute als Museum.

Wine Estate Twee Jonge Gezellen
Richtung Winterhoek Mountains, kurz hinter Tulbagh links abbiegen
✆ 023-230-0680, www.houseofkrone.co.za, Mo–Fr 10–16, Sa 10–14, Führung um 11 Uhr, Keller-Führung Mo–Fr 10–16 Uhr oder nach Voranmeldung
»Champagner«-Keller; Touren und Verkostung. Man sollte unbedingt den »Krone Borealis Brut« probieren.

6 WELLINGTON

Der Ort, 1688 von hugenottischen Einwanderern gegründet, liegt inmitten von Obstplantagen und hat sehr schöne kapholländische Häuser wie beispielsweise **Ouma Granny's House** mit einer bedeutenden Kunstsammlung. Das **Old Blockhouse** ist die südlichste von 8000 Befestigungsanlagen, die in der Zeit der Burenkriege errichtet wurden. Das **Wellington Museum** vermittelt die bewegte Stadtgeschichte.

SERVICE & TIPPS

Tourist Information
104 Main Rd., Wellington 7655
✆ 021-864-1378
www.wellington.co.za
Plan zu historischen Gebäuden, Auskünfte zur Weinroute, Ausritte.

Wellington Wine Walk
✆ 082-335-8132
www.fynbostrails.com
Dreitägige gemütliche Wanderung durch Weinberge. Übernachtung und Gepäcktransport.

Oude Wellington
303 Bainskloof Rd, Oude Wellington Brandy Estate
Wellington
✆ 021-873-2009, tägl. 11–21 Uhr
Kudu Carpaccio als Vorspeise gefällig? Und anschließend Cabrito, ein Ziegeneintopf, den man probiert haben sollte.
RR

Hildenbrand Wine & Olive Estate
4,5 km außerhalb via Blouvlei Rd.
✆ 021-873-4115/072-133-9919
www.wine-estate-hildenbrand.co.za
Restaurant tägl. außer Mo 8.30–16 Uhr
Die deutsche Winzerin bietet preisgekrönten Wein sowie Oliven und Olivenöl. Mit Restaurant und Gästehaus.

7 WORCESTER

Worcester, 1820 von Lord Charles Somerset gegründet, ist das Zentrum des Wein- und Obsthandels der idyllischen Täler von Hex und Breede River. Es gibt einen hübschen Stadtkern, *Ou Dorp* genannt, mit Häusern in den unterschiedlichsten Baustilen von Kapholländisch bis Art déco.

Das älteste Gebäude der 1820 gegründeten Stadt ist die **Drostdy**, das Gerichtsgebäude (1823). Im **Stofberg House** findet man das Heimatmuseum. Im **Beck House** kann man das Leben zu viktorianischen Zeiten nachvollziehen und im prachtvollen Garten ein Bade- und ein Kutschenhaus besichtigen. Die Vergangenheit wird lebendig im **Kleinplasie Farm Freilichtmuseum**, wo morgens der Duft von frisch gebackenem Brot in der Luft liegt, wenn der Bäcker die Leiber aus dem Holzofen holt. Hier kann man das Leben und Wirtschaften von damals hautnah beobachten und stilecht gekleideten Handwerkern

Das Afrikaner Museum in der Church Street zeigt, wie eine Anwaltskanzlei, ein Arztzimmer und eine Zahnarztpraxis vor 100 Jahren aussahen.

bei der Seifenherstellung, beim Zigarrenrollen, Brandy-Destillieren, beim Schafscheren oder beim Gerben zusehen.

Im **Hugo Naudé House** sind Arbeiten des gleichnamigen Malers ausgestellt. Wer zur Abwechslung ein bisschen Natur braucht, kann den **Karoo National Botanic Garden** besuchen. Zum größten Teil besteht er aus natürlicher Halbwüsten-Vegetation, es gibt aber auch eine hübsch angelegte Gartenlandschaft. Schauen Sie sich im Gewächshaus die Lithopen an!

SERVICE & TIPPS

Tourist Information
Mountain Mill Mall
Worcester 6850, ✆ 023-342-6244
www.worcestertourism.co.za
Mo/Di 10–17, So bis 14, Mi–Fr 9–18, Sa bis 16 Uhr
Plan zu den historischen Sehenswürdigkeiten. In der Blütesaison nach den »Blumenmeeren« fragen.

Beck House Museum
Baring St., Worcester
Mo–Fr 9–13, 13.30–16.30 Uhr
Schönes kapholländisches Haus.

Worcester Museum
Breede River Valley, Kleinplasie Farm, an der R60
✆ 023-342-2225
Mo–Fr 8–16.30, Sa bis 13 Uhr, Eintritt R15/5
Freilichtmuseum mit vielen Vorführungen. Restaurant. RR

Hugo Naudé House
113 Russel St.
Worcester
✆ 023-342-5802
Kunst aus Südafrika: Werke des Worcester Impressionisten Hugo Naudé sowie von Jean Welz, Bill Davis und anderen.

Karoo National Botanical Garden
2 km nördl. von Worcester
✆ 023-347-0785
Tägl. 7–18 Uhr, Eintritt R10
Blütenvielfalt im Frühling, prächtige Aloen im Herbst.

Eagle's Cliff
Welgemoed Farm
Worcester
✆ 023-342-0430
www.eaglescliff.co.za
Mo–Do 10–15, Fr 10–14 Uhr
Im Herzen des Breede-Tals gelegenes Weingut mit Restaurant.

Aquila
Das einzige Big-Five-Reservat am Western Cape, nördlich von Touws River/R46. Tagesausflug möglich. Pirschfahrten und Ausritte. Luxus-Übernachtung (✆ 021-430-7260, www.aquilasafari.com).

Im zehn Hektar großen Karoo Botanical Garden kann man sich mit der Halbwüstenvegetation vertraut machen

Region 3
Garden Route

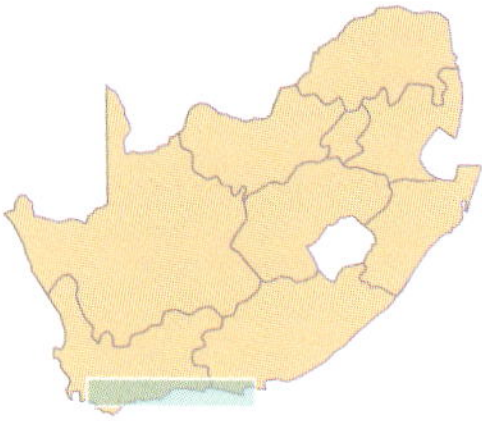

GARDEN ROUTE

EIN KÜSTENLANDSTRICH WIE EIN ÜPPIGER GARTEN

Traumhaft schöne Landschaften und ausgedehnte Strände machen die Südküste zum begehrten Urlaubsgebiet. Jeder Ort hat hier seinen eigenen Charakter und seine Besonderheiten: Hermanus ist der absolut ideale Platz, um vom Land aus Wale zu beobachten. Am rauen Cape Agulhas, der südlichsten Spitze Afrikas, treffen Atlantischer und Indischer Ozean aufeinander. Die einladenden Städtchen der Garden Route von George über Wilderness und Knysna bis hin zu Plettenberg Bay bezaubern durch ihre reizvolle Mischung aus Kultur und Natur. Außergewöhnliches in Sachen Natur hat der Garden Route National Park mit seinen zauberhaften Sektionen Tsitsikamma, Wilderness und Knysna Lake zu bieten, und von Jeffrey's Bay hat wohl jeder Surfer schon geträumt.

❶ GEORGE

21 on Montagu – die außergewöhnliche Galerie in George präsentiert hochwertige afrikanische Kunstwerke. Mit Gartencafé. 21 Montagu Street ✆ 044-873-0808 www.21montagu.co.za, Mo–Fr 8–17, Sa 8–15 Uhr.

1811 in herrlicher Landschaft am Fuß der Outeniqua Mountains gegründet, ist George zu einer Stadt mit gut 160 000 Einwohnern herangewachsen. Ihr Rhythmus wird bestimmt von Handel, Holzindustrie und Landwirtschaft, insbesondere Hopfenanbau – etwa die Hälfte des Bedarfs der südafrikanischen Brauereien wird hier produziert. Auch der Tourismus spielt für George eine wichtige Rolle.

Interessant ist das **George Museum** in der Courtenay Street, das vor allem durch seine Sammlung erlesener Musikinstrumente und Grammophone beeindruckt. Einige Blocks weiter steht die älteste Kirche der Stadt, die **Dutch Reformed Mother Church** (1842) mit Pfeilern und einem Gewölbe aus Yellowwood sowie einer kunstvoll geschnitzten Kanzel aus Stinkwood. Sehenswert ist auch der **Sklavenbaum**, eine Eiche in der York Street. Dort fanden früher Sklavenauktionen statt, und noch heute sieht man ein Stück von der Eisenkette, mit der die Sklaven gefesselt wurden.

In der gleichen Straße findet man die kleine **St. Marks Cathedral** von 1850 mit sehr schönen Glasfenstern.

Ein außergewöhnliches Erlebnis ist eine Fahrt mit dem **Outeniqua Power Van Railbus**, der hoch in die Bergwelt der Outeniqua Mountains führt und ein herrliches Panorama mit etlichen Wasserfällen und Proteenwäldern bietet. **Seven Passes** heißt die Passstraße, die um 1880 eröffnet wurde und kurvenreich nach Knysna führt. Die schöne Strecke schlängelt sich durch dichte Wälder, typische Küstenbergregion und vorbei an Farmland. Lohnender Stopp: Der Big Tree bei Woodville.

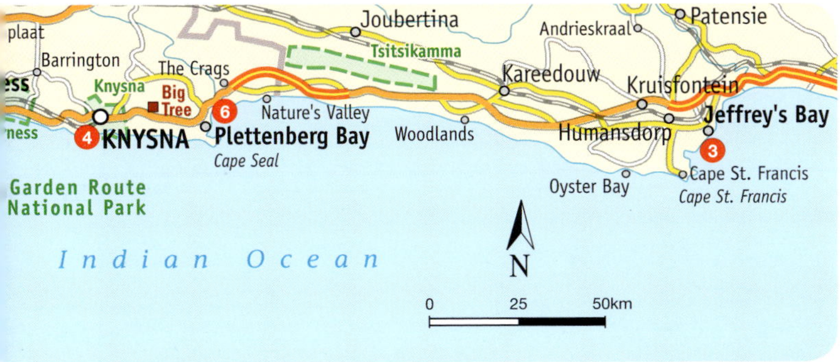

An den traumhaften Küsten der Garden Route

Jedes Mal, wenn ein Wal aus den Fluten springt, braucht er so viel Energie wie ein durchschnittlicher Mensch in zwei Tagen.

SERVICE & TIPPS

Tourist Information
124 York St., George 6529
✆ 044-801-9299
www.georgetourism.org.za
Stadtpläne, Karten zu 25 Wanderwegen.

George Museum
Courtenay St., George 6530
✆ 044-873-5343
Mo–Fr 8–16.30, Sa 9–12.30 Uhr
Bemerkenswerte Sammlung alter Musikinstrumente, Musikboxen und Grammophone.

Outeniqua Railway Museum und Outeniqua Power Van
2 Mission St., George
✆ 044-801-8288 und 044-801-8246
Sept.–Ende Apr. tägl. außer So 8–17, Mai–Ende Aug. Mo–Fr 8–16.30, Sa bis 14 Uhr
Fahrt mit dem Power Van R140, Eintritt Museum R20/10, bis 6 J. frei
Im Museum sind alte Lokomotiven, Eisenbahnwaggons und Oldtimer zu bewundern. Bustouren.

The Fat Fish
124 York St., George
✆ 044-874-7803
Das beste Fischlokal weit und breit! Die Fischplatte ist ein Gedicht! RR

The Old Townhouse
Ecke York/Market Sts., George
✆ 044-874-3663
Mo–Fr 11.30–15 und ab 18, Sa ab 18 Uhr
Gutes Essen in alter Stadthalle. RR

Robertson Brewery
1 Memoriam St., Shop 4, George
✆ 082-659-2650
Mo–Sa 10–22 Uhr
Bierprobe in Mikrobrauerei. Kleine Gerichte.

2 HERMANUS

Der ideale Ort, um vom Land aus Wale zu beobachten, ist Hermanus. Das einstige Fischerdorf, das sich zu einem beliebten Ferienort entwickelt hat, beschäftigt eigens einen *Whale Crier,* der Walsichtungen mit einem kräftigen »Wal in Sicht!« verkündet. Bis zu 70 dieser Giganten auf einmal wurden schon in der Walker Bay gesehen.

Meist entdeckt man die mächtigen Meeressäuger, wenn sie sich durch eine Atemfontäne oder ihre riesigen Fluken verraten. Alljährlich

Von Juni bis Dezember besuchen Wale die Walker Bay

Whale Watching – die Lieblingsbeschäftigung der Touristen in Hermanus

erreichen die ersten Wale im Juni die Bucht. Zwischen August und September kalben sie und verlassen die Region wieder im Dezember.

Interessante Informationen über Wale vermittelt das **Old Harbour Museum**, dort kann man sogar die faszinierenden Walgesänge per Liveübertragung aus dem Meer hören. Ende September/Anfang Oktober lockt das **Whale Festival** mit Musik und Theater eine Menge Besucher an. Das Einzige, was dann zu kurz kommt, ist die Muße zur Walbeobachtung.

SERVICE & TIPPS

Tourist Information
Mitchell Rd., Old Station Building
Hermanus 7200
✆ 028-312-2629
www.hermanustourism.info
Mo–Sa 9–17, So 10–15 Uhr

Old Harbour Museum
Im Hafen, Hermanus
✆ 028-312-1475
Tägl. außer So 9–16.30, So 12–16 Uhr, Eintritt R20

Bientang's Cave
Marine Dr., Hermanus
✆ 028-312-3454
www.bientangscave.com
Lunch tägl. 11.30–16 Uhr, Dinner auf Vorbestellung
Eine ehemalige Wohnhöhle mit Meeresblick. Fischspezialitäten, Buffet. Reservierung sinnvoll.
R–RR

Grotto, Langbaai, Voëlklip & Fick's Pool
Die drei schönsten Strände und ein Gezeitenbecken, das sicheres Schwimmen erlaubt.

Hermanus Whale Festival
Harbour Rd., Hermanus
✆ 072-062-8500
www.whalefestival.co.za
Festival, bei dem Wale die Stars sind.

Ausflugsziel:

Agulhas National Park
L'Agulhas 7285
✆ 028-435-6078
www.sanparks.org
Eintritt R170/85
Das Cape Agulhas bildet die südlichste Landspitze Afrikas, wo Atlantischer und Indischer Ozean aufeinander treffen. Neben dem alten **Leuchtturm** und einem kleinen **Museum** mit Restaurant findet man hier 2000 verschiedene Pflanzenarten, davon sind 100 endemisch und ebenso viele stehen auf der Liste der bedrohten Arten. 1999 wurde das Kap zum **Agulhas National Park** erklärt.

In Karwyderskraal liest man ungewöhnliche Inschriften auf den Grabsteinen des Friedhofs, denn sie sind treuen Pferdeseelen gewidmet.

3 JEFFREY'S BAY

Der Bade- und Erholungsort Jeffrey's Bay ist ein Eldorado für Surfer. Supertube, Kitchen Window und Surfer's Point heißen die Stellen an der Küste, die den Wellenreitern perfekte Bedingungen liefern. Immer im Juli messen sich hier die internationalen Stars der Wellenreiter-Szene beim **Billabong Pro Surf** Klassiker.

Was Muschelsammler am Strand vergeblich suchen, finden sie bestimmt bei Charlotte Kritzingers wunderbarer **Seashell Collection** an der Strandpromenade.

Herrliche Strände und ideale Bedingungen auch für Windsurfer bietet Jeffrey's Bay

SERVICE & TIPPS

Jeffrey's Bay Tourism
17 Da Gama St.
Jeffrey's Bay 6331
✆ 042-293-2923
www.jeffreysbaytourism.org

Charlotte Kritzinger Seashell Collection
C.J. Langenhoven Bücherei
Strandpromenade, Jeffrey's Bay
Mo–Fr 9–15 Uhr
Eintritt R20
Muschelmuseum.

Kitchen Windows
80 Ferreira St., Jeffrey's Bay
✆ 042-293-4230
Tägl. 11–22, So bis 15 Uhr
Schöner Blick aufs Meer, interessante Fischgerichte. RR

4 KNYSNA

Jedes Jahr im Juli findet das beliebte Knysna Oyster Festival mit allerhand sportlichen und kulinarischen Ereignissen rund um die Meerestiere statt.

Knysna (sprich: *Naisna*) liegt zwischen Bergen und Wäldern traumhaft schön an einer großen Lagune und ist einer der populärsten Badeorte an der Garden Route. Vom Gipfel des östlichen der beiden,

The Heads genannten Sandsteinkliffs, die die Knysna Lagoon flankieren, hat man einen großartigen Blick. Obwohl die Lagune seit 1993 unter Naturschutz steht, werden hier Austern gezüchtet, die man in der **Oyster Tasting Tavern** auf Thesen's Island täglich fangfrisch genießen kann.

1876 wurde in den Wäldern um Knysna Gold gefunden und das Schürferstädtchen Millwood entstand. Nach zehn Jahren war der Goldrausch vorbei, der Ort verfiel. Heute erinnert das **Millwood House Museum** in der Queen Street an die wilde Zeit. Es ist ein im typischen 1880er Stil errichtetes Gebäude, das kurzerhand in Millwood ab- und in Knysna wieder aufgebaut wurde.

Knysna liegt traumhaft in einer großen, geschützten Lagune und gilt als der schönste Ort der Garden Route

Will man von der Küste einen Abstecher in die Kleine Karoo machen, bietet sich die Fahrt von Mossel Bay über den herrlichen Robinson Pass nach Oudtshoorn an.

Zum Ausgehen und Bummeln eignen sich sowohl die Hauptstraße von Knysna mit ihren zahlreichen Geschäften, Cafés und Restaurants wie auch die **Waterfront** mit netten Läden und Lokalen. Vom Hafen aus starten Bootsausflüge aller Art, von der Fähre zum privaten **Featherbed Nature Reserve** über Kajak-Touren entlang der Küste bis hin zu Champagnerfahrten bei Sonnenuntergang.

Im berühmten **Knysna Forest** findet man fantastische Baumgiganten, riesige Farne und üppige Rankpflanzen. Für die Wanderwege von Knysna in das bergige Waldgebiet gibt es bei der Touristeninformation eine Karte.

Nicht versäumen sollte man einen Besuch im **Knysna Elephant Park**, wo man die Dickhäuter nicht nur aus nächster Nähe beobachten und mit ihnen eine Tour durch den Wald unternehmen kann, sondern man darf sie auch füttern und anfassen.

SERVICE & TIPPS

Tourist Information
Memorial Sq., 40 Main St.
Knysna 6570, ✆ 044-382-5510
www.visitknysna.co.za
Mo–Fr 8–17, Sa 8.30–13, Mitte Dez.–Anfang Jan. Mo–Fr 8–18, Sa 9–13 Uhr
Zimmernachweis, Informationen über Freizeitaktivitäten.

Millwood House Museum
Queen St., Knysna
Tägl. außer So 9.30–16.30 Uhr
Das Haus erinnert an den Goldrausch.

Knysna Elephant Park
An der N2, 9 km westl. von Plettenberg Bay, ✆ 044-532-7732
Touren tägl zwischen 9 und 15 Uhr alle 30 Min.
www.knysnaelephantpark.co.za
Besonders empfehlenswert sind die Sunrise- bzw. Sunset-Touren, die jeweils etwa zwei Stunden dauern.

The Drydock Food Company
Waterfront Shop 1, Knysna
✆ 044-382-7310
Tägl. 11.30–22 Uhr
Frische Meeresfrüchte und exzellente Weine direkt am Wasser. RR

Harry B's
Main St., Knysna
✆ 044-382-5065
Atmosphärischer Pub mit bestem Seafood.

Brenton Beach und Noetzie Beach
Die schönsten Strände in Knysna.

The Featherbed Company
Remembrance Drive, Off Waterfront Drive, Knysna
✆ 044-382-1693
www.knysnafeatherbed.com
Touren durch die Lagune und Fähren zum Naturreservat. Wanderungen und Restaurant mit Terrasse und bestem Blick auf die Lagune.

Den zahlreich vorhandenen Muscheln hat Mossel Bay seinen Namen zu verdanken

5 MOSSEL BAY

Nachdem Bartolomeu Diaz 1488 das Kap erfolgreich umsegelt hatte, legte er in einer muschelreichen Bucht an, die dann auch tatsächlich Mossel Bay getauft wurde. Und noch heute sind Muscheln dort eine Spezialität.

Dem Besucher präsentiert sich die 60 000-Einwohner-Stadt als komfortabler Urlaubsort. Einst galt Mossel Bay als schönster Ort an der Südküste, die Zeichen eines modernen Industriestandortes in Form von Raffinerieanlagen am Stadtrand sind jedoch nicht zu übersehen. Dem **Bartholomeu-Diaz-Museumskomplex** mit dem Nachbau der Karavelle von Diaz, dem Post Office Tree sowie der Quelle, der Mossel Bay die Gründung verdankt, sollte man unbedingt einen Besuch abstatten. Im dazugehörigen **Shell Museum** wird eine bemerkenswerte Muschelsammlung präsentiert.

Sehr angenehm zu gehen ist der **St. Blaize Trail**, ein Wanderweg von The Point zur Dana Bay mit Besichtigung der St.-Blaize-Höhle. Auch eine Bootsfahrt zu **Seal Island** sollte man sich nicht entgehen lassen. Ganz Mutige wagen einen Tauchgang in einem Haikäfig von »Shark Africa«.

SERVICE & TIPPS

Tourist Information
Market/Church Sts.
Mossel Bay 6500, ✆ 044-691-2202
www.visitmosselbay.co.za

Bartolomeu Dias Museum Complex
1 Market St., Mossel Bay
✆ 044-691-1067
www.diasmuseum.co.za
Mo–Fr 9–16.45, Sa/So 9–15.45 Uhr
Eintritt R20/10
U.a. Nachbau der Karavelle. Unbedingt sehenswert!

Cafe Gannet
Old Post Tree Sq., Mossel Bay
Tägl. 7–22 Uhr
Südafrikanische Küche, nette Atmosphäre. RR

Romonza Boat Trips
Im Hafen von Mossel Bay
✆ 082-701-9031
www.gardenroute.com/romonza
Touren zu Seehunden und Walen.

WildX Adventures
White Farm, Mossel Bay
✆ 082-066-1197
www.wildx.co.za
Quad Bike Trips, Abseiling, Klettern und Kanufahrten.

White Shark Africa
7 Church St., Mossel Bay
✆ 044-691-3796
www.whitesharkafrica.com
Tauchgang im Haikäfig (Juni–Nov.). Auch Wal- und Delfinbeobachtung.

Seetüchtiger Nachbau der 23 Meter langen Karavelle, mit der Bartholomeu Diaz das Kap umsegelte

6 PLETTENBERG BAY

»Plett« nennen die Einheimischen den schönen Urlaubsort mit herrlichen Stränden, klarem Wasser und einer imposanten Bergwelt im Hinterland. Plettenberg Bay gilt als vornehmer Badeort, zahlreiche Luxusvillen säumen die Küste. Man trifft sich in den Bars zum Plaudern, golft im **Plettenberg Bay Country Club** oder bummelt durch die Lädchen und Ausstellungen der **Arts, Craft and Antique Route**. Zwischen Weihnachten und Neujahr ist der Ort allerdings hoffnungslos ausgebucht.

Die Halbinsel am südlichen Ende der Bucht – heute befindet sich dort das **Robberg Nature Reserve** – war schon vor Urzeiten besiedelt, wie Skelett- und Werkzeugfunde aus der Ära der »Strandloper« (Mittlere Steinzeit) beweisen. Für Vögel ist dieses Gebiet ein Garten Eden, und auch Wale und Delfine kommen hier relativ nah an die Küste. Bisweilen kann man sie von den Küstenwanderwegen aus beobachten.

*Der **Big Tree** ist ein außergewöhnliches Yellowwood-Exemplar: 36 Meter hoch, Kronendurchmesser über 30 Meter; man findet ihn, wenn man auf der N2 von Plettenberg Bay aus kurz vor der Paul Sauer Bridge links in den Wald einbiegt und 400 Meter weiter geht*

Region 3
Garden Route

Otter, Dolphin und Tsitsikamma Trail heißen die berühmten Fernwanderwege mit Übernachtungen in Hütten, die so beliebt sind, dass man sie mindestens zwölf Monate vorab buchen sollte (www.sanparks.org).

SERVICE & TIPPS

Plettenberg Bay Tourism Centre
Mellville's Corner Centre
Main St., Plettenberg Bay 6600
✆ 044-533-4065
www.plettenbergbay.co.za
Freizzeittipps und Plan für die Arts & Craft Route.

Robberg Nature Reserve
Südwestliches Ende der Bucht, 8 km südl. von Plettenberg Bay
✆ 021-533-2125/85
Tägl. 8–17 Uhr, Eintritt R40
www.capenature.co.za
Infos zu Wanderungen und der Vogelvielfalt u. a.

The Med Seafood Bistro
Village Sq., Main Rd., Plettenberg Bay, ✆ 044-533-3102
Tägl. 7.30–21 Uhr
Fischspezialitäten, gute Weine. RR

Moby Dick Seafood Restaurant
Am Central Beach, Plettenberg Bay, ✆ 044-533-3682
Tägl. 8.30–23 Uhr
Superfrischer Fisch. RR

Plettenberg Bay Country Club
Piesang Valley Rd.
Plettenberg Bay
✆ 044-533-2132
www.plettgolf.co.za
Wunderschöner 18-Loch-Platz und vier Tennisplätze. Besucher sind willkommen.

Ausflugsziel:

Garden Route National Park Tsitsikamma Section
Storms River 6308
✆ 042-281-1607
www.sanparks.org
Parktore tägl. 7–18, Rezeption und Laden tägl. 8–17.45 Uhr
R235/118 pro Person und Tag
Wandern, Kanufahren und Tauchen gehören zu den beliebtesten Freizeitaktivitäten in diesem Nationalpark. Die wilde Küste von Tsitsikamma mit ihren bis zu 200 m hohen Klippen wurde 1964

Salt River Lagune: Wald und Meer bilden im Tsitsikamma National Park eine berauschende Symbiose

zum ersten Meeresnaturschutzpark des Landes erklärt. Er ist 68 km lang und reicht gut 5 km ins Meer hinein. Die Wanderungen im **Tsitsikamma Forest**, dem größten zusammenhängenden Urwald in Südafrika, sind ein einzigartiges Erlebnis. Neben Fynbos, Farnen und Lianen findet man uralte Baumgiganten. Der größte, **Big Tree** genannt, wächst keine 400 m von der N2 entfernt. Vogel-interessierte können sich im Informationsbüro eine Liste mit den im Park vorkommenden Arten besorgen und nach geeigneten Beobachtungsplätzen fragen.
Im Tsitsikamma Forest ist man vorwiegend zu Fuß, im Kanu oder unter Wasser unterwegs.

7 SWELLENDAM

Swellendam: die altehrwürdige Drostdy von 1747

Manche der Häuser im kapholländischen Stil und die mächtigen Eichen in der drittältesten Stadt Südafrikas (nach Kapstadt und Stellenbosch) sind Zeugen einer Zeit, als der Ort für die Buren, die mit dem Großen Treck in den wilden Osten zogen, die letzte zivilisierte Bastion war. Viehzucht, Weizen- und später auch Obstanbau brachten dem Städtchen beträchtlichen Wohlstand.

Im **Drostdy Museum** sind neben der strohgedeckten Drostdy, dem früheren Sitz des Landrichters *(landdrost)* aus dem Jahr 1747, noch weitere alte Handwerks- und Farmgebäude und das **Old Gaol**, das Gefängnis, zu sehen. Interessant ist ein Besuch in der Galerie, die ausgesuchte afrikanische Kunst zeigt. Vielleicht wird man auch im Craft Shop fündig, der mit dem Verkauf von Kunsthandwerk die Menschen in den Townships unterstützt.

SERVICE & TIPPS

Swellendam Tourism Information
23 Swellengrebel
Swellendam 6740
✆ 028-514-2770
www.swellendamtourism.co.za
Mo–Fr 9–17 Uhr, Sa/So 9–14 Uhr
Informationsmaterial, Zimmernachweis, Buchung von Aktivitäten.

Drostdy Museum
18 Swellengrebel St.
Swellendam
✆ 028-514-1138
www.drostdymuseum.com
Mo–Fr 9–16.30, Sa/So 10–15.30 Uhr
Eintritt R30
Am Eingang gibt es auch deutsche Informationsblätter.

Koornlands
192 Voortrek St., Swellendam
✆ 028-514-3567
Schmackhafte südafrikanische Küche. RR

The Old Gaol Coffeeshop
8A Voortrek St., Church Sq.
Swellendam
www.oldgaolrestaurant.co.za
Mi–Fr 8–spät, Sa–Di 8–17 Uhr
Örtliches Frauenprojekt, leckere Menüs. R–RR

Ausflugsziele:

Bontebok National Park
Swellendam 6740
✆ 028-514-2735, www.sanparks.org, Okt.–April 7–19, Mai–Sept. 7–18 Uhr, Eintritt R122/61
Ein Rundfahr- und zwei kurze Naturwanderwege. Schwimmen ist

Probieren Sie einmal die Youngberries, die bei Swellendam angebaut werden, – eine leckere Brombeer-Variante.

Die hübschen Buntböcke (Bonteboks) haben kastanienbraunes Fell und eine weiße Blesse, ihre Hörner werden bis zu 45 cm lang

im Breede River möglich, mit einer Lizenz darf man auch angeln. Buchungen über South African National Parks, Adresse vgl. Service von A–Z, S. 222.
Mit der Gründung des Nationalparks 1961 wurde der Versuch unternommen, die von der Ausrottung bedrohten Buntböcke zu schützen – mit Erfolg. Ihre Zahl hat sich von ursprünglich 17 auf ungefähr 200, rund ein Zehntel des Weltbestands, erhöht. Das knapp 3000 ha große Gelände am Breede River bietet mit seiner Fynbos-Vegetation nicht nur den Buntböcken einen idealen Lebensraum, sondern auch anderen Antilopen, Bergzebras, Erdwölfen, Schakalen und Vögeln aller Art.

Garden Route National Park
Vgl. Plettenberg Bay, S. 55 ff.

8 WILDERNESS

Im Mittelpunkt des lebendigen kleinen Urlaubsortes Wilderness steht die von Künstlern und Kunsthandwerkern ins Leben gerufene **Wilderness Lakes Art Route**. Kunstwerkstätten tragen zum Reiz der Kunstmeile ebenso bei wie die zahlreichen einladenden Restaurants und Cafés.

Eines der interessantesten Naturschutzgebiete in der Kapprovinz ist die **Wilderness Section** des **Garden Route National Park**. Fünf Flüsse, vier Seen, die Lagunen Swartvlei und die Touw River Lagoon sind ein Paradies nicht nur für Vögel und andere Tiere zu Wasser und zu Land, sondern auch für Naturliebhaber, die das Gebiet mit dem Kanu oder zu Fuß erkunden möchten. Der **Wilderness Canoe Trail**, der in drei Tagen durch das Seen- und Lagunengebiet zwischen Wilderness und Sedgefield führt, kann auch von Anfängern gut bewältigt werden. Eine Reihe von Wanderwegen bietet ausgezeichnete Möglichkeiten zur Vogelbeobachtung. Auch Badegelegenheiten findet man reichlich an den Stränden, den Lagunen und am Fluss.

Sehr schön ist der vier Kilometer lange Weg namens Map of Africa, der wunderbare Ausblicke auf das Meer, die Seen und die Outeniqua Mountains bietet.

Dolphin Point ist ein Aussichtspunkt an der N2 in der Nähe von Wilderness, von dem aus häufig Wale zu beobachten sind.

Marloth Nature Reserve
1,5 km nördl. von Swellendam, am Fuß der Langeberg Mountains
✆ 028-514-1410
www.capenature.co.za
Office tägl. 7–16 Uhr, Eintritt R40, 14 000 ha großes Areal mit Trails von unterschiedlicher Länge – für acht Tage oder auch nur für einen Tag; Übernachtungshütten und wunderbare Fynbos-Vegetation. Paviane, Schreiadler, Puffottern und Stachelschweine sind u.a. Bewohner.

SERVICE & T!PPS

Wilderness Tourism Bureau
Leila's Lane
Wilderness Station 6560
✆ 044-877-0045
www.wildernessinfo.org
www.gardenroute.org
Mo–Fr 8.30–18, Sa 8.30–14 Uhr
Ausflugstipps und Kartenmaterial. Hilfreiche Infos zur Gardenroute allgemein gibt's auch auf den genannten Internetseiten.

Garden Route National Park Wilderness Section
Wilderness
✆ 044-877-1197
www.sanparks.org
Eintritt R142/71
Reservierung nur über South African National Parks, vgl. S. 222.

Palms
Owen Grant Rd.,
Wilderness
✆ 044-877-1420
Fabelhafte Wildgerichte. RR

Wilderness Beach – der Strand des netten kleinen Ferienortes Wilderness

Region 4
Karoo

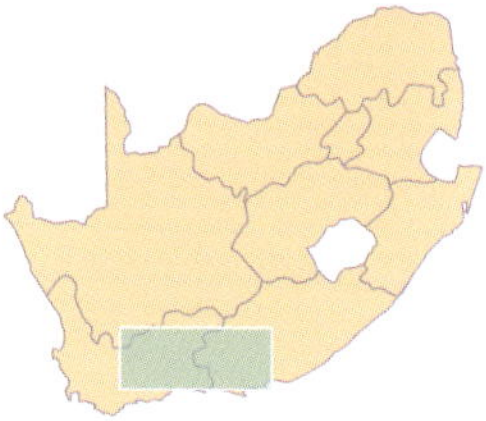

KAROO

REIZVOLLE ORTE UND VOLLKOMMENE STILLE

Endlos weite Ebenen zwischen gefälligen Bergketten kennzeichnen die Halbwüste Karoo. Ihr Name geht auf die Khoi zurück und bedeutet »unfruchtbares Dürreland«, und trotzdem gibt es hier Tausende verschiedene Pflanzenarten. Diese Landschaft ist weltweit einzigartig, mit glühend heißen Sommern und kalten Wintern und einer vollkommenen Stille.

An der R62 (www.route62.co.za) Richtung Osten reihen sich hübsche kleine Orte aneinander, beginnend mit Montagu, dem Tor zur Kleinen Karoo, Barrydale, Ladismith und Calitzdorp bis

hin nach Oudtshoorn, dem Zentrum der Straußenzucht. Von Oudtshoorn lohnt ein Abstecher nach Norden zu den sensationellen Cango Caves und weiter noch zum reizvollen Karoo National Park. Nicht versäumen sollte man die Stadt Graaff-Reinet, das architektonische Juwel der Karoo, und den Mountain Zebra National Park mit den so seltenen Bergzebras.

1 BARRYDALE

Die landschaftlich interessante R62 bringt den Reisenden von Montagu zum 60 Kilometer entfernten Barrydale. Das Städtchen südlich der Kleinen Karoo ist umgeben von fruchtbaren Wein- und Obstanbauflächen. Ein kleines **Museum** erfüllt die geistigen und nette Cafés die leiblichen Bedürfnisse der Besucher.

15 Kilometer außerhalb (R62 Richtung Ladismith) liegen zwei ungewöhnliche Attraktionen: Die sieben Meter hohe goldene **Peace Pagoda** und ein **Labyrinth**. Die erste dient dem Weltfrieden, letztere der Heilung und Selbstfindung. Fährt man ein paar Kilometer von Barrydale Richtung Swellendam, findet man natürliche Felsenbecken zum Baden. Ein genussreiches Erlebnis versprechen auch die heißen Quellen von **Warmwaterberg** nordöstlich von Barrydale.

SERVICE & TIPPS

Barrydale Tourism Bureau
1 van Riebeek St., Barrydale 6750
✆ 028-572-1572
www.barrydale.co.za

Clarke of the Karoo
An der R62, Barrydale
✆ 028-572-1017
www.clarkeofthekaroo.co.za
Südafrikanische Speisen, leckerste Desserts. R–RR

2 CALITZDORP

Der Ort liegt inmitten weitläufiger Wein- und Obstanbauflächen. Beim Rundgang fallen besonders die ansprechenden edwardianischen und viktorianischen Häuser im Ortskern ins Auge. Für Kulturbeflissene gibt es ein **Museum** in der Andries Pretorius Street sowie eine kleine **Kunstgalerie**. Hat man Lust auf eine Weinprobe, ist man bei den Weingütern **Calitzdorp Wine Cellars** und **Boplaas Estates** genau richtig. Sie sind besonders für ihren Portwein bekannt. Einen sehr schönen Eindruck von der Umgebung bekommt man auf einem Spaziergang durch den **Hennie Cloete Nature Garden**, der allerdings nur am Wochenende geöffnet ist. 25 Kilometer in Richtung Oudtshoorn liegt die Thermalquelle **Calitzdorp Spa**, ideal zum Relaxen.

SERVICE & TIPPS

Calitzdorp Municipality
Calitzdorp 6660
✆ 044-213-3312
www.calitzdorp.co.za
Nach dem Faltblatt »Calitzdorp on Foot« fragen.

Boplaas Estates
An der R62, von Westen kommend kurz vor Calitzdorp, rechter Hand, ✆ 044-213-3326
www.boplaas.co.za
Mo–Fr 9–17, Sa 9–16 Uhr
Weingut, bekannt für seinen Portwein.

Calitzdorp Wine Cellar
R62 in Calitzdorp
✆ 044-213-3301
Mo–Fr 9–17, Sa 9–13, Fei 9–17 Uhr
Weinkooperative mit 66 Anbietern von Weinen, v. a. Portwein.

Straußenfarm nahe Calitzdorp

❸ GRAAFF-REINET

Das Karoo-Städtchen Graaff-Reinet ist mit über 200 denkmalgeschützten Gebäuden einer der am besten erhaltenen historischen Orte des Landes. Es liegt malerisch am Ufer des Sundays River, im Hintergrund erheben sich die Berge der **Sneeuberg-Kette**.

1786 in einer umkämpften Region gegründet, wurde die Siedlung nach dem damaligen Gouverneur Cornelis Jacob van der Graaff und seiner Frau Cornelia Reynet benannt. Im 19. Jahrhundert entwickelte sich der Ort prächtig und wurde durch die Zucht von Merinoschafen und Angoraziegen zu einer wohlhabenden Stadt. Heute spielt neben der Tierhaltung der Tourismus eine bedeutende wirtschaftliche Rolle.

Graaff-Reinet hat mehr als zweihundert denkmalgeschützte Gebäude und ist eine Augenweide für Architekturliebhaber

Einen Rundgang durch das historische Zentrum beginnt man am besten beim **Reinet Haus** in der Murray Street, das ein interessantes kulturhistorisches Museum beherbergt. Schräg gegenüber, in der Parsonage Street, liegt die **Old Residency** mit einer Sammlung alter Gewehre. Über die Church Street gelangt man zur **Drostdy** (1806), die heute als Hotel und Restaurant dient. In der Church Street befindet sich auch in einem sehenswerten Gebäude die **Hester Rupert Art Gallery**, eine umfangreiche Sammlung von Werken südafrikanischer Künstler. Daneben beherbergt das **Old Library Building** die Touristeninformation.

Eine verkleinerte Ausgabe der Kathedrale von Salisbury und das prominenteste Gebäude der Stadt ist die **Dutch Reformed Church**, sehenswert sind auch das **Te Water House** in der gleichnamigen Straße und das **Urquhart House** mit seiner bemerkenswerten Giebelfassade.

Hufeisenförmig umfasst der **Camdeboo National Park** Graaff-Reinet. Im Westen liegt das **Valley of Desolation**, durch seine Naturschönheit schon längst ein Touristenmagnet. 2504 Meter ragt der Compassberg aus der Sneubergkette. Die Aussichtspunkte geben fantastische Blicke auf die erhabenen Dolorit-Formationen, die sich aus der Landschaft der Großen Karoo wie Denkmale erheben. Im Westen liegt die Driekoppie und der Nardausberg, beide im Winter oft mit Schnee bedeckt. Wandern, Wild- und Vogelbeobachtung gehören zu den beliebtesten Aktivitäten.

SERVICE & TIPPS

Graaff-Reinet Publicity Association
13a Church St., Graaff-Reinet 6280
✆ 049-892-4248
www.graaffreinet.co.za
Mo–Fr 8–17, Sa 9–12 Uhr
Eintritt R20

Reinet House/Museum
Murray St., Graaff-Reinet
Mo–Fr 8–16, Sa/So 9–13 Uhr
Kulturhistorisches Museum mit alten Rebstöcken im Garten.

Camdeboo National Park
Petrus de Klerk Building
Bourke Street, Graaff-Reinet
✆ 049-892-3453
www.sanparks.org
Eintritt R100
Der Crag Lizard Trail beginnt am Wanderparkplatz des Valley und führt über 1,5 km zu schönen Aussichtspunkten.

Pioneers Restaurant
3 Parsonage St., Graaff-Reinet
✆ 049-829-6059
Mo 9–21, Di–Sa 10–22, So 9–14, 17–21 Uhr
Abwechslungsreiche Karoo-Küche. Gemütliches Ambiente – auch im Garten. RR

4 KAROO NATIONAL PARK

Der Karoo Nationalpark bei Beaufort West wurde 1979 mit dem Ziel gegründet, die ursprünglich vielfältige Vegetation der Region wenigstens teilweise zu renaturieren. So ist hier ein Schutzgebiet auf 32 000 Hektar Fläche mit vielen Tierarten entstanden. Unter den fast 200 Vogelarten gibt es eine ganze Reihe seltener Spezies, außerdem sieht man Bergzebras, Kudus, Oryx- und Elenantilopen sowie Spitzmaulnashörner. Auch Pantherschildkröten, die größten ihrer Art im südlichen Afrika, kann man hier beobachten.

Die Karoo und besonders auch der Park sind bekannt für zahlreichen Fossilienfunde, deren Alter teilweise auf 310 Millionen Jahre geschätzt wird. Interessante Themenwanderwege informieren über Geologie und Vegetation des Parks. Wer etwas mehr Zeit hat, wird vielleicht den elf Kilometer langen, durch eine schöne Schlucht führenden **Fonteintjieskloof Trail** oder in drei Tagen den **Springbok Hiking Trail** erwandern.

40 km nördlich von Beaufort West befindet sich in Nelspoort die größte »Buschmann-Galerie« in der Karoo.

SERVICE & TIPPS

Karoo National Park
Beaufort West 6970
✆ 023-415-2828/9, 023-414-7080
www.sanparks.org
Parktore tägl. 5–22, Rezeption 7–19 Uhr
Eintritt R218/109
Rund 200 Vogelarten, Bergzebras, Kudus und vieles mehr.

Die Reservierung von Trails mit Übernachtung in den Camps erfolgt über South African National Parks, vgl. Service von A bis Z, S. 222.

Ausflugsziel:

Beaufort West
Beaufort West bietet alles, was man als Tourist braucht: Hotels, Restaurants, Lebensmittelgeschäfte und Tankstelle. Lohnenswert ist ein Besuch des **Beaufort West Museums** im **Stadshuis** (1867) in der Donkin Street. Hier erfährt man alles über den Herzchirurgen Christiaan Barnard, der die weltweit erste Herztransplantation durchgeführt hat (Mo–Fr 8.30–12.45, 13.45–16.45, Sa 9–12 Uhr, Eintritt R15).

Kudus im Karoo National Park – die dämmerungs- und nachtaktiven Tiere gehören zu den eindrucksvollsten und schönsten Antilopen in Südafrika

5 LADISMITH

Am Fuß der Klein Swartberg Mountains, vor der Kulisse des majestätischen Towerkop mit seinem geteilten Gipfel, liegt Ladismith. Der 1852 gegründete Ort erblühte in der Zeit, als Straußenfedern große Profite brachten. Heute hat die Straußenzucht für Ladismith kaum noch Bedeutung, dafür umso mehr der Obstanbau und die Haltung von Schafen und Ziegen.

In der Ortsmitte liegt die neogotische **Otto Hager Church**, umgeben von hübschen Häusern im georgianischen, viktorianischen und bäuerlichen Karoo-Stil. Außerdem findet man den sogenannten **Ladismith-Stil**, eine architektonische Variante des georgianischen Bauweise, die sich hier speziell herausgebildet hat. In der Umgebung des Ortes, vor allem in den Bergregionen, gibt es zahlreiche Wanderwege.

Ein schöner Ausflug ist die Fahrt zu den Missionsstationen Zoar und Amalienstein und weiter über den Seweweekspoort Pass mit seinen fantastischen Felsformationen.

SERVICE & TIPPS

Tourist Information
Otto Hager Church, South St.
Ladismith 6655
✆ 028-551-1378
www.ladismith.org.za
Infos über Freizeitangebote.

Ladismith liegt malerisch vor der Kulisse der Klein Swartberg Mountains

6 MATJIESFONTEIN

1884 kam der Schotte Jimmy Logan auf die Idee, an der Bahnstrecke Johannesburg–Kapstadt, mitten in der Wildnis, einen Erfrischungsraum für Reisende einzurichten. Aus der Bahnstation entstand ein hübscher kleiner Luftkurort mit Häusern im viktorianischen Stil. Nach 1950 verfiel Matjiesfontein, wurde aber durch die Initiative des Hotelbesitzers David Rawdon sehr schön renoviert und steht seit 1975 unter Denkmalschutz. Heute ist der Ort für Touristen wieder sehr attraktiv. Sie können die beiden kleinen Museen besuchen und haben die Möglichkeit, den ganzen Ort bei einer Stadtrundfahrt im Doppeldeckerbus kennenzulernen. Dauer: vier Minuten!

SERVICE & TIPPS

Tourist Information
Matjiesfontein Village 6901
✆ 023-561-3011
www.matjiesfontein.com
Die Stadtrundfahrt bucht man im Lord Milner Hotel.

7 MONTAGU

Der hübsche Ferienort liegt malerisch in einem fruchtbaren Tal zwischen Keisie und Kingna River. Bis zum Ende des 19. Jahrhunderts war eine halsbrecherische Fahrt durch die berüchtigte Schlucht **Cogman's Kloof** die einzige Zugangsmöglichkeit zu dem 1851 gegründeten Ort. Sehenswert sind das **Montagu Museum** in einer alten Missionskirche in der Long Street, das die Entwicklung der Region aufzeigt, und das **Joubert House** (1853) mit seinem interessanten Heilkräutergarten. Zu einem gemütlichen Spaziergang lädt der schöne **Nature Garden** in der Van Riebeeck Street ein.

Wer Entspannung sucht, bekommt sie garantiert bei einem Bad in den heißen Mineralquellen von Avalon Springs, die drei Kilometer außerhalb von Montagu liegen (an der R 318, www.avalonsprings.co.za, Di–Sa geöffnet)

SERVICE & TIPPS

Tourist Information
24 Bath St., Montagu 6720
✆ 023-614-2471
www.montagu.org.za, So 11–13, Mitte Sept.–Anfang Mai Mo–Fr 8–18, Sa 9–17, Mai–Mitte Sept. Mo–Fr 8.30–17, 9–16 Uhr
Informationen über Wanderungen, Weinproben in der Umgebung und Traktor-Trips auf der Protea Farm.

Simply Delicious Restaurant
46 Long St., Montagu
✆ 023-614-2778
Hier wird alles frisch zubereitet. Den Zitronenkuchen probieren!
RR–RRR

8 MOUNTAIN ZEBRA NATIONAL PARK

Schon 1937 wurde der rund 6500 Hektar große Park eingerichtet, um die vom Aussterben bedrohten Bergzebras, die **Cape Mountain Zebras**, zu retten. Das Projekt war erfolgreich, heute leben rund 700 Exemplare davon im Park, mehr können auf dieser Fläche nicht gehalten werden. Bergzebras erreichen eine Schulterhöhe von etwa 1,30 Meter und ein Gewicht von rund 250 Kilogramm. Zu den großen Raubtieren des Parks zählen Geparden, Hyänen und mittlerweile auch wieder Löwen. Auch die gefährdeten Spitzmaulnashörner bekommt man mit viel Glück zu sehen.

Im Park leben außerdem zahlreiche Antilopenarten, Raubtiere wie Luchse und Schakale und zahlreiche Vogelarten wegen des großen Bestands an Bäumen und Sträuchern mit Früchten und Beeren. Sehr schön sind auch die wilden Pfirsich- und Olivenbäume, Edelhölzer und die bunt blühenden Blumen.

Op-Art: Bergzebras haben im Unterschied zu Steppenzebras keine Schattenstreifen

Die De Zeekoe Guestfarm bietet interessante Begegnungen mit den niedlichen Erdmännchen in freier Wildbahn an. Infos: www.meerkatmagic.com

SERVICE & TIPPS

Mountain Zebra National Park
Cradock 5880, ✆ 048-801-5700/01
www.sanparks.org
Okt.–Ende März 7–19, April–Ende Sept. 7–18 Uhr, Eintritt R192/96
Geeignet für Halb- und Ganztagestouren mit dem Auto. Atemberaubende Ausblicke! Schöne Naturwanderpfade, aber auch mehrtägige Trails, die bei South African National Parks reserviert werden müssen (vgl. Service A bis Z, S. 222).

9 OUDTSHOORN

Die 62 000 Einwohner zählende Stadt im Zentrum der Kleinen Karoo hat den Straußenvögeln eine Menge zu verdanken, denn sie haben die Stadt reich gemacht. Als es bei den Damen in Europa und in den Vereinigten Staaten Mode wurde, sich mit Federboas zu schmücken, entstand eine enorme Nachfrage nach den fludrigen Federn dieser größten aller lebenden Vögel. Kurz vor dem ersten Weltkrieg gab es 750 000 Strauße rund um die Stadt, die etwa 500 Tonnen Federn lieferten, was den Züchtern jährlich rund drei Millionen englische Pfund Gewinn einbrachte.

Die prächtigen Paläste der Straußenbarone liefern eindrucksvolle Zeugnisse von der Opulenz jener Zeit, vor allem das **Dorphuis** in der Adderley Street und die Residenzen **Pinehurst** und **Welgeluk**, fünf Kilometer außerhalb Richtung Mossel Bay. Nach dem Ersten Weltkrieg änderte sich die Mode und das brachte die Straußenwirtschaft mit einem Schlag zum Erliegen. Seit wenigen Jahren erlebt die Straußenzucht jedoch wieder einen Aufschwung, doch nicht wegen der Federn. International gefragt sind heute vor allem das weiche, noppige Leder und das magere Fleisch.

Das **C. P. Nel Museum**, das sowohl über die Geschichte der Stadt als auch über Straußenzucht informiert, ist standesgemäß in einem ehemaligen Federpalast untergebracht. Weiter empfiehlt sich ein Besuch im Haus **Arbeidsgenot** (Arbeitsgenuss) des bekannten afrikaansen Dichters und Politikers C.J. Langenhoven (1873–1932) in der Jan van Riebeck Street. Es gibt einen interessanten Einblick in das Leben des Schriftstellers. Versäumen Sie nicht, eine der vielen Straußenfarmen um Oudtshoorn zu besuchen.

<u>Postbox Route</u> Einzigartiges Frauenprojekt, in dem im Bongolethu Township kunstvolle Briefkästen hergestellt werden (79 Hope St., ✆ 044-279-4055).

SERVICE & TIPPS

Tourist Information
80 Voortrekker St., Oudtshoorn 6625, ✆ 044-279-2532
www.oudtshoorn.com
Mo–Fr 8–17, Sa 9–12 Uhr
Zimmernachweis, Stadtplan und Freizeittipps.

C. P. Nel Museum
Baron van Reede & Voortrekker Sts., Oudtshoorn
Mo–Fr 8–17, Sa 9–13 Uhr
Stadtgeschichte, Straußenzucht.

Highgate
R328 10 km Richtung Mossel Bay
✆ 044-272-7115/6
www.highgate.co.za
Tägl. 7.30–17 Uhr, Tour ab R150
Die populärste Straußenfarm des Landes, mehrsprachige Führungen (1,5–2,5 Std.). Frühzeitig dort sein und Straußenspezialitäten zum Mittagessen schon morgens reservieren. Das Reiten auf Straußen und Straußenrennen bereitet den Tieren nicht das mindeste Vergnügen, man sollte davon Abstand nehmen.

Safari Ostrich Farm
An der R328
✆ 044-272-7312
Tägl. 8–17 Uhr, Tour ab R140
Straußenfarm mit Tourenprogramm und Restaurant.

Jemima
94 Baron van Reede St.
Oudtshoorn
✆ 044-272-0808, tägl. 11–22 Uhr
Abwechslungsreiche südafrikanische Küche. RR

Nostalgie
74 Baron van Reede St.
Oudtshoorn, ✆ 044-272-4085
Tägl. außer So 7–22 Uhr
Liebevoll eingerichtet, leckeres Essen. R–RR

Klein Karoo Nasionale Kunstefees Festival
Oudtshoorn
Programm in der Tourist Information
Alljährlich im März/April zeigen südafrikanische Künstler, Schmuck- und Modedesigner ihre Kunst.

Ausflugsziel:

Cango Caves
✆ 044-272-7410
www.cango-caves.co.za
Tägl. 9–16 Uhr
Eintritt R120/75
Reservierung erforderlich
Verschiedene Touren möglich, allerdings immer mit Führung. Sehr reizvoll für Leute ohne Platzangst: die Adventure-Tour (Eintritt R150)
Fantastische Formationen aus uralten Tropfsteinen machen die Cango Caves zu einem der großen Naturwunder der Erde. Tief unten in den mächtigen Swartbergen befindet sich ein ausgedehntes Höhlensystem mit Kammern von teilweise gigantischen Ausmaßen. Sinterterrassen, Stalagmiten und Stalaktiten von atemberaubender Schönheit schmücken die Gewölbe. 1780 wurden die Cango Caves von einem Hirten auf der Suche nach einem verlorenen Schaf entdeckt und in den Folgejahren erkundet.

1891 gab es bereits die ersten Höhlenführungen. Vor 30 Jahren wurden noch weitere Kammern gefunden, darunter die Wonder Cave, und immer noch ist die Erforschung des Höhlensystems nicht abgeschlossen. Für die Öffentlichkeit sind zurzeit etwa 1200 m zugänglich. Im Info-Zentrum gibt es eine interessante Ausstellung zur Entstehungsgeschichte.

Mit dem Verkauf von Straußenfedern wurden vor dem Zweiten Weltkrieg riesige Gewinne erzielt, heute sind Leder und Fleisch der Tiere gefragt

Cango Caves

WILD COAST

DIE WAHRHAFT WILDE KÜSTE

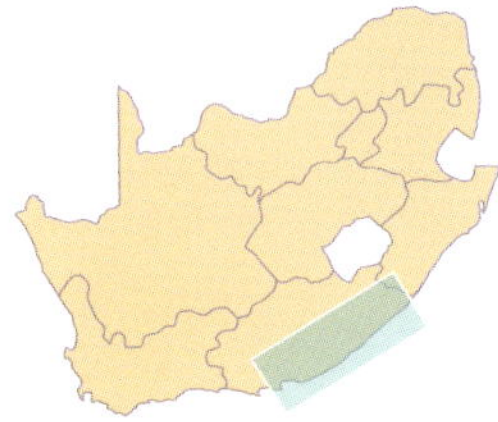

Steile Klippen in großartigen Formationen, weiße weite Sandstrände und Sonnenschein (fast) ohne Ende kennzeichnen die Wild Coast. Beschauliche Ferienorte laden zum Relaxen und zum Naturgenuss zu Wasser und zu Lande ein. Wer es lieber etwas turbulenter mag, dem bieten die Städte Port Elizabeth und Buffalo City ein sehr abwechslungsreiches Freizeitangebot. Unbedingt einen Besuch wert ist der Addo Elephant Park, der mit den Big Seven aufwarten kann.

1 ADDO ELEPHANT NATIONAL PARK

1931 wurde der Park im Sundays River Valley am Fuß des Zuurberg als letzte Zufluchtstätte für die fast ausgerotteten Kap-Elefanten eingerichtet. Vor Urzeiten wurde die Landschaft zwischen trockener Karoo und dem subtropischen Küstengürtel durch Hebung und Senkung des Meeresspiegels immer wieder überflutet und dadurch starker Erosion ausgesetzt. Auf diese Weise entstand die reizvolle Hügellandschaft mit ihrer charakteristischen Vegetation aus dichtem Addo-Busch und Speckbaumbewuchs.

Der Park wird ständig erweitert und später eine Endfläche von nahezu 360 000 Hektar umfassen. Heute sind bereits fünf der sieben Vegetationszonen Südafrikas zu finden.

Die Zone mit subtropischem Dickicht wird beherrscht vom Spekboom, einem Baum, der bis zu vier Meter hoch wachsen kann und gerne von Elefanten verspeist wird. In dieser Landschaft leben Zebras, Löwen, große Familien von Meerkatzen, aber auch Leopardenschildkröten.

Die Fynbos-Vegetation, die man unter anderem in der Zuurberg-Sektion findet, ist die Heimat vom Kaphonigfresser, einem Vogel, der gerne die zahlreichen Proteen hier besucht.

Im Grasland begegnen wir dem Kap-Bergzebra und den mächtigen Elenantilopen. Zu den beeindruckendsten Pflanzen gehören die Zuurberg Cycads, riesige Farnbäume.

Der Springbock hält sich in der kargen Nama-Karoo-Vegetation auf. Auch Oryx-Antilopen sind heimisch. Die größte Chance einen mächtigen Fischadler zu sehen hat man am Darlington Lake.

Etwa 600 der fast ausgerotteten Kap-Elefanten werden im Addo Elephant Park geschützt

Der **Alexandria Forest**, ein noch recht unberührter Küstenwald, wurde in den Park integriert. Hier hält sich der scheue Buschbock auf und auch der Knysna Turako. Zu den beeindruckendsten Bäumen gehören der schön blühende Korallenbaum und Südafrikas größte Gattung, der Outeniqua Yellowwood, der bis zu 60 Meter hoch werden kann.

Die **Dünenlandschaft von Alexandria** ist das größte zusammenhängende Gebiet seiner Art in der südlichen Hemisphäre. Die mittlere Dünenhöhe beträgt 30 Meter. Hier wurden bis zu 5000 Jahre alte Überreste von Siedlungen der »Strandlopers« gefunden, Khoisan, die hier lebten.

Die **Algoa Bay Inseln** gehören zu der maritimen Schutzzone. Auf Inseln wie St. Croix leben große Pinguin-Kolonien. Zu den geschützten Tieren zählen neben vielen Vogelarten auch Seehunde, Delfine, Buckelwale und der Weiße Hai. Die beiden letzteren werden zu den Big Seven gezählt.

Die Fahrwege im Park sind gut gekennzeichnet und führen zu Wasserlöchern, die Tierbeobachtung fast garantieren. Wer gerne zu Fuß unterwegs ist, sollte den **Discovery Trail** laufen, der Infotafeln über Flora und Fauna bietet. Wanderungen und Reitausflüge sind in der **Zuurberg-Sektion** möglich. Der beste Platz zur ungestörten Vogelbeobachtung ist der **Darlington Dam** im nordwestlichen Park.

SERVICE & TIPPS

Addo Elephant National Park
Addo 6105
✆ 042-233-8600, www.sanparks.org
Rezeption und Parktore 7–19 Uhr
Eintritt pro Tag R307/154
Es werden verschiedene Tages- und Nachtpirschfahrten angeboten. Unvergesslich ist ein Ritt durch den Park, der oft nahe an die Elefanten heranführt. Ein abenteuerlicher 4x4-Trail führt von Kirkwood in der Kabouga-Sektion durch die Bergwelt der Zuurberg-Kette bis zum Darlington Lake. Im Camp gibt es ein Restaurant und einen kleinen Laden. Der Alexandria Hiking Trail führt durch dichten Küstenwald und einzigartige Dünenlandschaft.

2 COFFEE BAY

1893 sank ein Schiff mit Kaffeebohnen vor der Bucht, die Ladung wurde an Land gespült, daraus wuchsen kleine Kaffeepflanzen – so die Legende.

Der traumschöne Muschelstrand, umrahmt von malerischen Hügeln, eignet sich hervorragend zum Ausspannen, Sonnenbaden und Schwimmen. In der Nähe gibt es eine steinerne Attraktion, das **Hole in the Wall**. Donnernd brandet das Meer durch ein Loch in einer Klippe, das Sand, Wind und Wasser dort hineingeschlagen haben.

East London besitzt den einzigen kommerziell genutzten Flusshafen Südafrikas

3 EAST LONDON

East London gehört zusammen mit **Bisho** und **King William's Town** zur **Metropolgemeinde Buffalo City** mit rund 900 000 Einwohnern. Die Stadt liegt am Buffalo River und verfügt über den einzigen Flusshafen Südafrikas. Obwohl Industrie- und Handelsmetropole, besticht sie durch ihren englischen Charme, schöne Architektur und freundliche Menschen. Die idealen klimatischen Bedingungen locken Familien, die sich in den natürlichen Felsenpools erfrischen, und Surfer, die über die Wellen am **Nahoon Reef** reiten.

Ganz in Rot mit weißen Balkonen prunkt im Stadtkern die imposante viktorianische **City Hall** von 1897. Mit der bedeutendsten naturkundlichen Sammlung Südafrikas wartet das **East London Museum** auf, darunter das präparierte Exemplar eines Quastenflossers Coelacanth, der 1938 vor der Küste gefangen wurde und dessen Spezies als seit 70 Millionen Jahren ausgestorben galt. Außerdem findet man auch eine kulturhistorische Ausstellung über die Xhosa.

Robben und Pinguine sind die Hauptakteure der Vorführungen im **Aquarium**, dem übrigens ältesten des Landes (seit 1931). Von einem Observation Deck elf Meter über dem Meer kann man Wale beobachten. Ruhe und Entspannung bringt ein Spaziergang durch den **Queen's Park Zoo and Garden**.

Als East Londons Shoppingmeile gilt die Oxford Street; am **Lock Street Gaol** in der Fleet Street, früher einmal Frauengefängnis, wird heute Kunsthandwerk verkauft; asiatische Waren bieten die Geschäfte am Oriental Plaza, und am Abend strömt alles nach **Latimer's Landing**, dem Vergnügungsviertel am Ufer des Buffalo River mit Shops, Restaurants und Bars.

»African Renaissance« im Februar ist Buffalo Citys schönstes Festival mit afrikanischer Folklore, Kunst und Kultur.

Die Strände der Stadt sind Eastern Beach mit abendlichem Flutlicht, der familienfreundliche **Nahoon Beach** mit einer Lagune, **Orient Beach** mit zwei Meerwasserpools und der breite **Bonza Bay** am östlichen Stadtrand. Bei Ebbe sind einige der über hundert **Schiffswracks**, die vor der Küste liegen und bei Tauchern sehr beliebt sind, vom Strand aus zu sehen.

SERVICE & TIPPS

Tourist Information
King's Entertainment Centre
Esplanade, Buffalo City 5200
✆ 043-722-6015
www.bctourism.co.za
Mo–Fr 8.30–16.30, Sa/So 9–14 Uhr

East London Museum
Upper Oxford St., Buffalo City
✆ 043-743-0686, Mo–Do 9.30–

16.30, Fr bis 16 Uhr, Eintritt R20
Bedeutendste naturkundliche Sammlung Südafrikas.

East London Aquarium
Esplanade, Buffalo City
✆ 043-705-2637
www.elaquarium.co.za
Tägl. 9–17, Shows 11.30, 15.30 Uhr
Shows mit Robben und Pinguinen. Walbeobachtungsseebrücke.

Queen's Park Zoo
Beaconsfield Rd., Buffalo City
✆ 043-722-1171
Tägl. 9–17 Uhr
Eintritt R43/26
Im Park steht auch das Gately House, heute Heimatmuseum.

Imbizo Jazz Cafe
22 Currie St., Quigney
✆ 083-493-7002
Gutes traditionelles, afrikanisches Essen der Region, aber auch aus Simbabwe und Mosambik. Freitags und samstags sorgt Live-Jazz für Stimmung. R

East London: die Oxford Street um 1900

4 GRAHAMSTOWN

Grahamstown ist ein beschauliches Städtchen mit ansprechenden georgianischen und viktorianischen Häusern im Stadtkern und 40 Kirchen. 1812 errichtete Colonel John Graham hier eine Militärstation mit dem Auftrag, für Ordnung zwischen den weißen Siedlern und den ansässigen Xhosa zu sorgen, denn beide brauchten ausgedehnte Weideflächen für ihr Vieh. In der Schlacht von Grahamstown (1819) verloren die Xhosa-Krieger, und immer mehr vorwiegend englische Siedler zogen in die Region und verhalfen dem Ort durch Handwerk und Wollhandel zu wirtschaftlicher Blüte. Das **1820 Settlers National Monument** zu Ehren der englischen Siedler, das auf dem Gunfire Hill die Stadt überragt, erinnert an sie.

Grahamstown bietet eine ganze Reihe interessanter und kurioser Sehenswürdigkeiten, wie beispielsweise den **ältesten Briefkasten** des Landes an der Ecke Somerset und Worcester Street oder den **Church Square**, der sich nicht als Quadrat sondern als Dreieck präsentiert. Sehenswert ist das **Observatory Museum**, auf dessen Dach sich eine Camera obscura befindet. Die **International Library of African Music (ILAM)** besitzt die größte Sammlung afrikanischer Instrumente und eine umfangreiche Bibliothek.

*Nationales Highlight ist im Juli das **National Festival of Arts** in Grahamstown: Von klassischer Musik bis Rock, von Tanz bis Theater, begleitet von Ausstellungen und Vorträgen, wird ein großes Spektrum geboten; Zimmer ein Jahr vorher buchen!*

Das **Natural Sciences Museum**, Bestandteil des **Albany Museum**, zeigt Dinosaurierfunde und Exponate zur Frühgeschichte und zu den Traditionen der Xhosa. Auch die **Rhodes University**, die im Jahre 1904 gegründet wurde, hat einige sehenswerte Gebäude.

Die hügelige Landschaft rund um Grahamstown eignet sich bestens für Mountainbike-Touren, die Stauseen laden zum Angeln, Kanufahren und Windsurfen ein. Ein beliebtes Wander- und Ausflugsgebiet ist das **Thomas Baines Nature Reserve**, Heimat von Nashörnern und Kapbüffeln.

18 Kilometer außerhalb (an der N2) liegt die **Farm Mosslands**. In den Tälern der Flüsse Kariega und Assegaai lässt es sich herrlich wandern (www.tworivertrail.co.za).

Grahamstown: Der Church Square präsentiert sich nicht als Vier-, sondern als Dreieck

SERVICE & TIPPS

Makana Tourism
63 High St., Church Sq.
Grahamstown 6140
✆ 046-622-3241
www.grahamstown.co.za
Mo–Fr 8–16.30, erster und letzter Sa im Monat 9–12 Uhr
Infomaterial, Postkarten sowie Buchung Historical und Township Tour. Auch Microlight- und Gleitschirmflüge können reserviert werden.

Albany Museums Complex
Somerset St., Grahamstown
Mo–Fr 9–16.30 Uhr
Das zweitälteste Museum des Landes (1855). Zu dem Komplex gehören: Natural Science, History und Observatory Museum sowie Provost Prison und Fort Selwyn.

International Library of African Music (ILAM)
Prince Alfred St., Grahamstown
✆ 046-603-8557, www.ru.ac.za/ilam
Mo–Fr 8.30–12.45 und 14–17 Uhr
Führung nach Voranmeldung
Größte Sammlung afrikanischer Instrumente.

Observatory Museum
10 Bathurst St., Grahamstown
✆ 046-622-2312
Mo–Fr 9.30–13, 14–17, Sa 9–13 Uhr, Eintritt R30
Einzige Camera obscura der südlichen Hemisphäre.

Norden's Restaurant
The Cock House
10 Market St./Bathurst St.
Grahamstown
Beste moderne, südafrikanische Küche in historischem Ambiente. RR

Ausflugsziele:

Kwandwe Private Game Reserve
Nördl. von Grahamstown am Ufer des Fish River
✆ 046-603-3400
www.kwandwe.com
Kwandwe, der Platz des Paradieskranichs, ist ein 16 000 ha großes Wildschutzgebiet, in dem die »Big Five« ebenso wie Kudus und Springböcke heimisch sind. Tagesbesuch telefonisch anmelden.

Thomas Baines Nature Reserve
15 km südl. in Richtung Port Elizabeth
✆ 046-622-7216/079-496-7979
Benannt nach dem Maler Thomas Baines. Das Gebiet beheimatet u.a. Nashörner und Kapbüffel sowie 175 Vogelarten. Picknickplatz am Damm.

Zwei Exemplare der seltenen Quastenflosser Coelacanth sind im South African Institute for Aquatic Biodiversity in Grahamstown (www.saiab.ac.za) zu sehen.

5 PORT ALFRED

Der kleine Fischereihafen am Kowie River hat sich zu einem bedeutenden Ferienresort an der Sunshine Coast gemausert, bekannt für seine traumhaft langen Sandstrände. Hier dreht sich alles um Vergnügen im und auf dem Wasser.

Fast schon legendär ist der 64 Kilometer lange **Shipwreck Hiking Trail** entlang der Küste, von dem man auch einzelne Tagesetappen gehen kann. Eine Vorausbuchung ist notwendig. Vom Wasser bieten sich wundervolle Landschaftseindrücke auf dem **Kowie Canoe Trail**. Der **Port Alfred Royal Golf Course** steht Besuchern offen.

SERVICE & TIPPS

Tourist Information
Info Centre, Causeway St.
Port Alfred 6170
✆ 046-624-1235
www.sunshinecoasttourism.co.za
Mo–Fr 8.30–13, Sa 8.30–12 Uhr
Infos über Wassersport, Reiten, Wanderwege, Golfen und Extremsportarten.

Kowie Museum
Pascoe St., Port Alfred
✆ 071-288-8228
Di–Sa 9.30–12.30 Uhr
Eintritt R20
Ortsgeschichte im alten Postgebäude.

The Wharf Street Brew Pub
18 Wharf St., Port Alfred
✆ 046-624-4947
Tägl. außer Mo 12–21.30 Uhr
Schön am Fluss gelegenes Restaurant. Ausgezeichnetes Essen. RR

Kowie Canoe Trail
Port Alfred
Buchung ✆ 046-624-2230
Kanufahrern bietet sich der 18 km lange Trail auf dem Kowie River mit herrlichen Landschaftseindrücken an. Auch Kanuverleih.

Abendstimmung am kleinen Fischerhafen von Port Alfred

In Port Edward beginnt der berühmte Fernwanderweg Wild Coast Hiking Trail, der sich 280 km entlang der zerklüfteten Küste zieht. Buchung unter amakhulu@drakensberg-tourism.com.

6 PORT EDWARD

Der südlichste Ort an der Sunshine Coast von KwaZulu-Natal besitzt einen wunderbaren Strand und den Tragedy Hill als Hintergrundkulisse. Dort fand einst ein tragisches, weil durch Gerüchte verursachtes Massaker zwischen Zulu und Briten statt. Heute wird die friedvolle Ruhe nur durch die Wellen gestört, die über den Splash Rock donnern, oder durch das Lachen der Kinder, die über die längste Wasserrutschbahn Südafrikas ins Wasser platschen.

SERVICE & TIPPS

Tourist Information
R61 Ilvis Country Bldg, Main Rd.
Port Edward 4295
✆ 039-311-1211
Tipps für Unterkünfte und Freizeit.

Umtamvuna Nature Reserve
Nördlich von Port Edward, in Richtung Izingolweni
www.kznwildlife.com
Das Naturschutzgebiet bietet fantastische Ausblicke über die Schlucht des Umtamvuna River. Auf den Wanderungen durch Küstenwald und entlang des Flusses findet man seltene Pflanzen. Über hundert Kapgeier nisten hier. Schöne Wanderwege.

7 PORT ELIZABETH

Die fünftgrößte Stadt Südafrikas vereint die Umtriebigkeit einer Großstadt mit der Attraktivität eines Ferienortes. Während das Umland durch die großen Industrieanlagen wenig Einladendes ausstrahlt, wirkt das zwischen Hügel gebettete Stadtzentrum durch seine ansprechende Gründerzeitarchitektur und die vielen Parks und Gärten sehr anziehend.

1799 gründete Francis Dundas im Auftrag der englischen Kapkolonie **Fort Frederick**, das noch heute hoch über dem Baakens River thront. Das waren die Anfänge von P. E., wie die Einwohner ihre Stadt nennen. Benannt wurde P.E. nach Elizabeth, der verstorbenen Gattin des Vizegouverneurs Sir Rufane Donkin.

Die Stadtbesichtigung beginnt am besten im **Donkin Reserve** bei der Touristeninformation, die im **Leuchtturm**, den man auch besteigen darf, untergebracht ist. Oben angekommen, wird man mit einer herrlichen Aussicht über die Stadt und das Meer belohnt. Mit dem Plan vom **Donkin Heritage Trail** in der Hand erkundet man die Sehenswürdigkeiten aus der Zeit von Queen Victoria wie etwa die Straßenzeile der **Donkin Street** mit ihrem englischen Flair.

An der Uferpromenade von Port Elizabeth

Auf dem belebten **Market Square** steht der Prachtbau der **City Hall** (1858). Am Hafen findet man den **Campanile**, einen 52 Meter hohen Turm mit 23 Glocken, für dessen 200 Stufen man schon ein bisschen Kondition braucht.

Unweit der Strände in der Beach Road liegt der Museumskomplex **Bayworld** mit einem **Oceanarium**, in dem täglich Shows mit Delfinen und Seehunden zu sehen sind. Zu dem Komplex gehören weiter ein großer **Snake Park** und das **Port Elizabeth Museum**, das sich der Natur- und Kulturgeschichte des Landes widmet.

Die Stadt bietet viele Einkaufsmöglichkeiten, darunter das **Bridge Shop-**

Port Elizabeth: An die Vergangenheit erinnern die prächtige City Hall von 1858 und der Market Square

ping Centre in der Cape Road in Newton Park – eines der größten des Landes. Stöbern kann man auf den Flohmärkten, samstags am Market Square, samstags und sonntags am Hobie Beach, und auch zwischen King's Beach und McArthur's Baths gibt es am Wochenende vormittags viele Stände.

Port Elizabeth hat ein schönes Opernhaus im viktorianischen Stil, das **Opera House and Barn** in der Whites Road, sowie einige Theater, darunter das **Savoy Club Theatre** für Operettenfreunde an der Ecke Stirk und Collett Street und das **Mannville Open Air Theatre** im St. George's Park, das alljährlich im Februar im Mittelpunkt des **Shakespeare Festival** steht.

Ein Happening, das jedes Jahr an Ostern mehr als 300 000 Menschen anlockt, ist das **Splash Festival** am Hobie Beach. Im Juni findet die **Woodridge Country Fair** statt, ein Mix aus Verkauf von landwirtschaftlichen Produkten und Kunsthandwerk, Biergarten und Hundeschau.

Nachtschwärmer kommen in P. E. voll auf ihre Kosten. Die größte Auswahl an Restaurants, Bars und Kinos sowie ein Casino bietet die phantasievoll gestaltete **Boardwalk Casino and Entertainment World** gegenüber Hobie Beach. Dort gibt es auch einen Shopping-Bereich und ein Amphitheater für Livekonzerte.

Unter den südlich des Stadtzentrums gelegenen Stränden eignet sich **King's Beach** zum Baden und Surfen, Familien besuchen den **McArthur Pool Complex** mit Frisch- und Salzwasserbecken, Wasserrutschen und dem Sea-Breeze-Miniatur-Zug. **Humewood Beach** ist der beliebteste Strand, hier gilt Sehen und Gesehenwerden. Schließlich hat P. E. die meisten Sonnentage, das Meer wird bis zu 24 Grad warm und im Frühjahr bläst ordentlich der Wind, allerdings »steht« dafür im Sommer und Herbst oft die Luft.

Im **Cape Recife Nature Reserve** (366 Hektar), das am Leuchtturm des Kap Recife beginnt, leben seltene Vogelarten. Der neun Kilometer lange **Trail of the Roseate Tern** führt durch das Reservat zu einem *Bird Hide*. Für Taucher gibt es einige Tauchreviere, wie das maritime Naturreservat **St. Croix Island** oder verschiedene Wracks vor der Küste. Das **Swartkop River Estuary** am nordöstlichen Stadtrand von Port Elizabeth bietet Kanuten und Windsurfern beste Bedingungen. Auch Sonnenanbeter lieben die schönen, eher ruhigen Strände.

Nicht nur für Fußballfans interessant ist ein Besuch im 2010 eröffneten Nelson Mandela Bay Stadium. Buchung unter tours@access management.co.za.

1819 lebten 35 Menschen an der Algoa Bay, heute hat P. E. etwa 200 000 weiße, 200 000 farbige und 650 000 schwarze Einwohner.

SERVICE & TIPPS

Tourist Information
Donkin Reserve, Belmont Terrace
Port Elizabeth 6000
✆ 041-585-8884, www.nmbt.co.za
Mo–Fr 8–16.30, Sa/So 9.30–15.30 Uhr nur die Filiale Humewood Rd. Hier erhält man den **Art Walk**-Plan, der zu Antiquitäten-, Kunst- und Spezialitätengeschäften führt.

Computicket
Greenacres Mall, Port Elizabeth
✆ 011-340-8000
Hier erhält man Tickets für Veranstaltungen.

Gqebera Township Tours
Corner of 8th Ave & Fordyce Rd im Walmer Township, Port Elizabeth
Sehr interessante Tour mit vielen Hintergrundinformationen.

Bayworld
Beach Rd.
Port Elizabeth
www.bayworld.co.za
Tägl. 9–16.30 Uhr
Eintritt R45
Oceanarium (Pinguin- und Seehundshows tägl. um 11 Uhr), Snake Park (Schlangenschau tägl. 12 Uhr), Port Elizabeth Museum.

Fushin
Stanley St.
Port Elizabeth
✆ 041-811-7874
Mo–Sa 11–22, So 11–17 Uhr
Fischgerichte, Sushi, vegetarische Köstlichkeiten. RR

Friendly Stranger
1 Bridge St.
Port Elizabeth
✆ 076-437-6850
Mo–Sa 8–16, So 8–14 Uhr
Kleine Gerichte, leckere Kuchen.

Seit 2001 bildet Port Elizabeth mit umliegenden Orten den Verwaltungsbezirk Nelson Mandela Metropolitan Municipality.

King's Beach, südlich vom Port Elizabeth' Stadtzentrum, eignet sich bestens zum Baden und Surfen

Pine Lodge
Marina Dr., Humewood
Port Elizabeth
✆ 041-583-4004
Ein herrlicher Platz bei Sonnenuntergang. Auch Dinner (RR).

8 PORT ST. JOHNS

Die kleine Hafenstadt an der Mündung des Mzimvubu River erfreut sich einer spektakulären Lage. Früher betriebsamer Handelsplatz und Schmugglernest, ist das Städtchen mit seinen 6500 Einwohnern heute eher ein Domizil für (Lebens-)Künstler. Einen besonders schönen Ausblick auf Küste und Meer hat man vom Mount Thesiger.

Ein Strandspaziergang am **First Beach** entlang führt zum Leuchtturm. **Second Beach**, fünf Kilometer entfernt, ist der gesicherte Badestrand, **Third Beach** gehört zum **Silaka Nature Reserve**.

SERVICE & TIPPS

Tourism Port St. Johns
Port St. Johns 5120
✆ 047-564-1187
www.portstjohns.org.za
Infos und Reservierungen.

Umzimvubu Retreat
Port St. Johns
✆ 047-564-1741
Kleines, feines Restaurant in der gleichnamigen Pension mit ausgefallener Speisekarte. Tisch reservieren. RR–RRR

DURBAN UND SEINE FERIENKÜSTE

ZWISCHEN MEER UND SATTGRÜNEN PLANTAGEN

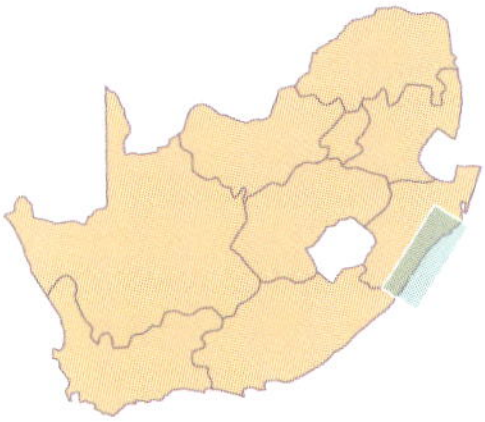

Die »Multi-Kulti«-Stadt Durban ist ein beliebtes Ferienziel in- und ausländischer Touristen, nicht zuletzt wegen ihrer langen Strände, die sich beinahe endlos in beide Richtungen ausdehnen. Kleine Ferienorte reihen sich an der Küste auf wie Perlen an einer Kette, jedes Städtchen hat seinen eigenen Charme. Dort spielt sich das Leben vor allem entlang der Strandpromenaden und in den Hauptstraßen ab. Die Küstenregion rund um Durban hat im Winter ein angenehm warmes Klima, im Sommer wird es richtig heiß und zuweilen auch schwül.

❶ DURBAN

Zusammen mit umliegenden Orten bildet Durban die Metropolgemeinde **eThekwini**. Mit 3,4 Millionen Einwohnern ist sie die drittgrößte Stadt Südafrikas und besitzt den größten Hafen des afrikanischen Kontinents. Mehr als 600 000 ihrer Einwohner sind indischer Abstammung. Der kulturelle Mix spiegelt sich deutlich im Stadtbild mit seinen vielen Moscheen, Kirchen und Hindu-Tempeln wider. Am Stadtrand allerdings reihen sich die ärmlichen, von Schwarzen und Farbigen bewohnten Townships aneinander. Das Bevölkerungswachstum der Metropole ist enorm.

Die **Goldene Meile**, der sechs Kilometer lange Sandstrand, ist der Hauptanziehungspunkt für Sonnenanbeter, schließlich sorgen 318 Sonnentage im Jahr, Hainetze und Rettungsschwimmerposten für optimale Bade- und Wassersportbedingungen. Auch Surfern, Tauchern, Seglern und Kanuten bieten sich ausgezeichnete Möglichkeiten. ❶ **Funworld** an der Lower Marine Parade sowie die Point Waterfront mit der ❷ **uShaka Marine World** an der Bell Street halten Attraktionen für die ganze Familie bereit.

Für die Stadterkundung bieten sich drei Alternativen an, die man aber auch gut zu einer kompletten Tagestour zusammenfügen kann. Zentraler Ausgangspunkt für die ersten beiden ist die **Tourist Junction** in der Monty Naicker Road. Hier erhält man die besten Informationen über Durban und KwaZulu-Natal. Von hier aus erreicht man das **Indische Viertel** mit seinen vielen bunten Geschäften

Durbans lebhafte Waterfront mit Geschäften, Restaurants und Bars

und duftenden Imbissständen. Ein interessantes Einkaufszentrum ist die ❸ **Ajimeri und Madressa Arcade** in der Dr. Yusuf Dadoo Street. Daneben erhebt sich die ❹ **Juma Masjid Moschee**, die größte Moschee auf der südlichen Halbkugel. Fast streng wirkt die römisch-katholische ❺ **Emmanuel Kathedrale**, die sich eine Straße weiter in diesen orientalisch wirkenden Bezirk verirrt zu haben scheint.

Eine gute Gelegenheit um Gewürze einzukaufen, bietet der ❻ **Victoria Street Market** an der Russel Street. Auch wer indische Kleidung mag, sollte ein bisschen herumstöbern und dann kräftig handeln. Krönender Abschluss der kleinen Shopping-Tour ist ❼ **The Workshop** an der Commercial Road mit seinen schönen Geschäften auf zwei Ebenen.

Die »Natal Sharks«, die lokale Rugbymannschaft, kann man im neuen für die Fußball-WM 2010 errichteten Stadion anfeuern, das optisch durch seine großen Stahlbögen besticht. Der Spielplan ist unter www.sharksrugby.co.za zu finden.

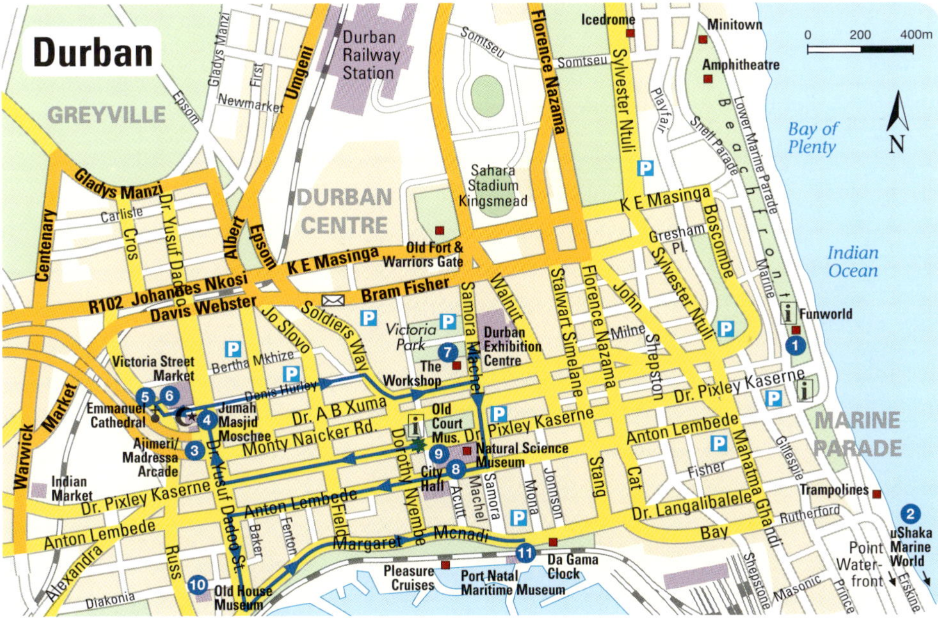

»What's on in Durban«, das kostenlose Stadtmagazin mit aktuellen Informationen über Veranstaltungen, Ausstellungen und Sportveranstaltungen, liegt überall aus (www.whatson.co.za).

Folgt man von der Touristeninformation aus der Dorothy Nyembe Street Richtung Meer, passiert man das Hauptpostamt, einen imposanten Bau aus dem Jahr 1885, der zunächst der Stadt als Rathaus diente. Unweit davon, in der Anton Lembede Street, wurde 1910 das heutige Rathaus, die 8 **City Hall**, im Renaissancestil errichtet. Im Erdgeschoss befindet sich das sehenswerte **Durban Natural Science Museum**. Abgerundet wird der Spaziergang durch einen Besuch im 9 **Old Court House Museum**, das eine Sammlung zur Stadtgeschichte zeigt.

Für die dritte Besichtigungsmöglichkeit bietet sich das Parken an der neu gestalteten Wilson's Wharf in der Boatman's Road an, die mit ihren interessanten Geschäften und einer großen Auswahl an Restaurants und Bars selbst einen Besuch wert ist. Von hier aus gelangt man zum 10 **Old House Museum** in der Diakonia Street mit seinen Exponaten aus der Kolonialzeit. Geht man die Victoria Embankment weiter, passiert man die Dick King Statue, die an den Helden erinnert, der 1842 bei einer Belagerung entkam und in Grahamstown Hilfe holte. Freunde der Seefahrt werden sich für das 11 **Port Natal Maritime Museum** begeistern.

SERVICE & TIPPS

Tourist Information
160 Monty Naicker Rd.
Durban 4000
✆ 031-366-7500
Mo–Fr 8–17, Sa/So 9–13 Uhr
Das beste Info- und Buchungsbüro der Provinz für Wildparks, Nationalparks, Zugfahrten, Hotels.

Beach Office
Ocean Sports Complex
Lower Marine Parade, Durban
www.durban-tourism.com
Mo–Fr 8–16.30, Sa/So 9–14 Uhr
Infos über Wassersport.

8 **Durban Natural Science Museum**
City Hall, Anton Lembede St.
Durban
✆ 031-311-2256
Mo–Sa 8.30–16, So/Fei 11–16 Uhr
Eintritt frei
Führungen und Projekte für Kinder und Erwachsene, Museumscafé.

11 **Port Natal Maritime Museum**
Im Hafen, Victoria Embankment, auf der Höhe Samora Machel St., Durban
✆ 031-311-2231
Mo–Sa 8.30–16, So/Fei 11–16 Uhr
Eintritt frei
Begehbare historische Schiffe.

9 **Old Court House Museum**
77 Samora Machel St., Durban
✆ 031-311-2229
Mo–Fr 8.30–16, Sa 8.30–12.30 Uhr
Eintritt frei
Das Gerichtsgebäude von 1866 ist heute ein Nationaldenkmal.

10 **Old House Museum**
Diakonia St., Central Durban
✆ 031-311-2261
Mo–Sa 8.30–16 Uhr, Eintritt frei
Exponate aus der Kolonialzeit.

The Playhouse
Anton Lembede St., Durban
✆ 031-369-9555
Abwechslungsreiches Kulturprogramm von Drama bis Kabarett.

Fitzsimmons Snake Park
O. R. Thambo Parade, Durban
Tägl. 9–17 Uhr, Vorführungen 10, 11.30, 13, 14.30 und 15.30 Uhr (nur Sa/So), Eintritt R20
Schlangen, Schildkröten und Krokodile aus nächster Nähe.

Durban ist eine Millionenstadt mit hohem Freizeitwert: Die Badestrände liegen quasi vor der Haustür

2 uShaka Marine World
1 Bell St., Durban
✆ 031-328-8000
www.ushakamarineworld.co.za
Kombiticket R210
Großer Park mit sechs Zonen: **Sea World**, ein riesiges Aquarium mit großen Delfinshows sowie Robben- und Pinguinbecken; **Wet 'n Wild**, ein Vergnügungspark mit vielen Möglichkeiten zum Wasser- und Strandsport; der Outdoor-Park **Chimp & Zee** mit Afrikas längstem gesicherten Klettersystem.

Außerdem lockt das Shopping-Paradies **Village Walk**.

Allen Gardiner Restaurantschiff
Wilson's Wharf, Durban
✆ 084-456-4000
Lunch-Cruise 12–15, Candlelight Dinner Cruise 19.30–22.30 Uhr vor Durbans Küste, Reservierung ist notwendig. RR

Roma Revolving Restaurant
Victoria Embankment & Stanger St., Durban
✆ 031-337-6707
Tägl. außer So 18–22.30, Fr/Sa auch 12–14.30 Uhr
Drehrestaurant mit fantastischem Blick vom 32. Stock auf Stadt und Hafen. RR

House of Curries
275 Florida Rd. Morningside Durban
✆ 031-303-6076, tägl. 10–24 Uhr
Beste indische Küche. R

Surf Riders Food Shack
17 Erskine Terrace, Durban
✆ 062-747-7037
Mo–Do 6.30–17, Fr bis 20, Sa/So 6–18 Uhr
Idealer Mittagsplatz nach Strandspaziergang. R

Der Victoria Street Market bietet Waren aller Ethnien, die in Durban koexistieren

Sublime
Wilson's Wharf
Sagenhaft gute Cocktails – besser mit dem Taxi hinfahren. In Südafrika ist jeglicher Alkohol am Steuer komplett verboten.

The Winston Pub
9 Clark Rd., Durban
✆ 072-100-5353
Angesagte Bar. Viel Musik und Public Viewing.

The South African Breweries
9–25 Jeffels Rd., Prospection West Durban
✆ 031-910-1111
Führungen durch die Brauerei.

Golf Durban Country Club
Walter Gilbert Rd., Durban
✆ 031-313-1777
Hier flitzt schon mal ein Affe mit dem Golfball davon.

Royal Durban Golf Club
Mitchell Crescent, Greyville
✆ 031-309-1373
Ungewöhnlicher Platz, komplett von einer Pferderennbahn umgeben.

2 ORIBI GORGE NATURE RESERVE

Jahrtausende hat der Umzimkulwana River hart daran gearbeitet, die traumhaft schöne **Oribi Gorge** zu erschaffen. Die tief in das beherrschende Felsplateau eingeschnittene, malerische Schlucht ist das Herzstück des 1950 gegründeten, 1800 Hektar großen Reservats. Der Fluss wird von unzähligen kleinen Nebenflüssen gespeist und begeistert Naturliebhaber durch Wasserfälle, Stromschnellen und tiefe Pools. An

Namensgeber der Schlucht ist das heimische Oribi (Bleichböckchen), eine kleine, scheue Antilopenart.

Xhosa-Frauen verkaufen selbst gefertigtes Kunsthandwerk

den Ufern wechseln Riesenbäume und dichtes Gestrüpp mit Riedgras und beschaulichen Sandbänken ab. Die Laute der Tiere, die in der Schlucht widerhallen, klingen wie Musik.

Außer dem Fahrweg durch die Schlucht gibt es wunderbare Wanderwege, die dazu einladen, die Landschaft zu durchstreifen. Adrenalin pur bietet das Programm in den privat betriebenen Teilen des Parks. Beim Gorge Swing in der **Oribi Gorge Private Conservancy** geht es 70 Meter im freien Fall über die Schlucht, der Gorge Slide ist eine Rutschpartie in 170 Metern Höhe und das Abseiling neben dem Lehr's Wasserfall endet erst nach 110 Metern. Im Vogelparadies des **Lake Eland Reserve** führt eine Hängebrücke in 200 Metern Höhe über den Fluss.

SERVICE & TIPPS

Oribi Gorge Nature Reserve
21 km von Port Shepstone
Paddock 4244, & 039-679-1644
www.kznwildlife.com
Übernachtung möglich. Im Campbüro erhält man Infos zu Wanderwegen.

Oribi Gorge Private Conservancy
✆ 039-687-400
www.thegorge.co.za
Privat betriebenes Naturschutzgebiet in der Oribi-Schlucht. Restaurant und Gartenlokal. Hier auch Buchung für verschiedene Aktivitäten.

3 PORT SHEPSTONE

Der beschauliche kleine Ort liegt 130 Kilometer südlich von Durban an der sogenannten Hibiskus-Küste. 1867 von weißen Siedlern an der Mündung des Mzimkhulu River gegründet, entwickelte er sich erst durch den Bau der Eisenbahn allmählich. Um Port Shepstone als Ferienort zu etablieren, wurden die schönen Strände für Schwimmer und Surfer mit Netzen und Rettungsschwimmern gesichert und ein reizvoller Gezeitenpool angelegt. Kleine Geschäfte mit Wollwaren und Kunsthandwerk der Xhosa laden zum Stöbern ein.

Das **Port Shepstone Museum** zeigt eine Ausstellung über Meereskunde und die Geschichte des Hafens. Interessant ist ein Bootsausflug auf dem Fluss ins Landesinnere. Zu den Hauptattraktionen zählt sicherlich ein jährliches Naturereignis: der **Sardine Run**. Millionen von Sardinen bilden einen springenden Teppich direkt vor den Stränden – gefolgt von Haien, Delfinen und Walen.

SERVICE & TIPPS

Port Shepstone & District Publicity Association
Princess Elizabeth Dr.
Port Shepstone 4240
✆ 039-682-2455
www.zulu.org.za
Tägl. 8.30–16 Uhr
Im Oribi Plaza Shopping Centre befindet sich ebenfalls ein Informationsbüro.

Port Shepstone Museum
Athlone Dr., Port Shepstone
Mo–Fr 8–16 Uhr, Eintritt R20
Meereskunde und die Geschichte des Hafens.

Port Shepstone Golf Course
Main South Coast Rd.
Port Shepstone, ✆ 039-695-0140/1
Golfvergnügen inmitten eines Naturparadieses mit Schreiseeadlern, Störchen und Nilgänsen.

4 RICHARDS BAY

Obwohl **Richards Bay** nach Durban den größten Tiefseehafen Südafrikas besitzt, legt die Stadt großen Wert auf ihre Tradition als Ferienort. 1879 vom britischen Kommandeur Frederick William Richards gegründet, entwickelte sich Richards Bay zu einem netten kleinen Fischerort. 1928 baute man das erste Hotel, in das sich vor allem Hobby-Hochseefischer einmieteten. Mit dem Bau einer Güterzuglinie an die Küste und der Entwicklung eines Großhafens wandelte sich das Erscheinungsbild des Ortes beträchtlich.

Die Schutzgebiete **Mzingazi-See** und das **Richards Bay Game Reserve** laden zur Tierbeobachtung in subtropischer Landschaft ein. Im **Bay Crocodile Sanctuary** führt ein 500 Meter langer Holzsteg unmittelbar zu den großen Nilkrokodilen, die hier ein geschütztes Dasein führen.

Der **Boardwalk** ist »das« große Shopping- und Vergnügungszentrum mit vielen Läden, Kinos und Restaurants.

Der schönste Strand ist der Alkantstrand Beach mit Lifeguard. Schöne Wellen, feiner Sand. Blick auf ein Schiffswrack. Oft Sichtung von Delfinen.

SERVICE & TIPPS

Tourist Information
Entrance 4, Boardwalk
Inkwazi Shopping Mall
✆ 035-907-5018, www.zulu.org.za

Tuzi Gazi Waterfront
Schöne Hafen-Atmosphäre zum Bummeln. Mit Restaurants und Kneipen.

Mojito's
7 Tuzigazi Esplanade, Richards Bay
✆ 035-788-0197
Mexikanisches Restaurant. Auch bei Einheimischen sehr beliebt.
RR

Beliebt bei Badegästen: der Strand von Richards Bay

ISIMANGALISO WETLAND PARK UND MAPUTALAND

WORLD HERITAGE SITE UND WILDE URSPRÜNGLICHKEIT

Der iSimangaliso (früher: Greater St. Lucia) Wetland Park, 1999 zum UNESCO-Weltnaturerbe erklärt, umfasst mehrere Schutzgebiete in der Küstenregion (Wetlands), die Landzunge von Cape Vidal und eine Meeresschutzzone (Marine Reserve) und erstreckt sich vom subtropischen Mapelane im Süden über St. Lucia und das St. Lucia Estuary bis hinauf zum Sodwana Bay National Park im Norden.

Nilpferde, Breit- und Spitzmaulnashörner, Büffel und viele Antilopenarten sind hier ebenso zu Hause wie Buckelwale, Haie und Delfine. Als außergewöhnlich artenreich präsentiert sich die Amphibienwelt und unter den Reptilien findet man viele geschützte Arten wie Pythons, Krokodile, Sumpf- und Wasserschildkröten. Zudem sind hier über 420 Vogelarten heimisch.

Nördlich an die Wetlands schließt sich das Maputaland an. Das dünn besiedelte, ursprüngliche Gebiet gilt als touristischer Geheimtipp abseits der üblichen Touristenziele. Hier finden sich einige der schönsten Natur- und Tierreservate Südafrikas mit einer Artenvielfalt, die keine Wünsche offen lässt: Kosi Bay, Tembe Elefant Park und das Ndumo Game Reserve an der Grenze zu Mosambik sowie das Pongolapoort Biosphere Reservat an der Grenze zu Swaziland. Die beste Reisezeit für Maputaland ist der Winter, weil es dann kühler und nicht so windig ist.

Im Raffia-Palmenwald leben seltene Tiere wie pflanzenfressende Fledermäuse, schlanke Palmensegler und die großen Palmengeier, die man an ihrem weißen Gefieder und der roten Augenumrandung erkennt.

1 KOSI BAY NATURE RESERVE

Für die strapaziöse Anfahrt werden Angler, Taucher und Naturbegeisterte mit zivilisationsferner Einsamkeit belohnt. In dem 10 000 Hektar großen Reservat dürfen Einheimische im Gebiet der Kosi-Seen in Fisch-Krals in alter, traditioneller Weise fischen.

Einen Namen gemacht hat sich der Park durch ein groß angelegtes Projekt zum Schutz von Meeresschildkröten, das bereits 1963 begann. Projektbasis ist die Bhanga Nek Station im Süden des Naturschutzparks.

Von dort werden während der Brutsaison geführte Touren zu den Schildkrötenstränden veranstaltet.

Kosi ist nicht wirklich eine Bucht, sondern besteht aus vier miteinander durch schmale Wasserkanäle verbundene Seen und dem Mündungsbecken Enkovukeni. Die Flut spült Salzwasser in die Seen, jedoch nicht überall in gleicher Menge, sodass jeder See einen anderen Salzgehalt hat. Dadurch ist die Vegetation unglaublich vielfältig. Es gibt fünf verschiedene Mangrovenarten, in denen Krebse, Schlangen und Schnecken leben.

iSimangaliso ist das Zuluwort für »Wunder«. Der neue Name des Naturschutzgebietes soll die Schönheit der Landschaft unterstreichen.

SERVICE & TIPPS

Kosi Bay Nature Reserve
KwaNgwanase 5973
✆ 035-592-0234/5/6 oder
076-481-5539, tägl. 6–18 Uhr
Eintritt R40 pro Person und Tag,
R40 pro Auto

Sport
Tageserlaubnis für Schnorcheln im Mündungsgebiet (Vorsicht: Hier sind auch Zambesi-Haie heimisch).
Tageswanderungen beim diensthabenden Ranger buchen. Dort kann man auch ein Kanu mieten.

Weiße Pelikane finden genügend Nahrung in den Wetlands

❷ NDUMO GAME RESERVE

Fieber- und Feigenbäume säumen malerisch die Seen und Sümpfe, die von den Flüssen Pongola und Usutu River gespeist werden. Das 10 000 Hektar große Reservat wird lokal verwaltet und gilt als Musterbeispiel für zukünftige Entwicklungen. Die Wilderness Area ist den Gästen des Ndumo Wilderness Camp vorbehalten.

In der Nähe des Ndumo Game Reserve gibt es keine Tankstelle. Besser in Mkuze, Pongola oder Jozini tanken.

Man kann das Reservat mit dem Fahrzeug kennenlernen, es gibt gut angelegte Fahrstraßen und wundervolle Aussichtspunkte. Noch schö-

Nilpferde wirken so gemütlich, gelten aber als die gefährlichsten Säugetiere Afrikas

ner sind allerdings die geführten Wanderungen. Eine durchquert den Feigenbaumwald am Ufer des Pongola River mit Krokodilen, Nilpferden und seltenen Wasservögeln. Eine andere Tour führt zur Shokwe Pan. Highlight jedoch ist eine Pirschfahrt im offenen Geländewagen zu den Inyamiti- und Banzi-Pfannen, wo man Wasservögel und Krokodile beobachten kann.

Geführte Kanutouren bietet die Kosi Bay Lodge an:
✆ 083-262-4865

SERVICE & TIPPS

Ndumo Game Reserve
✆ 035-591-0058, www.kznwildlife.com, Büro 8–12 und 13–16 Uhr; Tore im Sommer 5–19, im Winter 6–18 Uhr, Eintritt R50 pro Person und Tag, R50 pro Auto

❸ PONGOLAPOORT BIOSPHERE RESERVE

Bewaldete Hügel und Bergketten umgeben den riesigen **Pongolapoort-Stausee**, der das Herzstück des 360 Quadratkilometer großen Naturparks bildet. »White Elephant«, Hirngespinst, haben Skeptiker das Pongola-Bewässerungsprojekt genannt – daran erinnert heute noch der Name der größten Lodge im Reservat.

Auf Pirschfahrten kann man Elefanten, Büffel, Giraffen und Nashörner beobachten. Hautnah erlebt man die afrikanische Landschaft in geführten Bush-Walks. Beim *Elephanting* erfährt man alles über Elefanten, während man ihren Spuren folgt.

Ein sehr schönes Erlebnis ist auch die **Bootstour** auf dem See, vorbei an Wasservögeln, Nilpferden und Krokodilen, die oft regungslos auf ihre Beute lauern. Antilopen und Zebras kommen zum Trinken ans Ufer. Angler reisen speziell wegen des begehrten *tiger fish* an, im September findet sogar ein Angelwettbewerb statt.

Vor Südafrikas Küste finden Taucher eine faszinierende Unterwasserwelt

SERVICE & TIPPS

Pongola Game Reserve
Pongola 3170
✆ 034-435-1123
www.pongolagamereserve.co.za
Tagesausflüge (Safaribootstour) und Lodges.

White Elephant Lodge
Pongola 3170
✆ 082-945-7174, Reservierung unter 034-4132-489
www.whiteelephantlodge.co.za
Die Lodge veranstaltet luxuriöse Hausboottouren, aber auch Jeepsafaris und Wanderungen.

❹ ST. LUCIA/ST. LUCIA ESTUARY

St. Lucia entwickelt sich im Eiltempo zu einem kleinen Touristenzentrum. Sehenswert sind die Dünen, sie gelten als die höchsten bewachsenen Dünen der Welt. Reizvolle Bootsfahrten kann man auf dem See unternehmen, um die Ufervegetation und die artenreich vertretene Tierwelt kennenzulernen, oder auf dem Meer, um Wale zu beobachten. Im **St. Lucia Game Park** bieten sich kleine Wanderungen an, beispielsweise hinunter zum Fluss und zu den Nilpferden. Eine Wanderkarte bekommt man im Parkbüro.

SERVICE & TIPPS

St. Lucia Parkbüro
An der Hauptstraße Richtung Campingplatz, St. Lucia Estuary
✆ 035-590-1633
Tägl. 8–16.30 Uhr
Bootsfahrten tägl. um 8.30, 10.30 und 14.30 Uhr auf dem Lake St. Lucia zu Krokodilen, Wasservögeln und Nilpferden.

Wilderness Trail
✆ 031-462-8642
www.wildernesstrails.org.za
Der Wilderness Trail führt zwei, drei oder fünf Tage mit bewaffneter Begleitung durch einsames Küstengebiet. Maximal acht Teilnehmer.

St. Lucia Crocodile Centre
Tägl. 7–17.30, Fütterung Mi 18.30 (Sept.–Ende Mai), Sa 15 und So 11.30, Schlangenvorführung Sa 14 Uhr, Eintritt R60
Ausstellung und Infos über und mit verschiedenen Krokodilarten. Auch Schlangen und viele Vögel.

Braza
Georgiou Centre, McKenzie St.
St. Lucia
✆ 035-590-1242
Bunte Speisekarte, gemütliches Ambiente. RR

Idyllische Bootsfahrten kann man auf dem Lake St. Lucia unternehmen

Region 7
St. Lucia und Maputaland

Zwischen Dezember und Januar kommen nachts große Wasserschildkröten an Land, um ihre Eier in den Dünen der Sodwana Bay abzulegen. Es gibt Nachtfahrten zu den Legeplätzen; Buchung einen Tag im Voraus.

5 SODWANA BAY NATIONAL PARK

Der Park ist besonders für **Taucher** und **Sportangler** interessant. An den Stränden herrscht reges Treiben. Petrijünger werfen ihre Sportangeln aus und vertreiben sich die Zeit oft mit Biertrinken – trotz offiziellem Alkoholverbot.

Wer die Wälder aus Milkwood und Feigenbäumen durchstreift, sollte die Augen offen halten: Hier leben Grüne Mambas, Kobras, Puffottern und Baumschlangen. Auch die Brackwasser sind nicht ohne, denn häufig sind Krokodile und Nilwarane zu sehen.

SERVICE & TIPPS

Sodwana Bay National Park
✆ 035-571-0051
www.kznwildlife.com
24 Std. geöffnet, Parkbüro Mo–Do 8–16.30, Fr/Sa/Fei 7–16.30, So 7–15 Uhr
Für Taucher und Sportangler.
Vorsicht: Es gibt viele Schlangen, Nilwarane und Krokodile.

Coral Divers
Im Nationalpark
Private Bag 320, Mbazwana
✆ 033-345-6531, www.coraldivers.co.za, Kurse ab R3000
PADI-Kurse und Tauchpakete. Mit Übernachtung.

Augen auf im Brackwasser – dort halten häufig Krokodile nach einem Abendessen Ausschau

6 TEMBE ELEPHANT PARK

Hier findet man die letzten frei lebenden Elefanten Südafrikas. Früher wechselten große Herden zwischen Mosambik und Maputaland, doch die Bestände wurden durch Wilderer so stark dezimiert, dass nur noch wenige Dickhäuter im dicht bewachsenen Küstenwaldgebiet überleben konnten. Einige ältere Elefanten tragen deutliche Narben von Schusswunden oder Fangdrähten.

Seit 1991 dürfen Touristen die vorwiegend sandige Waldlandschaft des Elefanten-Parks besuchen, wo noch viele andere Tierarten wie Büffel, Giraffen, Nashörner und Löwen leben.

SERVICE & TIPPS

Tembe Elephant Park
NkaNgwanase 3973
✆ 031-267-0144, www.tembe.co.za
Information 7.30–13 und 14–16 Uhr; Park im Sommer 5–19, im Winter 6–16 Uhr, Eintritt R35 pro Person und Tag, R35 pro Auto Zufahrt nur mit Geländewagen. Besucher mit Pkws werden mit dem Park-Jeep abgeholt. Halbtagesexkursionen (inkl. Erfrischung und Mittagessen) und Tagesexkursionen (inkl. Erfrischung und Mittagessen) sind nach Voranmeldung möglich (max. 3 Autos/ Tag).

Einige Elefanten des Tembe Elephant Park tragen Sender, sodass man sie immer lokalisieren kann.

Tembe Elephant Park: Die größten Landsäugetiere der Erde sind Vegetarier und haben einen ausgesprochenen Familiensinn

Region 8
Zululand

ZULULAND

URSPRÜNGLICHES SÜDAFRIKA

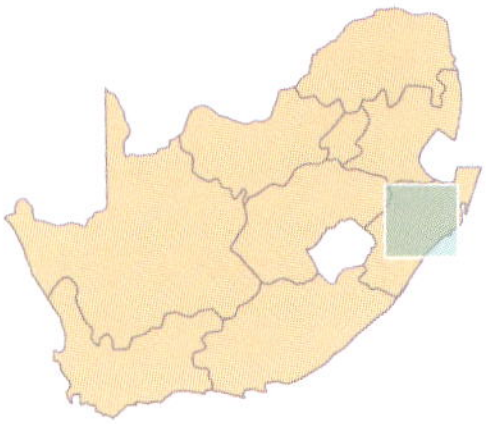

Die Heimat der großen Zulukönige ist das Landesinnere der Provinz KwaZulu-Natal, eine Hügellandschaft, die viel von ihrer schönen und wilden Ursprünglichkeit bewahrt hat. Im Nordosten des Zululandes liegen einige der schönsten Naturreservate Südafrikas – der traditionsreiche Hluhluwe-Umfolozi Park oder das wunderschöne Ithala Game Reserve. Im Nordwesten erinnern die Battlefields an die blutigen Schlachten, die zwischen Briten, Buren und Zulu geschlagen wurden, und im Süden liegt die Provinzhauptstadt Pietermaritzburg – britischer als jede andere Stadt in Südafrika.

Der Zulu-König Shaka (1787–1828) schuf ein riesiges Reich und befehligte ein Heer mit rund 80 000 Kriegern

1 DUNDEE

Die Ursprünge von Dundee gehen auf den Farmer Peter Smith zurück, der sich in einem Tal der Biggarsberg Mountains niederließ und seinen Besitz 1882 nach seiner schottischen Heimatstadt benannte. Wie sich bald herausstellte, war das Tal mit reichhaltigen Kohlevorkommen gesegnet – ein Magnet für Glücksritter und Händler. Smith avancierte zum Geschäftsmann, gründete die Dundee Coal Company und brachte sie 1899 an die Londoner Börse. Das machte Dundee schlagartig wohlhabend, stattliche Häuser entstanden und das erste Theater nördlich von Durban wurde gebaut. Heute spielt der Kohlebergbau in der 35 000-Einwohner-Stadt keine zentrale Rolle mehr. Wer Interesse hat,

64 Ochsenwagen erinnern an das schreckliche Gemetzel zwischen Buren und 13 000 Zulu-Krieger; die Buren verdanken ihren Sieg, den Tausende von Zulu mit dem Leben bezahlten, ihren weit überlegenen modernen Waffen

kann an einer Führung durch das einzige Bergwerk teilnehmen, das noch in Betrieb ist, und sich im Minenmuseum über den Kohlebergbau informieren. Neben Minentouren werden in Dundee auch Führungen durch Glasfabriken oder Töpferei-Manufakturen angeboten. Näheres dazu erfährt man in der Touristeninformation.

Wer ein Faible für die Geschichte dieser umkämpften Region hat, besucht das **Moth** oder das **Talana Museum**. Oder unternimmt eine Tour zu den **Battlefields**, den im Südosten von Dundee liegenden Schlachtfeldern von **Blood River**, **Isandhlwana** und **Rorke's Drift**. Die blutigen Kämpfe der Buren und Briten mit den Zulu um Land und Herrschaft, die im 19. Jahrhundert unter hohen Verlusten ausgetragen wurden, sind nicht vergessen. Noch immer werden die Erinnerungsstätten von vielen Menschen besucht, nicht selten sind es die Nachfahren derjenigen, die hier gekämpft haben. Obwohl in den kleinen Museen, die zu den Schlachtfeldern gehören, detaillierte Informationen zu den Ereignissen vorliegen, empfiehlt es sich dennoch, eine Tour mit einem der hiesigen Führer zu machen.

Das **Blood River Monument** besteht aus 64, in einem Kreis aufgestellten bronzenen Ochsenwagen in Originalgröße und erinnert an das Gemetzel, das sich am 6. Februar 1838 zwischen Buren und Zulu abgespielt hat. 470 Buren hatten sich in ihrer Wagenburg am Ncome River erfolgreich und ohne Verluste gegen 13 000 Zulu-Krieger behauptet. Seitdem heißt der Fluss »Blood River«. Ihren Sieg werteten die Buren als Zeichen, mit der Eroberung des Gelobten Landes fortzufahren. 1999 wurde in unmittelbarer Nähe des Burendenkmals das **Ncome Museum** errichtet, das die Ereignisse am Blood River aus Sicht der Zulu darstellt.

In **Isandhlwana** hatte sich am 22. Januar 1879 ein Drama abgespielt, bei dem 1300 britische Soldaten durch 25 000 Zulu-Krieger zu Tode kamen. Trotz der ebenfalls großen Verluste unter den Zulu zogen rund 4000 Krieger siegestrunken weiter zu dem 20 Kilometer entfernten **Rorke's Drift**, einem britischen Stützpunkt mit Krankenstation, in dem sich, als die Zulu dort eintrafen, 139 Menschen befanden. Wie durch ein Wunder gelang es den Briten, sich die ganze Nacht erfolgreich gegen die fortwährenden Angriffe der Krieger zu behaupten. Im Morgengrauen zogen sich die Zulu-Truppen dann zurück.

Historische Darstellung der Schlacht von Isandhlwana, bei der 1300 britische Soldaten den Tod fanden

Das Schlachtfeld von Isandhlwana kann auf eigene Faust oder einer geführten Tour besichtigt werden

SERVICE & TIPPS

Tourist Information
Civic Gardens, Victoria St.
Dundee 3000
✆ 034-212-2121
www.tourdundee.co.za
Mo–Fr 9–16.30 Uhr
Informationen über die Geschichte des Ortes, Industrietouren und die Schlachtfelder (Battlefields).

Moth Museum
Beaconsfield & Willson Sts.
Dundee
✆ 034-212-1250, Fr ab 17 Uhr
Eine der besten privaten militär-geschichtlichen Sammlungen Südafrikas.

Talana Museum
1,5 km außerhalb von Dundee an der R33 Richtung Vryheid
✆ 034-212-2654, www.talana.co.za
Mo–Fr 8–16.30, Sa/So/Fei 9–16.30 Uhr
Das Museumsgelände besteht aus 17 Gebäuden, darunter ein Militärmuseum, ein Friedhof, Farmgebäude, Glasmuseum, Restaurant und Museumsshop.

Blood River Monument und **Ncome Museum**
Von Dundee in Richtung Vryheid, Abzweig rechts, insgesamt 43 km
✆ 034-271-8121
Tägl. 8.30–16.30 Uhr, Eintritt R35
Beide Monumente liegen in unmittelbarer Nähe zueinander. 64 Ochsenwagen aus Bronze erinnern an die Schlacht zwischen Buren und Zulu. Das Ncome Museum stellt die Ereignisse aus der Sicht der Zulus dar.
Das dortige Trekker Kombuis ist ein Restaurant mit Voortrekker-Atmosphäre. R–RR

Isandhlwana Historic Reserve and Battlefield
Von Dundee R68 über Nqutu weiter Richtung Silutshana, insgesamt 83 km
Tägl. 8–16 Uhr
Mit Museum. Mit Führung ist die Besichtigung der Schlachtfelder wesentlich interessanter. Tourbuchung über Tourism Dundee.

Rorke's Drift Battlefield und **Shiyane Museum**
Von Dundee R33 Richtung Süden, Abzweig links
Mo–Fr 8–16, Sa/So 9–16 Uhr
Eintritt R20
Dokumentation des Angriffs auf den damaligen britischen Stützpunkt und Heimatmuseum.

2 ESHOWE

»Wind, der seufzend durch die Bäume streicht«, lautet poetisch die Übersetzung des Namens Eshowe. Der einst wichtigste Ort des Zululandes war das Hauptquartier von König Cetshwayo und seinen Kriegern, als er 1879 gegen die Briten zog. Die Zulu hatten allerdings keine Chance gegen die Feuerwaffen und wurden rasch besiegt. Nach Kriegsende brannten die Engländer das Dorf ab und errichteten 1883 an seiner Stelle **Fort Nongqai**, in dem heute u. a. das **Zululand Historical Museum** untergebracht ist.

Wander- und Picknickmöglichkeiten gibt es im **Ocean View Game Park** am Südeingang von Eshowe und im **Dlinza Forest Nature Reserve**. Dabei sollte man die Hauptattraktion, den Canopy-Walk nicht versäumen, der Besucher hoch in die riesigen Bäume führt.

SERVICE & TIPPS

Tourist Information
Civic Offices, Osborne St.
Eshowe 3815
✆ 035-474-1141
www.eshowe.com
Vermittlung von Touren und Begegnungen mit den Zulus. Infos zum Baumwipfelpfad im Dlinza Forest.

Fort Nongqayi Museum Village
7 Nongqayi Rd., Eshowe
Eintritt R30
Das Fort beherbergt das Zululand Historical Museum, das Mission Chapel Museum, das Vukani Zulu Cultural Museum, eine Galerie, einen Curio-Shop und ein nettes Restaurant.

Ausflugsziele:

Cultural Zulu Village Tour
Eshowe 3815
✆ 035-474-49119
www.eshowe.com
Die Tour führt in ein ursprüngliches Zulu-Dorf. Zusammen mit Dorfbewohnern wandert man durch die Hügellandschaft, in denen König Shaka geboren wurde. Man bekommt einen guten Einblick in das traditionelle, aber auch in das moderne Leben der Menschen. Essen bei einer Familie. Am Donnerstag besteht die Möglichkeit, an einem Gottesdienst der Zion Church teilzunehmen.

Shakaland
Eshowe 3815
✆ 035-460-0912
Malerisch eingebettet zwischen den Entembeni-Hügeln liegt Shakaland, ein Zuludorf, das einst als Kulisse für den Film »Shaka Zulu« und die Fernsehserie »John Ross« geschaffen wurde und heute den Touristen als »lebendiges« Museum präsentiert wird. Besucher erfahren hier, wie Zulus ihr traditionelles Bier brauen oder Speere, Schilde und Perlenschmuck herstellen. Abends zeigen junge Männer zum Klang der Trommeln ihre Stabkampftechnik und demonstrieren tanzend ihre Kraft und Wendigkeit. Programm telefonisch erfragen. Auch Tagesbesuch möglich. Auf dem Umhlatuze-Stausee werden Floßfahrten angeboten.

Tanzdarbietung der Zulu in Stammeskleidung – eine Präsentation alter Traditionen

❸ HLUHLUWE-UMFOLOZI PARK

Eines der beeindruckendsten Naturreservate Südafrikas ist der Hluhluwe-Umfolozi Park (sprich: *Schlu-schluwe*). Die Vielfalt von Landschaft und Vegetation des bereits 1885 gegründeten Parks ist ebenso erstaunlich wie sein Tierreichtum. Es ist durchaus wahrscheinlich, hier Elefanten, Giraffen, Büffel, Breit- und Spitzmaulnashörner, Löwen, Leoparden, Geparden, Zebras und natürlich Antilopen aller Art zu sehen. Die insgesamt 950 Quadratkilometer Parkfläche bestehen aus dem nördlichen Teil Hluhluwe und dem südlichen Umfolozi, die durch eine Straße, den *Corridor* voneinander getrennt sind. Nilpferde findet man nur in Hluhluwe.

In **Hluhluwe** gibt es ungefähr 100 Kilometer Fahrstraßen und viele Stellen, an denen sich Tiere hervorragend beobachten lassen, beispielsweise am **Hidli Vlei Areal** hinter der Einfahrt Memorial Gate oder auch an den **Hippo Pools**, wo man überdies noch einen wunderschönen Ausblick über den Nzimane River hat.

Wer mehr als einen Tag Zeit hat, sollte unbedingt eine nächtliche Pirschfahrt mit den Rangern unternehmen und/oder bei ausreichend Wasser eine Flussfahrt auf dem Hluhluwe River. Ohne Begleitung kann man den **Mbhombe Trail** im Hilltop Camp gehen, ansonsten werden zweimal täglich geführte Wanderungen angeboten.

Charakteristisch für **Umfolozi** sind weite, von steilen Hügeln gesäumte Täler, durch die 60 Kilometer Fahrstraße führen. Auch hier gibt es die Möglichkeit, das Naturreservat mit und ohne Rangerbegleitung zu durchwandern und an Nachtfahrten teilzunehmen. Ganz im Süden des Umfolozi liegt eine Wilderness Area ohne Straßen. Wanderfreaks mit Lust auf Abenteuer buchen den mehrtägigen **Wilderness Trail** mit Übernachtung in Bush Camps.

Giraffen schlafen nur 20 Minuten am Tag, dafür sind sie 16 bis 20 Stunden mit der Nahrungsaufnahme beschäftigt

SERVICE & TIPPS

Hluhluwe
The Camp Superintendent
✆ 035-562-0848
www.kznwildlife.com
Hilltop Rezeption 7–19, Parktore Sommer 5–19, Winter 6–18 Uhr
Eintritt R180 pro Person und Tag für beide Parks
Zweimal täglich gibt es 2,5-stündige geführte Wanderungen, Vorausbuchung und -zahlung erforderlich. Die Nachtfahrt von 19 bis 22 Uhr ist sehr gefragt, man sollte telefonisch reservieren. Für die Flussfahrt auf dem Hluhluwe River kann man sich bei der Ankunft am Gate anmelden. Ein Restaurant sowie ein Curio Shop versorgen Gäste mit Essen, bzw. Lebensmitteln, und Getränken.

Umfolozi
Officer-in-Charge
✆ 035-562-0287
Parktore im Sommer 5–19, im Winter 6–18 Uhr
Büro und gut bestückter Laden in Mpila 7–18 Uhr, das Nyalazi Gate zwischen Hluhluwe und Imfolozi ist über Nacht geschl.
Zweimal täglich startet eine geführte Wanderung vom Mpila Camp. Reservierung und Vorauszahlung sind nötig. Nachtfahrten telefonisch reservieren.

Wilderness-Trail-Buchungen
KwaZulu-Natal Nature Conservation Service (NCS)
P. O. Box 13069, Cascades
Pietermaritzburg 3202
✆ 033-845-1000 oder
033-845-1067
www.kznwildlife.com
Alle Übernachtungs- sowie Wilderness-Trail-Buchungen.

Den größten Teil des Tages verbringen Nilpferde im Wasser, um ihre Füße von ihrem bis zu dreieinhalb Tonnen schweren Gewicht zu entlasten

❹ ITHALA GAME RESERVE

Schon allein die fantastische Landschaft mit einer außergewöhnlich vielfältigen Flora und Fauna, farbigen Steinformationen und Höhenunterschieden von bis zu 1000 Metern machen einen Besuch in dem

Das Camp des Ithala Game Reserve zählt zu den schönsten der Provinz

fast 30 000 Hektar großen Reservat zu einem großartigen Erlebnis. Archäologische Funde zeigen, dass die Region schon in der mittleren Steinzeit zu den bevorzugten Siedlungsgebieten gehörte. Buschmänner haben ihre Felsenbilder im Osten des Naturparks hinterlassen. Auch die Krieger König Shakas durchstreiften das Land, bevor es von weißen Farmern besiedelt wurde.

Intensive Jagd, die Rinderpest 1896 und schließlich noch die Ausbeutung von Goldvorkommen richteten die einst blühende Landschaft fast zugrunde. Als 1973 das Natal Parks Board die Kontrolle übernahm, hatte Bodenerosion die Vegetation teilweise zerstört und der Tierbestand war auf 25 Säugetierarten geschrumpft. Der heutige Zustand des Parks mit gut 900 Pflanzenarten, zahlreichen großen und kleinen Säugetieren sowie mehr als 300 Vogelarten ist dem unermüdlichen Engagement der Naturschützer zu verdanken.

Entweder allein, auf ausgeschilderten Wanderwegen und einem zehn Kilometer langen Trail, oder auf einer geführten Wanderungen (Buchung über NCS) kann man den Park kennenlernen. Im Curio-Shop gibt es ein Faltblatt, das die besten Autotouren samt Aussichtspunkten beschreibt.

Höhlenmalerei der San, die bis zu 800 Jahre alt sind: Darstellung eines Buschmannes

Impalas, auch Schwarzfersenantilopen genannt, sondern bei Gefahr einen Duftstoff aus Drüsen oberhalb ihrer Hufe ab; ist die Gefahr vorüber, finden die versprengten Tiere über den charakteristischen »Herdengeruch« wieder zusammen

Kennen Sie die Geschichten von den beschwipsten Tieren? Auf dem Ngubhu Loop gibt es einen Marula-Baum, Sclerocarvya birrea, von dessen gärenden Früchten Elefanten, Affen und andere Tiere gerne kosten. Wer das Glück hat, dies zu beobachten, erlebt ein kurioses Schauspiel. Auch Menschen lieben diese Frucht in Form von Marula-Cremelikör.

SERVICE & TIPPS

Ithala Game Reserve
Louwsburg 3150
✆ 034-983-2540/021-424-1037
www.kznwildlife.com
Tore im Sommer 5–19, Winter 6–18 Uhr, Eintritt R70 pro Person und Tag, R40 pro Auto
Buchung der Wilderness Trails nur über NCS, Adresse vgl. Hluhluwe-Umfolozi-Park, S. 94.
Fluss-Safaris, Pirschfahrten und Nachtpirschfahrten sind möglich. Von März bis Okt. werden Wanderungen in Begleitung eines Rangers durchgeführt. Die Anmeldung sollte einen Tag im Voraus erfolgen. Die Campingausrüstung wird gestellt, Essen und Getränke sind mitzubringen. Schwimmen im Pongola River ist wegen der Krokodile nicht gestattet. Außerdem besteht Zeckengefahr!

5 LADYSMITH

Das Städtchen Ladysmith wurde zur Jahreswende 1899/1900 im Anglo-Burenkrieg 118 Tage lang von burischen Truppenverbänden belagert, die ein Vorrücken der Briten von Natal nach Transvaal verhindern sollten. Danach war der Name Ladysmith lange Zeit geradezu ein Synonym für Durchhaltevermögen. Kein Geringerer als Mahatma Gandhi war als Krankenträger unter den Truppen Sir Redvers Bullers, denen es am Ende gelang, die Belagerung zu beenden.

Über die Ereignisse während der Belagerung informiert das **Siege Museum** in der Murchison Street. Im Garten des **Lord Vishnu Temple** an der Ecke Forbes/Queen Street wurde 1970 eine Gandhi-Bronzestatue enthüllt. Sehenswert sind außerdem die **All Saints Church** mit ihren kunstvollen Glasfenstern und die **Sufi Moschee**, eine der schönsten Moscheen des Landes. Sie ist über eine Brücke über den Klip River zu erreichen.

SERVICE & TIPPS

Ladysmith Siege Museum und Ladysmith Information Centre
151 Murchison St., Ladysmith 3370
✆ 036-637-2992
Mo–Fr 8–16, Sa 9–12 Uhr
In historischem Gebäude aus dem Jahr 1884. Mit Buchladen. Info zum historischen Rundgang durch den Ort.

❻ NEWCASTLE

Einstmals eine kleine Postkutschenstation ist Newcastle heute eine 389 000-Einwohner-Stadt, in der die Stahlproduktion eine herausragende Rolle spielt. Rund um das Rathaus und in der Allen Street findet man Geschäfte und Restaurants. Das **Fort Amiel** in der Fort Street beherbergt ein Museum für Militärgeschichte und die **Carnegie Art Gallery** im Civic Centre zeigt eine interessante Ausstellung zeitgenössischer Landschaftsmalerei.

Immer im September wird es turbulent in Newcastle, dann findet hier das **International Village Festival** mit zahlreichen Kunst- und Kulturveranstaltungen statt. Naturfreunde finden in der Umgebung von Newcastle sechs sehr schöne Wanderwege, worunter der 17 Kilometer lange **Holkrans Hiking Trail** der beliebteste ist.

SERVICE & TIPPS

Tourist Information
Town Hall, Scott St.
Newcastle 2940, ✆ 034-315-3212
www.newcastledirectory.co.za
Mo–Fr 9–16, Sa 9.30–10.30 Uhr
Infos u.a. über größten Hindutempel der südl. Halbkugel.

Carnegie Art Gallery
Civic Centre, Newcastle
✆ 034-328-7622
www.carnegie-art.co.za
Di–Fr 9–17, Sa 9–12 Uhr
Museum für zeitgenössische Landschaftsmalerei, Zulu-Perlenschmuck und Keramiken. Townshiptouren buchbar.

Fort Amiel
Fort St., Newcastle
Mo–Fr 10–16, Sa 10–13 Uhr
Eintritt R30
Museum für Militärgeschichte.

The Keg & Cannon
96 Allen St., Newcastle
✆ 034-315-2307
Pub und Restaurant. R–RR

❼ PIETERMARITZBURG

Höhepunkt in der »Stadt der Blumen« ist in jedem Jahr Ende September die Garden Show.

Die Hauptstadt der Provinz KwaZulu-Natal wird auch »Stadt der Blumen« genannt. Farbenprächtige Bougainvilleen und Azaleen schmücken die Straßen und Plätze von Juli bis Oktober und rechtfertigen den Titel voll und ganz.

Die Innenstadt beeindruckt durch viele hervorragend erhaltene Gebäude aus viktorianischer Zeit. Mit rund einer Million Einwohner ist Msunduzi (Pietermaritzburg und Umgebung) das urbane Zentrum der **Natal Midlands**, jener Region mit Wiesen und Weiden, die sich von den Drakensbergen bis hin zur Küste erstreckt.

1838 kamen Voortrekker nach Natal, ließen sich zwischen Umsindusi und Dorp Spruit River nieder und benannten die Siedlung nach ihren Führern Pieter Mauritz Retief und Gert Maritz. Nur sechs Jahre später annektierten die Engländer Natal und machten Pietermaritzburg 1857 zur Hauptstadt der Region. Mit ihren repräsentativen Bauten im viktorianischen und edwardianischen Stil ist die Stadt heute britischer als jede andere in Südafrika und doch verschmelzen hier drei Kulturen: die burische, die britische und die indische. Wie in vielen anderen Gemeinden Natals auch, lebt in Msunduzi eine bedeutende indische Minderheit, hauptsächlich die Nachkommen der Zuckerrohrarbeiter, die um 1860 nach Südafrika kamen.

Der Führer der indischen Unabhängigkeitsbewegung, Mahatma Gandhi, lebte als Rechtsanwalt von 1893 bis 1914 in Südafrika

Richard Attenboroughs Film »Gandhi« machte Pietermaritzburg in aller Welt bekannt: 1893 wurde Mahatma Gandhi hier am Bahnhof aus dem Zug geworfen, weil er es als Farbiger gewagt hatte, in der ersten Klasse zu reisen. Nach diesem Schlüsselerlebnis entwickelte Gandhi die Lehre von der *Satyagraha*, dem gewaltlosen Widerstand.

Im Zentrum präsentiert sich neben der eindrucksvollen **City Hall** (1900) das nahe gelegene **Colonial Building** in der Church Street als Glanzstück viktorianischer Architektur, während das **Main Post Office** (1903) in der Longmarket Street den edwardianischen Stil repräsentiert. Die **Tatham Art Gallery** in der Albert Luthuli Road zeigt eine ausgezeichnete Kollektion südafrikanischer, britischer und französischer Kunst des 19. und 20. Jahrhunderts, darunter auch Werke von Picasso, Chagall und Renoir. In der Longmarket Street befindet sich das **Old Natal Parliament** mit den sehenswerten Gebäuden **Old Legislative Assembly** und **Legislative Councils**. Wenige Schritte entfernt in der Jabu Ndlovu Street liegt das 1905 errichtete **KwaZulu-Natal Museum**, das einen ausgezeichneten Eindruck von der viktorianischen Epoche vermittelt. Unter den Museen sind darüber hinaus das **Macrorie House** in der West Street, das die Wohnkultur der vornehmen britischen Siedler zeigt, und das den Treckburen gewidmete **Msunduzi Museum** in der Church Street sehenswert.

Einen besonderen Charme entfalten die Gässchen zwischen Church und Longmarket Street, die den Fußgängern vorbehalten sind und wo von 1888 bis 1931 das Finanzzentrum der jungen Metropole mit nicht weniger als vier Börsen lag. Heute gibt es hier viele Geschäfte und Restaurants und man kann ebenso angenehm bummeln wie in **Harwin's Arcade**, einer Einkaufspassage, die Timber Street und Theatre Lane miteinander verbindet. Hier findet sich auch das alte **Scott's Theatre**.

Folgt man der Church Street in nordöstliche Richtung, kommt man zur **Main Moslem Mosque** und noch ein Stück weiter, in der parallel verlaufenden Longmarket Street, zum **Sri Siva Soobramoniar and Marriamen Hindu Temple** (1898). Am Karfreitag werden dort rituelle Läufe über glühende Kohlen zelebriert. Unbedingt einen Besuch wert sind der 1863 angelegte **Alexandra Park** südlich des Zentrums und der zauberhafte **Natal National Botanic Garden** mit Tulpen- und Kampferbäumen.

Von Pietermaritzburg aus kann man sehr schöne Ausflüge in die Natal Midlands und das **Valley of a Thousand Hills**, das »Tal der Tausend Hügel«, eine liebliche Hügellandschaft mit Zulu-Dörfern und kleinen Naturreservaten, unternehmen. Für seinen schönen Blick über das Tal ist das Städtchen **Botha's Hill**, benannt nach dem Großvater des ersten südafrikanischen Premierministers, Pieter W. Botha, bekannt. Im dortigen **PheZulu Assagay Safari Park** lohnt sich der Besuch von **PheZulu**, einem »typischen« Zulu-Dorf mit traditionellem Kral und Tanzveranstaltungen. Auch in **Drummond** eröffnen sich wunderschöne Aussichten ins Tal.

Die eindrucksvolle City Hall in Pietermaritzburg auf einer historischen Abbildung aus dem Jahr 1900 …

SERVICE & TIPPS

Pietermaritzburg Publicity House
177 Commercial Rd.
Msunduzi 3201
✆ 035-345-1348
www.pmbtourism.co.za
Mo–Fr 8–17, Sa 8–12 Uhr

KwaZulu-Natal Museum
237 Jabu Ndlovu St., Msunduzi
✆ 033-345-1404
www.nmsa.org.za, Mo–Fr 8.15–16.30, Sa 9–16, So 10–15 Uhr
Eintritt R10/2,50
Doku der viktorianischen Zeit.

Macrorie House
11 Jabu Ndlovu St., Pietermaritzburg
✆ 033-394-2161
Mo–Fr 9–13 Uhr, Eintritt R20
Zur Wohnkultur britischer Siedler.

Msunduzi Museum
351 Langalibalele St., Msunduzi
✆ 033-394-6834
www.msunduzimuseum.org.za
Mo–Fr 9–16, Sa 9–13 Uhr
Kulturhistorisches Museum.

Tatham Art Gallery
P.O. Box 321, Pietermaritzburg
✆ 033-392-2800/1
Tägl. außer Mo 9–17 Uhr
Kunst des 19. und 20. Jh.

Natal National Botanic Garden
Mayor's Walk, Pietermaritzburg
✆ 033-344-3585
Tägl. 8–18, Mai–Sept. bis 17.30 Uhr

... und heute

Übersichtskarte und Pflanzenliste im Besucherzentrum. Pflanzenverkauf.

PheZulu Assagay Safari Park
Old Main Rd., Valley of 1000 Hills, Botha's Hill 3660
✆ 031-777-1205
www.phezulusafaripark.co.za
Zulu-Dorf PheZulu, Krokodil- und Schlangenfarm, Souvenirladen, Kunstgalerie, Teegarten, Restaurant.

Rosehurst
239 Boom St., Msunduzi
✆ 033-394-3833
Der ideale Platz für ein romantisches Mittagessen, mit schönem Rosengarten. Shop mit allem rund um Rosenöl und Co. RR

8 ULUNDI

KwaZulu war während der Apartheid das Homeland für das Volk der Zulu, Ulundi die Hauptstadt. Wer sich für die Geschichte der Zulu interessiert, ist im **KwaZulu Cultural Museum** genau richtig. Hier bekommt man einen umfassenden Überblick über die Entwicklung dieses Volkes sowie seine Kunst und Kultur. Das benachbarte **Ondini Site Museum** zeigt die zum Teil wieder hergestellte Residenz von Zulukönig Cetshwayo, die 1879 während der berüchtigten Schlacht von Ulundi zerstört worden war. Der amtierende König der Zulu, Goodwill Zwelethini, ein hochgeachteter Mann, hat seinen Regierungssitz ebenfalls in der Stadt. Im **eMakhosini Opathe Heritage Park** sind gleich sieben wichtige Zulukönige begraben. Eine wichtige kulturelle Stätte mit angeschlossenem Wildpark.

SERVICE & TIPPS

Zululand Tourist Information
Airport Centre
Umcijo Road P700
Ulundi 3838
✆ 035-874-5067
www.zululandtourism.org.za

KwaZulu Cultural Museum/ Ondini Site Museum
King Cetshwayo Hwy., im Ondini Historic Reserve, 5 km südl. von Ulundi Richtung Flughafen
✆ 035-870-2050, beide tägl. Mo–Fr 8–16, Sa/So/Fei 9–16 Uhr
Eintritt R20/10

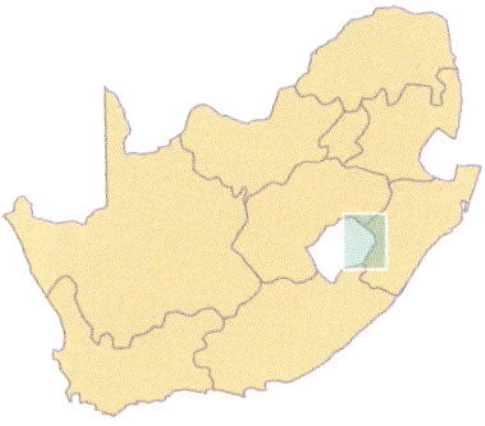

UKHAHLAMBA-DRAKENSBERG PARK

GROSSARTIGE BERGWELT IM LANDESINNEREN

Landschaftlich gehören die Drakensberge in KwaZulu-Natal zu den Highlights einer Südafrikareise. Allerdings sollte der Wettergott mitspielen. Doch nicht verzagen: Was heute noch in dichte Wolkendecken gehüllt ist, kann sich morgen in grandiose Aussicht verwandeln. In der majestätischen Bergwelt erlebt man die Natur pur.

Die Drakensberge sind ein Paradies für Wanderer und für alpine Kletterer. Underberg und Winterton sind ideale Ausgangspunkte für Exkursionen in die Parks. Und wer einen Ausflug nach Lesotho machen möchte, kann dies mit Geländefahrzeug über den Sani Pass tun – fantastische Ausblicke bieten sich garantiert.

Der uKhahlamba-Drakensberg Park (sprich: *Ukaschlamba*), im Jahr 2000 wegen seiner Felsmalereien zum UNESCO-Weltkulturerbe erklärt, erstreckt sich vom schönen Royal Natal National Park im Norden bis hinunter in den Süden zum majestätischen Garden Castle. Der höchste Gipfel Thabana-Ntlenyana (3482 m), was übersetzt »schöner kleiner Berg« heißt, liegt jedoch im benachbarten Königreich Lesotho.

Bis zu 8000 Jahre alt sind die Malereien der Buschmänner, die an 600 Felswänden, Höhlen und unter Überhängen gefunden wurden. Die Buschmänner, auch San genannt, sind die eigentlichen Ureinwohner Südafrikas und nach Ansicht von Paläontologen die älteste noch lebende Spezies des Homo sapiens.

Lämmer- und Bartgeier haben eine Flügelspannweite von bis zu zwei Metern

1 GIANT'S CASTLE GAME RESERVE

Giant's Castle, die »Burg des Riesen« (3314 m), und **Injisuthi Dome** (3410 m) sind die beiden beherrschenden Gipfel eines gewaltigen Basaltmassivs. Der 35 000 Hektar große Wildpark ist mit bis zu 1300 Meter tiefen Schluchten, Wasserfällen und steilen Felsklippen ein Paradies für Wanderer. Hier kann man zahlreiche Antilopenarten ebenso beobachten wie Paviane, Klippschiefer und Schakale. Verschiedene Adlerarten, Bartgeier, Eulen und Paradieskraniche werden Vogelfreunde begeistern.

Die Drakensberge sind Teil des etwa 70 Millionen Jahre alten Great Escarpment – der Großen Randstufe

Die Pflanzenwelt des Massivs ist durch die verschiedenen Höhenzonen sehr artenreich: Grasland in den Tälern, Proteen in mittleren Lagen und alpine Vegetation in den Hochlagen. Im Frühjahr leuchtet die Blütenpracht von Iris, Orchideen und Lilien im frischen Grün. Die Wasserqualität des Bushmans River ist so gut, dass man sich unbedenklich erfrischen kann.

SERVICE & TIPPS

Giant's Castle Game Reserve
✆ 036-353-3718
www.kznwildlife.com
Parkbüro und Shop Mo–Sa 8–18, So 8–16 Uhr, Tore im Sommer 5–19, im Winter 6–18 Uhr, Eintritt R40 pro Person und Tag. Broschüre zu den zahlreichen Wanderwegen beim Ranger. Buchungen über KZN, Adresse vgl. Hluhluwe-Umfolozi, S. 94.

Main Cave Site Museum
2 km vom Giant's Castle Hutted Camp entfernt (Fußweg)
Geführte Tour alle 30 Min.
Eintritt R40
Kleines Freilichtmuseum mit Resten einer Buschmann-Behausung.

Bartgeierfütterung
Buchung über NCS (vgl. Hluhluwe-Umfolozi Park S. 94) oder Parkrezeption
Mai–Sept., Sa/So 7.30 Uhr Abfahrt an der Rezeption, Rückweg zu Fuß, max. 6 Personen
Kosten mit Führung R210
Am Lammergeyer Hide werden Kadaver für Bartgeier ausgelegt, um die großen Vögel vor vergifteten Ködern zu schützen.

Frühe Geschichten erzählen von Drachen als Herrscher über diese Bergwelt – daher der Name Drakensberge. Immerhin wurden Dinosaurierknochen gefunden.

Wichtig: Wer mehr als 2300 Meter hoch klettern will, muss sich im Mountain Rescue Register eintragen.

Eine Genehmigung zum Forellenangeln im Royal Natal Park erhält man im Parkbüro

2 ROYAL NATAL NATIONAL PARK

Die landschaftliche Schönheit des **Royal Natal National Park** macht ihn zur Nummer eins der Drakensberg-Destinationen. Unvergessliche Eindrücke vermittelt das **Amphitheatre**, eine Formation der Bergriesen **Mont-Aux-Sources** (3282 m), **Sentinel** (3165 m) und **Mount Amery** (3143 m). Die Wasserfälle des **Tugela River**, stürzen bis zu 600 Meter in die Tiefe.

Der Park zeichnet sich zudem durch seine unterschiedlichen geologischen Formationen und verschiedene klimatische Zonen aus. Hier wachsen mehr als 900 Pflanzenarten. 230 Vogelarten sind heimisch, darunter Bart- und Kapgeier und die mächtigen Felsenadler. Klippschliefer, Paviane, Ried- und Blessböcke, Ducker und Klippspringer bewohnen den Park.

Beim Wandern sollte man das Wetter im Blick haben. 85 Prozent des Regens fällt zwischen Oktober und März, oft zusammen mit heftigen Gewittern am späten Nachmittag.

Der schönste Wanderweg im Royal Natal National Park ist der Tugela Gorge Trail. Er führt durch das Tal des Tugela River bis zum Fuß der Tugela Falls. Nur in niederschlagsarmen Jahren kommt man trockenen Fußes bis zum Wasserfall.

SERVICE & TIPPS

Royal Natal National Park
✆ 036-438-6303
www.kznwildlife.com
Parkbüro Mo–Sa 8–12.30, 14–16.30, Tore Winter 6–22, Sommer 5–22 Uhr, Eintritt R40 pro Person und Tag, R45 pro Auto
Über 80 km Wanderwege sind in 25 Routen angelegt (3–45 km Länge, 1–20 Stunden Gehzeit). Längere Wanderungen wie beispielsweise der beliebte Gorge Trail (22,5 km) sollten in das Hiking Register eingetragen werden. Bei Wanderungen über 2300 m oder auf den Mont-aux-Sources ist die Eintragung in das Mountain Rescue Register Pflicht. Wanderungen mit Übernachtungen vorher telefonisch anmelden. Klettern ist ausschließlich den Mitgliedern des Mountain Clubs of South Africa vorbehalten. Schwimmen ist fast überall erlaubt.

Genehmigungen für Forellenangeln gibt es im Parkbüro. Übernachtungsbuchungen über KZN, Adresse vgl. Hluhluwe-Umfolozi-Park, S. 94.

Rugged Glen Stables
Beim Campingplatz im Royal Natal National Park, ✆ 036-438-6422
Ausritte auf gut trainierten Pferden (1 Stunde R180, Anmeldung notwendig). Rugged Glen (Schroffe Schlucht) heißt dieser Teil der Drakensberge.

3 SANI PASS UND SANI TOP

1200 Höhenmeter überwindet die steile, mit Spitzkehren versehene Straße auf 35 Kilometern Länge zum höchst gelegenen Pass Südafrikas. Fantastisch ist der Blick hinunter ins Tal des Mkhomazana River. Früher wurde vor allem Wolle auf Packtieren über den Pass, den einzigen östlichen Zugang nach Lesotho, transportiert. Seit 1948 ist der Pass zwar mit Fahrzeugen befahrbar, doch sollte man auch heute noch die letzten acht Kilometer vor dem höchsten Punkt, der zugleich die Grenze nach Lesotho bildet, nur mit einem Fahrzeug mit großer Bodenfreiheit befahren.

Die Passhöhe (2873 m) **Sani Top** liegt in Lesotho. Nach dem Grenzübertritt lohnt es sich, im **Sani Mountain Lodge** bei wunderbarer Aussicht einen Stopp einzulegen. Der **Thabana-Ntlenyana** (3482 m) sollte nur von erfahrenen Alpinisten erklommen werden, kleine Wanderungen kann man aber durchaus alleine unternehmen. Es lohnt auch eine Weiterfahrt auf den nahe gelegenen **Black Mountain Pass** (3400 m). Von hier kann man sich einen guten Eindruck vom bergigen, kargen Königreich verschaffen.

SERVICE & TIPPS

Sani Mountain Lodge
✆ 078-634-7496
www.sanimountain.co.za
Restaurant auf der Passhöhe mit erstaunlich reichhaltiger Speisekarte und frisch gezapftem Bier. Übernachtung in traditionellen Basotho Rondavels (Rundhäuschen).

Tipp: Die Gastgeber organisieren auch verschiedene Bergtouren. RR

4 UNDERBERG

»Unter dem Berg« – gemeint sind die südlichen Drakensberge – liegt der 1917 gegründete Ort, der früher besonders Forellenangler anzog. Heute frischen dort vor allem Wanderer und Alpinisten ihre Vorräte auf, denn es gibt gute Einkaufsmöglichkeiten, aber auch Restaurants, Banken und Tankstellen.

1886 errichteten auf Einladung von Chief Sakhayedwa deutsche Trappistenmönchen die **Reichenau Mission** am Ufer des Pholela River. In der Nähe liegt auch das mehr als 100 Jahre alte Zulu-Dorf **Emakholweni**.

SERVICE & TIPPS

Southern Drakensberg Tourist Information
Clock Tower Centre
Underberg 3257
✆ 033-701-1471
www.drakensberg.org
Gute Informationen über die umliegenden Bergresorts sowie Vermittlung von Freizeitaktivitäten.

Reichenau Mission
15 km südl. von Underberg
Führung durch die Mission und das Zulu-Dorf Emakholweni. Anmeldung über die Tourist Information.

Kothso Horse Trails
Von der N3 Abfahrt Howick/ Underberg (Exit 99)
✆ 082-412-5540
www.khotsotrails.co.za
Der Veranstalter organisiert wunderbare Ausritte auf Basotho-Pferden am Fuß der Drakensberge.

5 WINTERTON

Winterton ist Wanderzentrum für Ausflüge in die Drakensberge. Das **Winterton Museum** ist wegen der umfassenden Darstellung der regionalen Geschichte und seiner Zulu- und San-Galerie unbedingt einen Besuch wert.

Erholsam ist es im **Spioenkop Nature Reserve**. Früher kämpften hier Briten und Buren, heute dagegen ist dies ein sehr friedlicher Ort, der sich ausgezeichnet für Wassersport, Wanderungen und Tierbeobachtung eignet.

Das Champagne Sports Resort an der R 600 bei Winterton besitzt einen der am schönsten gelegenen Golfplätze des Landes. Infos unter ✆ 036-468-8000.

SERVICE & TIPPS

Tourist Information
4 King St., Winterton 3340
✆ 036-488-1180
www.winterton-info.co.za
Vermittlung von Unterkünften und Touren.

Winterton Museum
Church St., Winterton
✆ 036-488-1885
Mo–Fr 8–16, Sa 9–12 Uhr
Eintritt R20
Lokalgeschichtlicher Überblick, Geologie, Fauna, Flora und Buschmann-Zeichnungen.

3377 m hoch erhebt sich der Champagne Castle in den Drakensbergen

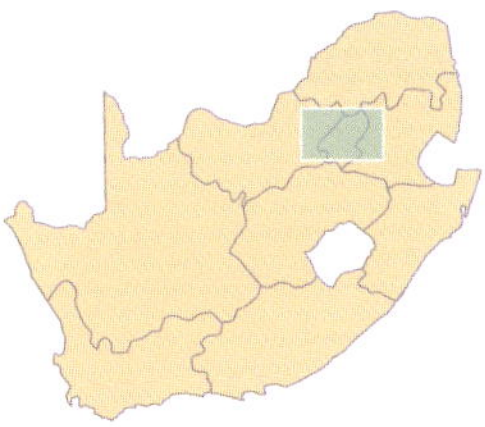

DER PLATZ DES GOLDES

DIE GROSSSTÄDTE DER PROVINZ GAUTENG

Dort, wo heute die Großstädte Johannesburg, Pretoria und Soweto das urbane Zentrum der Provinz Gauteng bilden, befanden sich früher die größten Goldlagerstätten der Erde. Daher haben die Sotho die Region Gauteng genannt, »Platz des Goldes«. Im übertragenen Sinn gilt die Bezeichnung heute immer noch. Zwar gibt es kaum noch Goldförderung, dafür ist die kleinste südafrikanische Provinz der wichtigste Industriestandort und Finanzplatz des Landes. Hier wird gut die Hälfte des südafrikanischen Bruttosozialproduktes erwirtschaftet. Das Leben in den Metropolen ist facettenreich und bunt. In der Umgebung gibt es interessante Ausflugsziele wie Golden Reef City oder die Magaliesberge, die einen Besuch lohnen.

❶ Cullinan

Hier wurde 1905 in der **Premier Diamond Mine** der Cullinan-Diamant mit 3106 Karat gefunden, der heute die britischen Kronjuwelen ziert. Rund um die Mine gruppieren sich einige Gebäude aus der Gründerzeit, über die man bei einer kleinen Führung Näheres erfährt.

Das **Willem Prinsloo Agricultural Museum** in Rayton nördlich von Cullinan, untergebracht in einem alten Farmhaus von 1880, umfasst eine alte Schmiede, die Molkerei, eine Schnapsbrennerei und eine noch intakte Wassermühle. Sonntags wird vorgeführt, wie seinerzeit gearbeitet wurde. Im Februar findet hier das Prickly Pear und im April das Mampoer Festival statt.

SERVICE & TIPPS

Premier Diamond Mine
1 Bank St., Cullinan
✆ 012-734-0081
www.diamondtourscullinan.co.za
Touren Untertage Mo–Fr 10.30 und 14, Sa/So 10.30 und 12 Uhr, Übertage öfter, Buchung nötig.

Willem Prinsloo Agricultural Museum
10 km nördl. von Cullinan
Rayton 1001
✆ 012-736-2035/6
Tägl. 9–15 Uhr, Eintritt R30/15
Historische Schmiede, Molkerei und Wassermühle mit Werkzeugen und Dokumenten.

2 JOHANNESBURG

Die größte Stadt Südafrikas hätte viel Interessantes zu bieten, wenn man sie unbehelligt entdecken könnte. Spaziergänge sind nur in Stadtteilen wie Newtown und Sandton ratsam.

1886 wurde in der Region das erste Gold gefunden, eine Zeltsiedlung mit Hunderten von Goldschürfern entstand. Gold, Glücksspiel, Alkohol und Prostitution beherrschten das Leben der Männer in den wilden Anfangsjahren. Bald wurden die vielen kleinen Schürfstellen von Minenkooperationen aufgekauft, es wuchsen Goldimperien wie die von Cecil Rhodes, J.B. Robinson und Ernest Oppenheimer. Den Minenbossen ging es prächtig, sie residierten in prachtvollen viktorianischen Herrenhäusern, die man heute noch bei einer Fahrt durch die Nobelviertel **Parktown** und **Houghton** bewundern kann.

In nur hundert Jahren entwickelte sich Johannesburg vom Schürfloch zur reichsten und modernsten Stadt Afrikas. Heute ist die Viermillionenmetropole Südafrikas pulsierendes Finanzzentrum und eine Stadt absoluter Gegensätze. Auf der einen Seite regiert das Geld, auf der anderen Armut und Kriminalität. Der »Platz des Goldes« glänzt bei Weitem nicht für alle.

Vor einem Rundgang durch Südafrikas größte Stadt Johannesburg muss aus Sicherheitsgründen gewarnt werden

Einzig das Apartheid Museum in Johannesburg widmet sich der grausamen Rassentrennung in Südafrika

Wer nach *Jo'burg*, wie die Weißen sagen, oder *Jo'anna,* wie die Stadt von den Schwarzen genannt wird, kommt, dem sind eher Ausflüge in die Umgebung zu empfehlen. Interessant ist da ein Besuch im **Apartheid Museum**. Das Museum hat zwei Eingänge, einen für Weiße und einen für Schwarze. So wird man gleich zu Beginn eingestimmt auf das, was Millionen von Menschen in der Zeit zwischen 1948 und 1994 gesetzlich verordnet erleben und ertragen mussten. Das Museum liegt südwestlich außerhalb von Jo'burg unweit von Gold Reef City.

Das **Newtown Cultural Precinct** liegt im Westen des Stadtzentrum. Hier versucht die Stadtverwaltung mit drastischer Überwachung den Stadtbesuch wieder attraktiv zu machen. Und in der Tat gibt es hier einiges zu sehen: Auf der neuen **Nelson Mandela Bridge**, einer Meisterleistung der Brückenbaukunst, gelangt man hierher und findet neben dem **Market Theatre Complex** auch das **MuseuMAfricA** und das **National Design and Craft Centre**.

Gold Reef City, ein Goldgräber-Erlebnis-Museum, macht die Geschichte der Goldentdeckung am Witwatersrand lebendig. Die zum Teil aus Originalbauten errichtete Kunststadt versetzt den Besucher gut hundert Jahre zurück und lässt die Atmosphäre der Goldgräberzeit wieder lebendig werden. Tanzvorführungen, Musikbands und viele spannende Attraktionen sorgen dafür, dass auch Kinder gut unterhalten werden. Für einen Familienausflug eignet sich auch der **Lion Park** in Four Ways. Hier gibt es Löwen und Antilopen in stattlicher Zahl und außerdem einen Streichelzoo für Kinder.

Nördlich von Jo'burg liegen in Kyalami, nahe der ehemaligen Formel-1-Rennstrecke, die **Lipizzaner Stallions** mit ihren berühmten Lippizaner-Hengsten. Jeden Sonntag um 10.30 Uhr werden die Künste der wertvollen Tiere, die ursprünglich aus dem slowenischen Lipica stammen, in einer vollendeten Reitdarbietung nach der Spanischen Schule präsentiert.

Das **Cradle Moon** nordwestlich von Jo'burg bei Honeydew bietet sich als weiteres Ziel an. Dort kann man in der für die Region typischen Bushveld-Landschaft frei laufende Zebras und mehrere Antilopenarten beobachten, außerdem gibt es interessante Mzumba-Tanzvorführungen.

»Frei zu sein bedeutet nicht nur, die eigenen Ketten abzulegen, sondern auch in einer Art und Weise zu leben, die die Freiheit anderer respektiert und bestärkt.« (Nelson Mandela, 1999)

SERVICE & TIPPS

i Tourist Information
124 Main St., Johannesburg
✆ 011-085-2500
www.joburgtourism.com
Mo–Fr 9–18 Uhr
– Büro am Johannesburg International Airport
✆ 011-390-3602/14
Tägl. 6–22 Uhr

i Newtown Cultural Precinct
www.newtown.co.za
Alle wichtigen Informationen über Veranstaltungen, Öffnungszeiten etc.

Apartheid Museum
Northern Parkway & Gold Reef Rd., Ormonde
✆ 011-309-4700
www.apartheidmuseum.org
Tägl. 9–17 Uhr
Eintritt R95/80
Ein Ort des Gedenkens und der Vergegenwärtigung von Rassismus. Hier kann man auch emotional nachvollziehen, wie die Diktatur der Apartheid in Südafrika funktionierte und wirkte.

MuseuMAfrikA
121 Bree St.
Tägl. außer Mo 9–17 Uhr
Eintritt frei
Historisches Museum mit vielen interaktiven Attraktionen.

Gold Reef City
Northern Parkway (über M1)
Ormonde
✆ Themenpark 011-248-6800
www.goldreefcity.co.za
Mi–So 9.30–17 Uhr, Mi–So Theateraufführungen, Reservierungen unter ✆ Heritage Tour Office
011-248-6986/6825

Goldgräbermuseum mit Programm. Ein Abendessen vor der Show kann mitgebucht werden. Geführte Touren.

Cradle Moon
Nordwestl. von Jo'burg bei Honeydew
✆ 011-919-5000
www.cradlemoon.co.za
Bootsfahrt auf dem Lake Heritage, Safari durch das Wildreservat. Viele Veranstaltungen.

Lion & Safari Park
R512, Lanseria, Kalkheuvel
✆ 087-150-0100 oder 076-187-3883
Mo–Fr 8.30–18, Sa/So/Fei 8–20
8–21 Uhr
Führung ab R175
Löwen, Antilopen und Streichelzoo. Safaritouren.

Lipizzaner Stallions
1 Dahlia Rd., Kyalami, nahe Lion Park nördl. von Johannesburg
✆ 079-716-4792
Shows So 10–13 Uhr, Eintritt R150
Reitdarbietung nach der spanischen Schule. Buchung notwendig.

Ausflugsziel:

Soweto
Soweto, ein Akronym für **So**uth **We**stern **To**wnships, wurde nach dem Zweiten Weltkrieg als Siedlung für schwarze Goldminenarbeiter angelegt und war bis 2002 die zweitgrößte Stadt Südafrikas. Heute ist sie Johannesburg angegliedert. Auf 100 km^2 leben rund 2,5 Mio. Menschen aus neun ethnischen Gruppen. Die früheren Slumgebiete sind einigermaßen saniert, heute reiht sich Haus an Haus. In Soweto gibt es auch Nobelviertel, in denen sich die ehemaligen Häuser von Nelson Mandela und Erzbischof Desmond Tutu befinden. Soweto ist nicht unbedingt ein attraktiver Ort, aber interessant für diejenigen, die alle Seiten Südafrikas kennenlernen möchten. Man sollte sich allerdings einer geführten Tour anschließen.

Soweto Township Tour
3 Waybury Rd., Sandton
✆ 011-463-3306
www.sowetotour.co.za
Führungen im Bus oder per Fahrrad durch Soweto. Auch mit Mittagessen, Halbtagestour R700.

3 MAGALIESBURG

Die Magaliesberge gehören zum landschaftlich Reizvollsten, was die Region zu bieten hat. Am Fuß der Berge fließt beschaulich der Magalies River, die Vegetation ist üppig, die Tierwelt artenreich. Gebirgskette wurde schon sehr früh besiedelt. Hier lebten prähistorische Affenmenschen *(Australopithecus africanus)*, und auch die Existenz von Steinzeitdörfern konnte durch Luftaufnahmen und Funde von Artefakten nachgewiesen werden.

Ein beliebtes Naherholungsgebiet für die Großstädter ist der zwölf Quadratkilometer große **Hartbeespoort-Stausee** im Osten des Gebirgszuges, der auch als Bewässerungsreservoir für die umliegenden Tabak- und Gemüsefelder dient. Segelboote und Wasserskifahrer bevölkern den See und Angler hoffen auf reichen Fang von Karpfen, Barben und Aalen.

Einen schönen Ausblick auf den Stausee und die Umgebung hat man von der **Seilbahn**, die auf die Magaliesberge fährt.

Die Region der Magaliesberge wurde 1977 als Mountain Preserve unter Naturschutz gestellt. Es gibt zauberhafte Wanderwege, wie beispielsweise die wunderbare Strecke

Mit dem Heißluftballon kann man über die Magaliesberge schweben

Der Hartbeespoort-Stausee dient den Bewohnern von Johannesburg und Pretoria als Naherholungsgebiet

durch die **Cedarberg-** und die **Tonquani-Schlucht**, bei der man längere Strecken durch flaches Wasser waten muss. Zum Wandern braucht man jedoch eine Erlaubnis vom **Mountain Club of South Africa**. Man kann sich aber auch einer geführten Tour anschließen, wie sie etwa von Kromdraai Conservancy angeboten werden. Auch Übernachtungsgäste des **Mountain Sanctuary Park** haben Zugang zu den Wanderstrecken.

Gleitschirmflieger und **Heißluftballon-Fans** finden hier ebenso wie **Reiter** ideale Bedingungen. Selbst eine **Ochsenwagentour** kann man unternehmen oder mit dem **Magaliesburg Express Steam Train** von Magaliesburg nach Johannesburg und umgekehrt fahren.

SERVICE & TIPPS

Hartbeespoort Information
Wellness World Corporate Park
R511, Hartebeesport 0216
✆ 012-259-0948

Mountain Club of South Africa
Magaliesburg Section Office
P. O. Box 1418, Pretoria 0001
✆ 083-845-1573
http://mag.mcsa.org.za
Mo–Fr 8–10 Uhr

Mountain Sanctuary Park Nature Reserve
Nördl. von Magaliesburg bei Maanhaarrand, Kroondal
✆ 014-534-0114
www.mountain-sanctuary.co.za
Eintritt R115, Auto R45
Privates Reservat mit guten Wandertrails. Übernachtung möglich.

Bill Harrop Balloon Safaris
Magalies River Valley, nahe dem Hartbeespoort Dam, Randburg
✆ 011-705-3201
www.balloon.co.za
Einstündige Touren bei Sonnenaufgang.

Canopy Tour Magaliesberg
Sparkling Waters Hotel
✆ 014-535-0150
www.magaliescanopytour.co.za
Spannende Baumwipfeltour. Am besten die Combotour mit Safari für R900 buchen.

Roberts Farm Horse Trails
P.O. Box 574, Kroondal

✆ 014-577-3332
Schöne Ausritte in der Magaliesberg-Region, meist nur am Wochenende.

Magaliesburg Express Steam Train
Johannesburg – Magaliespoort und zurück
✆ 011-888-1154, Ticket unter 062-743-9200, Ticket-Büro 9-16 Uhr
www.reefsteamers.com
Ticket R330/275, Ticketverkauf (ab 8 Uhr)
Abfahrt So 9 Uhr ab Johannesburg Bahnhof, Ankunft in Magaliesburg 11.30, Rückkehr 15 ab Magaliesburg, Ankunft 17.45 Uhr Johannesburg

Seilbahn/Cableway
Plot 3, Melodie, Agricultural Holdings, Hartbeespoort
✆ 012-253-9910/1/2/3
www.hartiescableway.co.za
Tägl. 9–mind. 16.30 Uhr
Ticket R195
Panoramablick auf die Region.

4 NDEBELE CULTURAL VILLAGE

Das Ndebele Cultural Village von Mapoch liegt 40 Kilometer westlich von Pretoria und gehört zu den wenigen Dörfern, in denen das Volk der Ndebele noch nach ihren alten Traditionen lebt. Früher wohnte die Dorfgemeinschaft auf der Wonderboom Farm, wurde aber von dort vertrieben, da es den weißen Farmer störte, dass immer mehr Touristen das bunte Dorf besuchen wollten. 1953 fanden die Ndebele eine neue Heimat bei Klipgat.

Das womöglich bekannteste, von Ndebele gestaltete Objekt ist ein farbenprächtiger BMW, der in der Münchner Zentrale des Autobauers zu bewundern ist.

Zu den Bräuchen, die noch gepflegt werden, gehört die traditionelle Heirat, bei der Lobola, ein Brautgeld, gezahlt werden muss, das gewöhnlich aus acht Rindern besteht. Auch genießt die Braut noch das »Bukhazi«, eine zurückgezogene Einstimmung in die Ehe durch die älteren Frauen des Dorfes.

Die Jungs durchlaufen alle vier Jahre im Winter eine zweimonatige Initiation in der Einsamkeit der Wildnis, in der sie heilige Rituale lernen, aber auch Gedichte aus alten Tagen.

Ndebele-Frauen vor einer mit typischen Mustern bemalten Hütte

Am bekanntesten bei uns ist natürlich die Malerei der Ndebele-Frauen, die die Wände ihrer Häuser in bunte Fassaden verwandeln. Die Symbole darauf reichen von geometrischen Figuren bis hin zu abstrakten Darstellungen von Handys und Telefonmasten. Die Farbe Schwarz wird aus Asche gewonnen, Weiß aus Steinen gemahlen und Rot aus Kuhdung gewonnen.

Besucher treffen die Dorfbewohner in ihren traditionellen Rundhütten und essen zusammen mit ihnen Maisbrei mit Huhn, Lamm oder Rindfleisch. Auf einer geführten Fahrradtour kann man auch die nähere Umgebung des Dorfes erkunden. Bedenken Sie immer, dass das Dorf kein Museum ist und nur am Rande dem Tourismus dient. Eine Buchung ist notwendig.

SERVICE & TIPPS

Ndebele Cultural Village
Klipgat, North West Province, Nähe Mabopane
Kontakt: Pastor Peter Mabasa
✆ 072-510 8564
www.ndebelevillage.co.za
Übernachtung ab R225/Nacht u. Raum
Eintritt und Tour R120/110
Am interessantesten ist sicherlich ein Besuch des Ndebele-Dorfes mit Übernachtung in einer Lodge.

5 POTCHEFSTROOM

Die erste Hauptstadt der früheren Republik Transvaal wurde im Jahr 1838 gegründet und ist heute ein bedeutendes landwirtschaftliches Zentrum. Bis zur Wende 1990 galt die Universitätsstadt als sehr konservativ im burisch-calvinistischen Sinn. Sehenswert sind in der Innenstadt die **Dutch Reformed Church** (1866) sowie die benachbarte **St. Mary's Anglican Church** (1891), die wunderschöne Glasfenster besitzt. Das **Potchefstroom Museum** besteht aus vier Abteilungen: Das Potchefstroom Main Museum informiert über die Kunst- und Kulturgeschichte der Region, das Totius House Museum ist dem bekannten Dichter und Bibelübersetzer J.D. du Toit gewidmet. Im President Pretorius House (1868) lebte der erste Staatspräsident der Südafrikanischen Republik, M.W. Pretorius, und im Goetz/Fleischack Museum, dem einzigen viktorianischen Gebäude der Stadt (um 1850), bekommt man einen Einblick in die bürgerliche Lebensart Ende des 19. Jahrhunderts.

Potchefstroom ist Universitätsstadt und das landwirtschaftliche Zentrum von Gauteng

Sportliche Aktivitäten wie Kanu- und Wildwasserfahrten, Mountainbiking, Bergsteigen und Abseiling bietet der **Dome Bergland Nature Park**. Ein Meteoriteneinschlag vor zwei Milliarden Jahren ließ den **Vredefort Dome** entstehen, der den Blick auf riesige Golderz-Adern freigibt. Das Gebiet ist Weltkulturerbe. Von einigen Aussichtspunkten des **Likkewaan Hiking Trail** (20 km, 50 km südöstlich von Potchefstroom, Infos: ✆ 018-294-5371) ist der Verlauf der Erzadern zu erkennen.

Post Office und Court House in Potchefstroom auf einer historischen Postkarte

SERVICE & TIPPS

Tourist Information
44 Nelson Mandela Dr.
Potchefstroom
✆ 018-293-1611
www.potchefstroom.co.za

Potchefstroom Museum Complex
– Potchefstroom Main Museum
Wolmarans & Gouws Sts.
– President Pretorius Museum
Esselen St. & van der Hoff Rd.
– Goetz/Fleischack Museum
Gouws & Potgieter Sts.
– Totius House Museum
Molen St.
✆ 018-299-5371
Mo–Fr 10–17, Sa 9–13, So 14.30–16.30 Uhr

Boskop Dam Nature Reserve
20 km nördl. von Potchefstroom
www.tourismnorthwest.co.za
Eintritt R30
3000 ha Grasland im Mooi River Valley. Wild- und Vogelbeobachtung. Camping möglich.

6 PRETORIA

Pretoria ist eine moderne Metropole mit vielen Museen, Galerien und abwechslungsreicher Gastronomie. Vier Universitäten schaffen eine lebendige Atmosphäre und bilden einen reizvollen Kontrast zur Gesetztheit der Administration – die Stadt ist Regierungssitz. 1860 wurde Pretoria Hauptstadt der freien Burenrepublik von Transvaal. Der Name der Stadt geht zurück auf Andries Pretorius, den Helden der Schlacht am Blood River.

Als 1910 die Südafrikanische Union entstand, bekam die Legislative ihren Sitz in Kapstadt, die Jurisdiktion in Bloemfontein und die Exe-

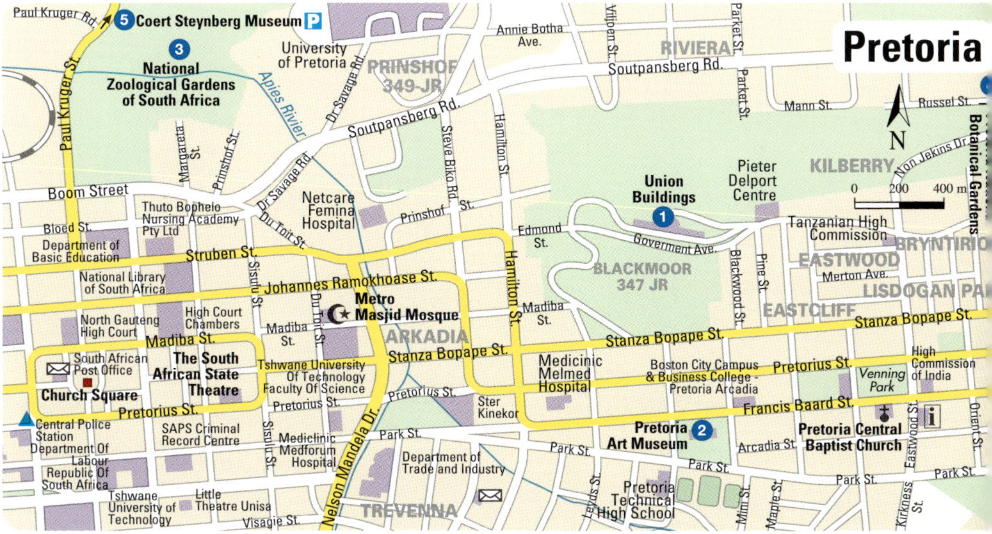

kutive in Pretoria. Ende des 19. Jahrhunderts wuchs die Stadt rund um den Church Square mit eleganten Häusern und kulturellem Flair.

Wer sich einen Überblick verschaffen möchte, sollte die auf einem Hügel gelegenen ❶ **Union Buildings** mit ihren terrassenförmigen Gartenanlagen besuchen, von denen sich der schönste Blick über die Stadt eröffnet. Nicht weit davon befindet sich im Arcadia Park das sehenswerte ❷ **Pretoria Art Museum**, das dem Besucher einen interessanten Überblick über die südafrikanische Kunst verschafft. Unbedingt sehenswert sind die ❸ **National Zoological Gardens**, die größte Zooanlage der Welt, sowie die zauberhaften ❹ **Pretoria National Botanical Gardens**. Auch die Sehenswürdigkeiten rund um den **Church Square** und einen Besuch in einem der zahlreichen interessanten Museen oder einer der Galerien sollte man nicht versäumen. Tagsüber kann man sich unbekümmert in der Stadt bewegen.

Südlich von Pretoria gibt es ein monumentales **Voortrekker-Denkmal**, das den Pionieren gewidmet ist, die sich mutig ihren Weg durch das unerforschte Südafrika bahnten. Von der Kuppel hat man eine weite Panoramasicht. Ebenfalls etwas außerhalb gelegen ist das interessante ❺ **Coert Steynberg Museum**, das Haus des großen südafrikanischen Bildhauers. Zu besichtigen sind sein Studio, Skulpturen und ein schöner Garten.

Die Medical University of Southern Africa kultiviert einen interessanten **Poison Garden**, in dem Giftpflanzen und ihre Wirkungen studiert werden können. Etwas ganz Besonderes ist auch der benachbarte **Biblical Garden**. Hier wachsen in Anlehnung an die Bibel Pflanzen aus dem Heiligen Land. Die Universität liegt nördlich von Pretoria an der Straße nach Rosslyn und Brits.

Mit wunderschönen Terrassengärten: die Union Buildings in Pretoria

Natürlich gibt es in Pretoria reichlich Gelegenheit zum Shoppen und Stöbern in Einkaufszentren, Geschäften und auf Flohmärkten. Auf dem **Hatfield Flea Market** in der Burnett Street finden Besucher sonntags zwischen 9–16 Uhr auf über 200 Ständen originelles Kunsthandwerk und Antiquitäten. Auch in Pretoria ist es ratsam, beim Stadtbummel Vorsicht walten zu lassen. Meiden Sie einsame Nebenstraßen und fahren Sie nach Geschäftsschluss mit dem Auto.

Im Staatstheater wird ein umfangreiches und interessantes Kulturprogramm geboten, das Opern- und Operetten, Ballett und Sprechtheater umfasst. Darüber hinaus gibt es einige Festivals, so im Januar das International Music Festival Ende August/Anfang September die Pretoria International Show, im September das German Beer Festival und im Oktober die Lanseria Air Show, eine Flugschau. Die meisten Bars, Nachtcafés und Clubs sind in Universitätsnähe im Stadtteil **Hatfield** zu finden.

Mit diesem Monument wird den burischen Pionieren gedacht, die in die Wildnis Südafrikas zogen: Voortrekker-Denkmal in Pretoria

SERVICE & TIPPS

Tourist Information
Kingston House, 311 Eastwood St.
Pretoria 0001
✆ 012-358-1675
www.tshwanetourism.com
Mo–Fr 8–16 Uhr
Erhältlich ist die Arts and Crafts Map mit den bekanntesten Kunsthandwerksbetrieben.

Jacana Country Homes and Trails
Sarathan House, Waterkloof Ridge, Pretoria
✆ 012-803-9109
www.jacanacollection.co.za
Bürozeiten: Mo–Fr 8–16.30 Uhr
Anlaufstelle für Farmaufenthalte und Exkursionen zu Pferd, zu Fuß oder per Mountainbike.

5 **Coert Steynberg Museum**
465 Berg Ave.
Pretoria
✆ 012-546-0404
Di–Fr 10–13, So 11–17 Uhr
Studio, Garten und Werke des Bildhauers.

2 **Pretoria Art Museum**
Francis Baard & Wessels St.
Arcadia Park, Pretoria
✆ 012-358-6750/2
www.tshwane.gov.za
Tägl. außer Mo 10–17 Uhr
Eintritt R25/12
Renommierte Sammlung südafrikanischer Kunst mit Werken u.a. von Pieter Wenning, Henk Pierneef, Frans Oerder, Anton van Wouw, Hugo Naudé, Irma Stern und Maggie Loubser.

Voortrekker Monument
Eeufees Rd., Groenkloof, Pretoria
✆ 012-326-6770/012-323-0682
www.vtm.org.za
Im Winter 9.30–17.30, im Sommer 9.30–18 Uhr, Eintritt R70, letzter Einlass halbe Stunde vor Schließung
Gute Sicht von der Kuppel.

4 **Pretoria National Botanical Gardens**
Cussonia Ave., 10 km östl. außerhalb von Pretoria
✆ 012-843-5071
Tägl. 8–18, Eintritt bis 17 Uhr
Zauberhafter 2 km langer Bankenveld Trail. Man kann hier wunderbar frühstücken, mehrmals im Monat gibt es Picknick-Konzerte.

3 **National Zoological Gardens**
Boom St., nördl. des Church Sq.
Pretoria
✆ 012-339-2700
www.nzg.ac.za
Tägl. 8.30–17.30 Uhr
Eintritt R110/75
Einer der schönsten und größten Zoos (80 ha) der Welt. Er kann respektable Erfolge aufweisen, was den Erhalt vom Aussterben bedrohter Arten betrifft.

State Theatre
Church St., Pretoria
✆ 012-392-4260
www.statetheatre.co.za
Verschiedene Auditorien für Opern-, Theater-, Ballett-, Chor- und Sinfonie-Aufführungen.
Aktuelle Programme auch bei der Tourist Information. Telefonische

Andries Pretorius, Anführer der Treckburen im siegreichen Kampf am Blood River

Am schönsten ist es in Pretoria im Frühlingsmonat Oktober, wenn 75 000 lila blühende Jacaranda-Bäume die Straßen in ein Blütenmeer verwandeln

Kartenreservierung bei Computicket, ✆ 0861-915-8000 Mo–Fr 8–17, Sa 9–13 Uhr.

Moyo Fountains
Fountains Valley, Groenkloof Nature Reserve, Pretoria
✆ 012-341-5729
Tägl. 11–22 Uhr
Südafrikanische Küche, faszinierendes Design. Livemusik am Abend. RR

Blue Crane
156 Melk St., New Muckleneuk Pretoria, ✆ 012-460-7615
Mo 7.30–15, Di–Fr 7.30–22, Sa 9–22, So 9–15 Uhr
Romantisches Dinner am See des Austin Roberts Bird Sanctuary. R–RR

Baobab Café & Grill
Shop UF52, Menlyn Park Shopping Centre, Pretoria
✆ 012-368-1003
Mo–Do 10.30–22, Fr ab 10.30–22.30, Sa/So/Fei ab 10 Uhr
Burger, Pasta, Wraps. R

Baracas
56 Totius St., Groenkloof Pretoria
✆ 012-460-5291
Bier, Wein und super Burger. R

Capital Craft Beer Academy
Menlo Park, Greenlyn Village Centre, Pretoria
✆ 012-424-8601
Tägl. außer Mo/Di ab 10.30 Uhr
200 Biere und gute Stimmung!

7 RUSTENBURG

Das 1851 gegründete Bergbauzentrum Rustenburg liegt am Fuß der Magaliesberge. Im sehenswerten **Rustenburg Museum** in der Town Hall wird die Geschichte der ersten burischen Siedler dargestellt. Vor dem Rathaus befindet sich eine Statue des südafrikanischen Präsidenten Paul Kruger (1825 bis 1904). Eine weitere bekannte und gern besuchte Skulptur in Rustenburg ist die Warzenschweingruppe des renommierten Bildhauers Coert Steynberg. Sie ist im **Paul Bodenstein Bird Park** zu finden. Im **Ferienresort Rustenburg Kloof** im Westen der Stadt liegt die pittoreske **Rustenburg-Schlucht**, die wunderbar zu Fuß erkundet werden kann.

Im urwüchsigen, wilden **Kgaswane Nature Reserve** in den westlichen Ausläufern der Magaliesberge, wo der Waterkloofspruit River mehrere Wasserfälle bildet, leben viele Säugetier- und Vogelarten, darunter auch der seltene Kapgeier. Zum 4,5 Kilometer langen **Pellagrae Interpretive Trail**, einem Wanderlehrpfad, gibt es eine Broschüre im Visitor Center.

Der zweitägige Rustenburg Hiking Trail im Kgaswane Nature Reserve gilt als einer der zehn besten Wanderwege des Landes. Er führt durch offene Savanne und Graslandschaft und eignet sich bestens zur Wildbeobachtung.

SERVICE & TIPPS

Tourist Information
Burger & Plein Sts., Tlhabane House, Rustenburg 0300
✆ 014-533-0569
showme.co.za/rustenburg

Rustenburg Museum
Town Hall, Plein St., Rustenburg
Mo–Fr 8.30–16.30, Sa 9–13, So 15–17 Uhr
Geschichte der burischen Siedler.

Kgaswane Nature Reserve
Rustenburg, ✆ 014-533-2050
www.tourismnorthwest.co.za
Tägl. 8–16 Uhr, Eintritt R40
Viele Tiere, u.a. der seltene Kapgeier. Wanderungen.

Brauhaus
Am Olifantsnek Dam, R24
✆ 014-004-0382
www.brauhaus.co.za, tägl. außer Mo 11–22, So bis 16 Uhr
Prima Bier und Herzhaftes. RR

Kenny Gee's Restarant
67 Brink St., Rustenburg
✆ 014-592-8079
www.kennygees.co.za
Frühstück, Lunch, Dinner – alles in gemütlicher Atmosphäre. RR

8 STERKFONTEIN CAVES

1947 machte der Paläontologe Robert Broom in den Sterkfontein Caves den sensationellen Fund der Überreste von »Mrs. Ples«. Die alten Knochen erwiesen sich als das fehlende Glied in der Theorie von Darwin, nach der Menschen und Affen einen gemeinsamen Vorfahren haben. Allerneueste Untersuchungen haben jedoch ergeben, dass Misses Ples eigentlich ein Mister Ples ist. Ein weiterer paläontologischer Coup war 1998 der Fund eines nahezu vollständig erhaltenen menschlichen Skeletts, das etwa 2,7 Millionen Jahre alt ist. Ein Jahr später wurden die Sterkfontein Caves zum UNESCO-Weltkulturerbe erklärt.

Ein Museum am Höhleneingang informiert über die Forschungsarbeiten im Höhlensystem. In der Tropfsteinhöhle selbst können sechs Kammern und der einzige Höhlensee Südafrikas besichtigt werden.

Die »World's Oldest Tourist Route« erstreckt sich von den Sterkfontein Caves bis zum Pilanesberg National Park und führt archäologisch interessierte Besucher zu zahlreichen Ausgrabungsstellen.

SERVICE & TIPPS

Sterkfontein Caves
25 km nördl. von Krugersdorp
✆ 014-577-9000
www.cradleofhumankind.co.za
Tägl. außer Mo 9–17 Uhr
Geführte Touren (1 Std.) alle 30 Min.

Region 11
Goldgräber und Krügerpark

GOLDGRÄBERLAND UND KRUGER NATIONAL PARK

GOLDSUCHERTRADITION UND GROSSARTIGE NATURERLEBNISSE

Die Provinz Mpumalanga, das »Land der aufgehenden Sonne«, gehört zu den beliebtesten Reisezielen Südafrikas. Die Region ist reich an landschaftlichen Höhepunkten: Wasserfälle, das Höhlensystem der Sudwala Caves und der atemberaubende Blyde River Canyon beeindrucken durch ihre einzigartige Naturschönheit. Die Spuren der rauen Goldgräbertradition, die den Wohlstand der Region begründete, sind an vielen Orten noch zu finden, ganz besonders in Barberton und Pilgrim's Rest.

Im Kruger National Park entlang der Grenze zu Mosambik, dem bekanntesten und meistbesuchten Wildtierpark Südafrikas, kann man in überaus abwechslungsreicher Landschaft mehr Tierarten in freier Wildbahn erleben als auf jedem anderen Fleck der Erde. Neben den »Big Five« finden sich hier viele weitere Säugetiere, eine außergewöhnlich artenreiche Vogelwelt sowie Reptilien und Amphibien in großer Vielfalt.

Breitmaulnashörner leben in kleinen Gruppen

Region 11
Goldgräber und Krügerpark

Ortseingang von Barberton, der ehemaligen Goldgräberstadt

1 BARBERTON

Das alte Goldgräberstädtchen im De Kaap Valley ist nach Graham Barber und seinen Cousins benannt, die mit ihren Funden 1884 einen Goldrausch auslösten. Vielen Männern, die hier ihr Glück suchten, wurde das (Gold-)Fieber zum Verhängnis – sie starben an Malaria. Andere verspielten oder vertranken ihr gesamtes Vermögen. Jedes Jahr im September wird die Erinnerung an die wilde, lasterhafte Goldgräberzeit auf eine fröhliche Weise beim **Diggers Festival** wieder belebt.

Obwohl die goldene Zeit in Barberton nur vier Jahre anhielt, gibt es noch Spuren der Opulenz jener Tage wie die Fassade einer der ältesten Börsen Südafrikas, der **De Kaap Stock Exchange** in der Crown Street. Sehenswert sind auch das **Stopforth** und das **Fernlea House** mit ihrer Holz-Eisen-Architektur und das **Lewis and Marks Building** in der Judge Street, das erste zweigeschossige Bauwerk im Ort. Einen interessanten Einblick in den Lebensstil einer betuchten Familie um 1904 vermittelt das **Belhaven Museum** in der Lee Street. Das **Barberton Museum** in der Pilgrim Street widmet sich der Geschichte der Region und dem Leben des Hundes »Jock of the Bushveld«. Sein Besitzer, der später zum Ritter geschlagene Fuhrmann Percy Fitzpatrick, hat ein Buch über den begnadeten Jagdhund geschrieben, das noch heute ein Bestseller in Südafrika ist.

Ein besonders schöner Wanderweg ist der zwei Kilometer lange **Fortune Mine Tunnel Trail**. Nördlich außerhalb von Barberton liegt die **Sheba Mine**, die älteste, noch in Betrieb befindliche Goldmine der Welt.

37 Kilometer lang ist der **Wamukelekile Geotrail**, der entlang interessanter geologischer Formationen und schöner Aussichtspunkte bis über die Grenze nach **Bulembu** in **Swaziland** führt. Dort lohnt es sich, das Minenmuseum zu besuchen.

Ein Muss für Geologie-Fans: der Geotrail nahe Barberton offenbart Einblicke in drei Milliarden Jahre Erdgeschichte

SERVICE & TIPPS

Barberton Tourist Information
Market Sq., Crown St.
Barberton 1300
✆ 013-712-2880
www.barberton.co.za
Tägl. 8–16.30 Uhr
Hier gibt es den Plan zum Heritage Trail, der zu den schönsten Sehenswürdigkeiten des Ortes führt.

Barberton Museum
36 Pilgrim St.
Barberton
✆ 013-712-4208
Tägl. 9–16 Uhr
Infos zur Geschichte der Region.

Belhaven House Museum
Lee St., Barberton
✆ 013-712-4281
Tägl. 10–12 und 14–15 Uhr
Eintritt R20

❷ BLYDE RIVER CANYON NATURE RESERVE

Das Herzstück des Naturparks ist die spektakuläre Schlucht des **Blyde River**, die an manchen Stellen 700 Meter tief ist. Über eine Distanz von 26 Kilometern hat sich hier der Blyde River einen schönen Weg mit insgesamt 1000 Metern Höhenunterschied durch das Grundgebirge der Transvaal Drakensberge gebahnt. Der Naturpark erstreckt sich von der Felsformation The Pinnacle nördlich von Graskop bis hin nach Swadini am Blyderivierspoort-Stausee und bezaubert durch seine üppige Flora und Fauna und viele begeisternde An- und Aussichten. Sehr schön ist der alleinstehende, 30 Meter hohe Granitfels **The Pinnacle** ganz im Süden des Parks, der über die R534 mit dem Auto zu erreichen ist. Sieben Kilometer weiter Richtung Norden findet man einen der schönsten Aussichtspunkte (1730 m), der bezeichnenderweise **God's Window**, Gottes Fenster, heißt. Bei klarem Wetter blickt man weit ins Lowveld bis zum Krügerpark. Sehr schön ist die kleine Wanderung von God's Window zum nördlich gelegenen Aussichtspunkt **Wonder View**, die durch einen kleinen Urwald führt (vier Kilometer, 90 Minuten).

Etwa acht Kilometer nördlich von Graskop liegen die Lisbon und die Berlin Falls. Die 90 Meter in die Tiefe stürzenden **Lisbon Falls** schaffen ein frisches Klima für ein Picknick. Wasserratten werden einen Besuch der zwei Kilometer weiter nördlich gelegenen **Berlin Falls** bevorzugen. Hier fallen die Wassermassen aus 80 Metern Höhe in ein Felsenbecken, in dem man Plantschen und Schwimmen kann.

Vom Eingang der **Bourke's Luck Potholes** führt ein Rundweg zu den schönsten Stellen. Höhere Anforderungen stellt der acht Kilometer lange und streckenweise recht steile **Belvedere Day Walk**, der vom Bourke's Luck Potholes Information Centre zur Hängebrücke über den Belvedere Creek führt (Dauer: 5–6 Std.). Geringeren Schwierigkeitsgrad hat der fünf Kilometer lange **Bushman Trail**.

Von den Potholes auf der R532 weiter nach Norden passiert man den Aussichtspunkt **Lowveld Lookout** und nähert sich dem absoluten landschaftlichen Höhepunkt, **World's End** dem Ende der Welt. Von hier hat man eine fantastische Aussicht auf die **Three Rondavels**,

Der Blyde River Canyon bietet spektakuläre Ausblicke

drei riesige Felskuppeln am gegenüberliegenden Ufer des Canyon, die afrikanischen Rundhütten gleichen, und in die Schlucht des Blyde River mit dem tief unten liegenden Blyderivierspoort Dam – welche Dimensionen!

Auch im **Aventura Blydepoort Resort** mitten im Naturschutzgebiet gibt es wunderbare Aussichtspunkte. Hier starten vier der schönsten Wanderungen im Park mit unterschiedlichen Schwierigkeitsgraden. Gleich in der Nähe des Staudamms liegt das **Swadini Visitor Centre** mit einer naturkundlichen Ausstellung und Informationen über den Park.

In einer der für das Publikum nicht zugänglichen Höhle der Echo Caves haben Tausende von Fledermäusen ihr Zuhause. Man nennt sie Höhle der Kannibalen.

SERVICE & TIPPS

Blyde River Canyon Nature Reserve
Graskop 1270, ✆ 084-221-8292

Berlyn Peacock Tavern
Bei den Berlin Falls
✆ 013-767-1085
Altenglisches Farmhaus bei den Berlin Falls mit viktorianischem Teegarten. Es gibt Mittagsmahlzeiten. Abendessen auf Anfrage. Auch Übernachtung möglich. RR

Ausflugsziel:

Echo Caves, Museum of Man
Westl. von Mogaba, Kreuzung R532 und R36
Führung 8.30–16 Uhr
Die Höhlen dienten von der Stein- bis in die Neuzeit den Menschen als Behausung. Sie lohnen den Besuch allein schon wegen des großartigen Echos, das Geräusche in den bis zu 50 m hohen Kammern erzeugt. Führer stehen vor dem Eingang der Höhle bereit – es empfiehlt sich, den Preis für eine Führung inklusive Trinkgeld schon vor der Tour zu vereinbaren. Wer nach der Höhlenbesichtigung noch etwas mehr über die Geschichte der Höhlenbewohner erfahren möchte, bekommt in dem angegliederten Museum of Man archäologische Funde und Erläuterungen präsentiert.

3 GRASKOP

Der ruhige Ort mit 4000 Einwohnern eignet sich als Ausgangspunkt für Exkursionen in die Umgebung und in den Krügerpark. Goldfunde förderten die Entwicklung des Ortes, der heute vor allem von Forstwirtschaft und Tourismus lebt – in der Hochsaison von Oktober bis Februar sind an den Wochenenden fast alle Unterkünfte ausgebucht.

Vier beliebte Wanderungen sind einen bis acht Kilometer lang und alle sehr reizvoll. Detaillierte Wegbeschreibungen hält die Tourist Information bereit. Ganz Unerschrockene können in der **Mogodi Lodge** einen Bungee-Jump oder Big Swing in die Graskop-Schlucht buchen. Beliebtes Ausflugsziel ist auch das 52 Kilometer entfernte **Shangana Cultural Village** Richtung Hazyview (www.shangana.co.za).

Der Kowyn's Pass östlich von Graskop ist eine sehr reizvolle Strecke mit schönen Aussichten.

SERVICE & TIPPS

Graskop Tourist Information
Richardson St., Graskop
✆ 013-764-117, www.graskop.co.za

Wild Adventures
Im SPAR-Supermarkt
Graskop, ✆ 013-767-1833
Krügerparkbuchung und Rundflüge, viele Informationen.

Mogodi Lodge
Kowyns Pass Rd., an der Straße nach Hazyview
Graskop
✆ 013-767-1110
www.mogodilodge.co.za
Bungee-Jumps und Slides. Wanderwege. Ferienhäuser mit jeweils zwei Schlafzimmern.

Kowyn Lookout Restaurant
Mogodi Lodge, an der Straße nach Hazyview, Graskop
✆ 013-767-1110
Bestes Restaurant am Ort, Frühstück und Dinner. RR

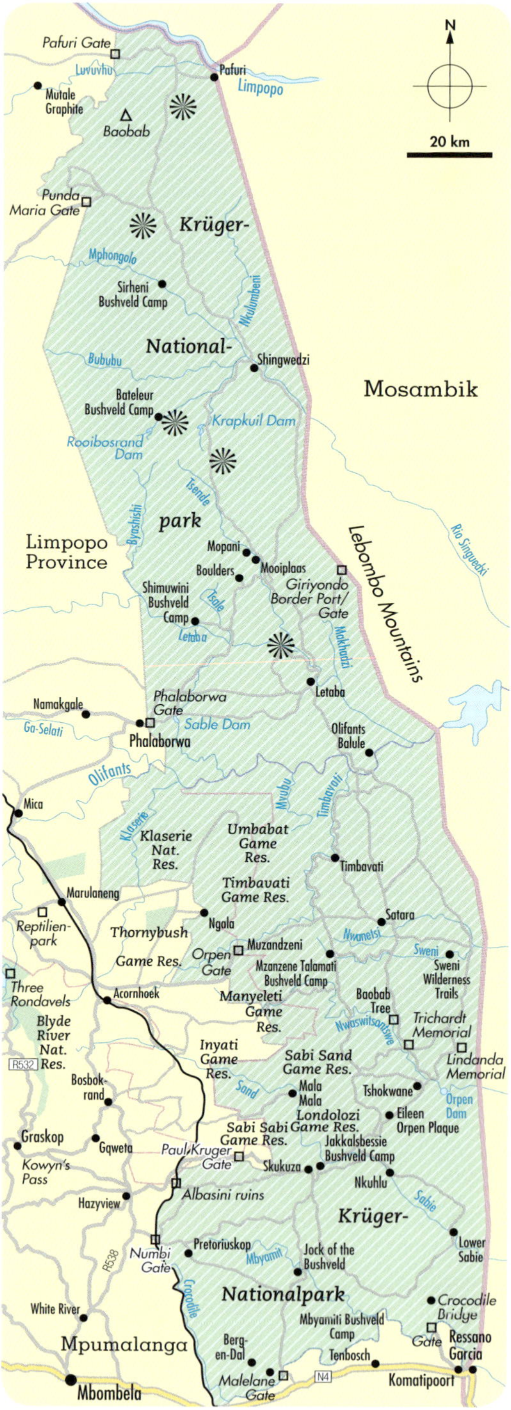

④ KRUGER NATIONAL PARK

Im Jahr 1898 gegründet und später nach Paul Kruger, dem ersten Präsidenten des Burenstaates benannt, bedeckt der Park heute eine Fläche von rund 20000 Quadratkilometern. Er ist Teil des grenzüberschreitenden **Limpopo Transfrontier Park**, der neben dem Krügerpark auch den Gaza Park in Mosambik und den Gonarezhou National Park in Simbabwe umfasst und der noch weiter auf nahezu das Dreifache seiner gegenwärtigen Größe von insgesamt 35000 Quadratkilometern wachsen soll.

Solche grenzübergreifenden Parks, die auch an anderen Ländergrenzen Südafrikas entstehen, haben nicht nur eine Naturschutzfunktion, sondern dienen als *Peace Parks* auch der Kooperation und Verständigung mit den Nachbarländern und damit der Friedenssicherung.

Der Krügerpark ist der älteste Teil des Limpopo Transfrontier Park. Er hat eine sehr gute touristische Infrastruktur und beschäftigt zahlreiche Ranger und Fachleute für Forschung, Artenschutz und Ökologie. Insgesamt sorgen 4000 Menschen dafür, dass Natur und Tourismus im Gleichgewicht bleiben.

Rund 2300 Kilometer Asphalt- und Schotterstraßen bieten unendlich viele Möglichkeiten, den Park mit seiner vielgestaltigen Flora und Fauna auf der Grundlage der offiziellen Visitors' Map mit dem eigenen Fahrzeug zu erkunden. Schöner und spannender ist eine geführte Wanderung mit erfahrenen und bewaffneten Rangern. Dafür bieten sich sieben verschiedene **Wilderness Trails** an, bei denen es weniger um sportliche Höchstleistung als vielmehr um intensives Naturerleben geht.

Letaba Restcamp im zentralen Teil des Krügerparks

Wer nur ein oder zwei Tage Zeit erübrigen kann, hat im Süden oder im südlichen Zentralbereich die beste Aussicht, viele Tiere zu entdecken. Die südlichen Parktore sind von Johannesburg aus in etwa sieben Stunden Fahrzeit zu erreichen.

Wer Fotos von Nashörnern macht, sollte davon absehen, sie ins Internet zu stellen. Wilderer orientieren sich gerne an den GPS-Daten, die den Fotos hinterlegt sind.

Ein Besuch im Park ist das ganze Jahr über interessant, Tiere können jedoch am besten in den trockenen Monaten von April bis September beobachtet werden. In der Zeit von Oktober bis März gibt es die für das subtropische Klima typischen Sommerregenfälle – im Süden mehr als im Norden –, die den Park in ein üppiges grünes Paradies verwandeln.

Über 20 **Restcamps** stehen dem Besucher zur Übernachtung und Entspannung zur Verfügung. Wer den **südlichen Krügerpark** besucht, dem seien die Camps **Berg-en-Dal** und **Pretoriuskop** empfohlen. Von dort aus sind schöne Fahrzeugexkursionen durch die hügelige Landschaft möglich, bei denen man häufig auf Breitmaulnashörner, Kudus, Impalas und Rappenantilopen, aber auch auf Spitzmaulnashörner, Elefanten, Giraffen, Zebras und Büffel trifft.

In der Region gibt es außerdem Pflanzen, die nur hier in diesem Parkteil vorkommen. Ganz wunderbar ist ein Ausflug zum **Hippo Pool**, an dem man aussteigen und neben Nilpferden auch Elefanten und Nashörner aus nächster Nähe erleben kann. Einen Besuch der **Albasini-Ruinen** kann man mit einer Fahrt entlang dem Sabie River verbinden, wo wunderschöne Sycamoren und Natal-Mahagonibäume gedeihen. Der Fluss zieht Nilpferde, Ottern, Leoparden und andere Wildtiere an.

Wer die Region um Berg-en-Dal zu Fuß erkunden möchte, begibt sich auf den **Bushman Trail**. Seinen Namen hat er von den Buschmann-Zeichnungen entlang der Wege. Der **Wolhuter Trail** ist eine sehr schöne, historische Route, die nach den legendären Rangern Harry und Henry Wolhuter benannt ist und zwischen Berg-en-Dal und Pretoriuskop startet. Zwischen Skukuza und Pretoriuskop liegt der reizvolle **Napi Trail**, der durch eine Buschregion führt, in der Breitmaulnashörner, Elefanten, Büffel und Löwen leben.

Der weiten Grasebenen wegen bevorzugen Zebras den Südosten des Kruger National Park

Der **zentrale Teil** des Krügerparks beginnt nördlich von **Tshokwane**. Auch hier gibt es zahlreiche Camps, von denen das Main Restcamp **Olifants** wegen seiner großartigen Lage und das Zeltcamp **Tamboti** besonders zu empfehlen sind. Vom Camp **Satara** aus kann man Exkursionen in Gebiete mit Giraffen, Kudus, Zebras, Büffeln, Löwen und anderen Raubtieren unternehmen.

Baobabs, mächtige Affenbrotbäume, findet man an der Wasserstelle Klopperfontein

Für Selbstfahrer bietet sich die landschaftlich reizvolle, zweistündige Tour zwischen den Restcamps **Olifants** und **Letaba** ebenso an wie die **Rundfahrt nach Westen** über die S131/S47, die vier Ökozonen berührt: Mopane Bushveld, ein kleines Stück Sandveld, Mopane Woodlands und die Flusslandschaft des Letaba River. Hier sind Giraffen, Elefanten, Antilopen und die seltenen Hyänenhunde zu sehen. Wer es komfortabel liebt, kann im Restcamp Mopani von der Bar aus die Wildtiere an der Wasserstelle beobachten.

Für Wanderfreunde bieten sich im zentralen Krügerpark mehrere sehr schöne Möglichkeiten: Auf dem **Metsimetsi Trail** am Fuß des Nwarmuriwa Mountain westlich von Tshokwane hat man gute Chancen, Elefanten, Raubkatzen und Spitzmaulnashörner zu sehen. Höhepunkte des **Nyalaland Trails** sind die wunderschöne Schlucht Lanner Gorge und Aussichtpunkte mit weitem Blick über das Bushveld. Der **Olifant Trail** mit Lager am Olifant River verspricht den Anblick von Elefanten, Büffeln, Löwen, Nilpferden und Krokodilen. Eine großartige Wanderung durch die Dornbuschsavanne mit der Chance, viele Wildtiere beobachten zu können, bietet der **Sweni Trail**.

Im **nördlichen Krügerpark**, jenseits des Wendekreises des Steinbocks, wird es immer einsamer. Die größten Restcamps sind **Shingwedzi** und **Punda Maria**. Von Shingwedzi aus lassen sich drei interessante Rundfahrten unternehmen, unter denen besonders der Shingwedzi-S52-Loop reizvolle Ausblicke zu bieten hat. Man sieht Antilopen- und Büffelherden, Löwen und Leoparden. Freche Affen trauen sich nah an die Autos heran, in den späten Abendstunden kann man Hyänenfamilien beobachten, die aktiv werden, wenn es nicht mehr so heiß ist.

Die Fahrt von **Punda Maria** nach **Pafuri** über S60 und S61 führt zu den mächtigen Affenbrotbäumen *(Baobabs)* an der Wasserstelle Klopperfontein. Am wichtigsten Fluss des nördlichen Parks, dem Luvuvhu River, sieht man Krokodile und Nilpferde. Vom Pafuri-Picknickplatz startet eine von Rangern geführte Wanderung zu den **Ruinen von Thulamela**, den Resten einer eisenzeitlichen Palastanlage. Die Tour kann im Camp oder am Parfuri Gate gebucht werden.

SERVICE & TIPPS

Kruger National Park
www.sanparks.org
Für den Zugang gibt es elf Parktore, fünf im Süden, jeweils drei im zentralen und nördlichen Bereich. Tagesbesucher kommen ohne vorherige Anmeldung in den Nationalpark, in der Hochsaison empfiehlt es sich, früh dort zu sein, da die Zahl der Tagesbesucher limitiert ist. Eintritt R280 pro Person und Tag.

Selbstfahrer kaufen am Parktor die detaillierte Kruger National Park Visitors' Map. Man sollte sich an die Geschwindigkeitsbegrenzungen und andere Regelungen wie das strikte Tierfütterverbot halten, denn Verstöße werden streng geahndet.

In den Restcamps gibt es gut sortierte Supermärkte. Infozentren mit kleinen Ausstellungen befinden sich in den Restcamps Letaba, Skukuza und Berg-en-Dal. Insektenschutzmittel nicht vergessen, eventuell Malariaprophylaxe erwägen. Malariapräparate gibt es auch in den Restcamps.

Wilderness Trails mindestens sechs Monate vorher reservieren. Dauer: So–Mi oder Mi–Sa, Abmarsch um 15.30 Uhr im jeweiligen Ausgangscamp. Essen und Übernachtung für zwei Tage und drei Nächte sowie Gepäcktransport sind im Preis inklusive.

Altersbegrenzung 12–60 Jahre. Reservierungen von Übernachtungen in Camps und Wilderness Trails bei South African National Parks, vgl. Service von A bis Z, S. 222.

Geführte Wanderungen
Ab Skukuza, Dauer 2–4 Stunden
Preise: R500 am Morgen, R400 nachmittags, max. 8 Personen
Wandern in Begleitung eines Rangers. Sehr zu empfehlen.

Adventure Trails für 4x4
Am Morgen der Abfahrt an den Ausgangspunkten zu buchen. Shingwezi: Northern Plain Trail, Phalaborwa Gate: Nonokani Trail, Satara: Mananga Trail, Pretoriuskop: Madlabantu Trail. Die Strecken sind zwischen 4–5 Stunden lang. Sie kosten R1400 pro Fahrzeug.

Bush Drives Information and Environmental Education – KNP
P.O. Box 50
Skukuza 1350
www.sanparks.org
Buschfahrten mit einem Ranger führen in Regionen, die für die Öffentlichkeit sonst nicht zugänglich sind. Start in den Camps Skukuza, Berg-en-Dal und Letaba. Maximal 7 Personen, man muss sich mindestens 2 Monate im Voraus anmelden.

Pirschfahrten
In den Camps zu buchen
Preise: R300–400, je nach Tageszeit und Fahrzeuggröße
Besonders reizvoll, wenn ein Bush Braai oder -Frühstück dabei ist.

Restaurants
gibt es in den Restcamps Berg-Dal, Letaba, Lower Sabie, Mopani, Pretoriuskop, Punda Maria, Satara, Shingwedzi, Skukuza. 7–21 Uhr. Das Abendessen sollte frühzeitig reserviert werden.

Es herrscht striktes Alkoholverbot im Park – nur in Restaurants und innerhalb der Unterkünfte ist er erlaubt.

Auf dem Olifant Trail bekommt man mit etwas Glück Elefanten, Büffel, Nilpferde und Krokodile zu sehen

Das Mala Mala gehört zu den exklusivsten der privaten Wildreservate

Im Kruger National Park haben Tiere immer Vorfahrt

Ausflugsziele:

Private Wildreservate
An der Westgrenze des Krügerparks findet man etliche private Wildtierreservate, die überaus luxuriöse Unterkünfte und ausgezeichnete Verpflegung anbieten. Hervorragend sind auch die Ausbildung der Ranger und die Qualität der Führungen bei entsprechend hohen Preisen.
Das **Mala Mala Game Reserve** teilt eine 33 km lange offene Grenze mit dem Krügerpark. In seinem flachen Buschland und der offenen Savanne gibt es außer den Big Five viele weitere Wildtiere, die bei Pirschwanderungen beobachtet werden können.
Sabi Sabi liegt direkt am Sabi River und ist die Heimat von 350 Vogelarten und den seltenen Hyänenhunden. Ein mit 60 000 Hektar außerordentlich großer privater Wildpark ist das **Sabi Sand Game Reserve**. Es liegt nahe dem Paul Kruger Gate und wartet mit zahlreichen exklusiven Luxus-Camps auf.

Mala Mala Game Reserve
Hillcrest 3650
✆ 011-442-2267
www.malamala.com
Camps und Touren. Sehr beliebt: die Foto-Safaris.

Sabi Sabi
P. O. Box 52665
Saxonwold 2132
✆ 011-447-7172
www.sabisabi.com
350 Vogelarten sowie Hyänenhunde.

Sabi Sand Game Reserve
✆ 021-424-1037
sabi.krugerpark.co.za
31 verschiedene Camps und Lodges, Pirschfahrten. Zahlreiche Unterkünfte der Luxusklasse.

5 MARULANENG (HOEDSPRUIT)

Der kleine Ort nimmt sich vor der majestätischen Kulisse der Transvaal Drakensberge ausgesprochen beschaulich aus. Sehr interessant ist ein Besuch im **Moholoholo Wildlife Rehabilitation Centre**, wo verletzte Raubvögel, Löwen, Geparden, Bush Babies und andere Wildtiere aufgepäppelt und nach der Genesung möglichst wieder ausgewildert werden. Beeindruckend ist die Hingabe, mit der sich die Pfleger um die Tiere kümmern.

Das **Cheetah Breeding and Research Centre** im Süden von Marulaneng widmet sich der Aufzucht und Erforschung von Spitzmaulnashörnern, Geparden und den von der Ausrottung bedrohten Wildhunden.

SERVICE & TIPPS

Tourist Information
An der R40, Marulaneng 1380
✆ 015-793-0407
www.kamogelotourism.co.za

Moholoholo Wildlife Rehabilitation Centre
Marulaneng 1380
✆ 015-795-5236
www.moholoholo.co.za
Tägl. außer So geführte Touren (ca. 2 Std.) um 9.30 und 15 Uhr
Eintritt R155/75
Wildtierauffangstation.

Hoedspruit Endangered Species Centre
Im Kapama Private Game Reserve
R40 Richtung Klaserie
✆ Reservierung unter 087-654-2299, tägl. 9–15 Uhr
Führungen 9, 11, 13 und 15 Uhr
Aufzuchtstation für bedrohte Tierarten.

Im Moholoholo Wildlife Rehabilitation Centre in Marulaneng werden verletzte Wildtiere gesund gepflegt und wieder ausgewildert

6 MASHISHING

In dem alten Voortrekkerstädtchen (ehemals Lydenburg) ist die **Voortrekker Church** von 1853 an der Ecke Church und Kantoor Street erhalten geblieben. Sie wurde restauriert und beherbergt heute ein kleines Museum. Direkt gegenüber liegt die **Voortrekker School**, eines der ältesten Schulgebäude des Landes. Ein noch viel älteres Exponat präsentiert das moderne **Lydenburg Museum**: Die »Sieben Köpfe von Lydenburg«, Kult- und Ritualgegenstände aus gebranntem Ton, stammen aus der Zeit 500 n. Chr. Es handelt sich allerdings um Replikate, die Originale werden im South African Museum in Kapstadt aufbewahrt.

Um wieder in die Gegenwart zurückzukommen, bieten sich Spaziergänge oder ein Picknick im **Gustav Klingbiel Reserve** am östlichen Stadtrand an.

SERVICE & TIPPS

Lydenburg Museum
R37, Gustav Klingbiel Reserve
Mashishing
✆ 013-235-2213, tägl. 8–16 Uhr
Wertvolle kulturhistorische Sammlung mit Funden aus der Region.
Kosten Sie den Mampoer-Schnaps.

Lydenburg Golf Club
✆ 087-802-8341
www.lydenburggolf.co.za
Gäste willkommen.

Am Crocodile River in Mbombelas Umgebung befindet sich nicht nur der Lowveld Botanical Garden, es gibt auch stille Plätze für ein Picknick

7 MBOMBELA (NELSPRUIT)

Die 59 000 Einwohner zählende Stadt liegt eingebettet im Grün riesiger Plantagen, die hauptsächlich Zitrusfrüchte, aber auch Nüsse, Avocados und Mangos anbauen. Ihre Entwicklung verdankt die Hauptstadt von Mpumalanga dem Bau der Eisenbahnstrecke von Pretoria zur Delgoa-Bucht in Mosambik (1891).

Ins Stadtzentrum von Mbombela gelangt man durch breite, von Jacarandabäumen und Bougainvilleen gesäumte Straßen. Außer der wunderschönen **Town Hall** im spanischen Stil gibt es zwar keine weiteren Sehenswürdigkeiten, dennoch wirkt das großzügig gestaltete Zentrum mit zahlreichen Einkaufsmöglichkeiten und wöchentlichen Flohmärkten sehr einladend. Gute Restaurants findet man hier in der Innenstadt, vor allem im **Promenade Centre**, aber auch in der **Brown Street**.

Wer außergewöhnliche Freizeitvergnügen liebt, sollte eine dreitägige Tour mit dem **Quad**, einem vierrädrigen Motorrad, oder ein **Geländewagentraining** absolvieren. Manch einer mag sein Glück auch einmal beim **Goldwaschen** versuchen.

Wanderfreunden bietet das **Nelspruit Nature Reserve** am südlichen Stadtrand sechs ansprechende Wanderwege, von denen der **Green Heritage Hiking Trail** der beliebteste ist. Und Golffans werden den 18-Loch-Platz des **Nelspruit Golf Club** ausprobieren, der in hügeliger Landschaft liegt und auch Spieler mit Anspruch begeistert.

Unter keinen Umständen sollte man einen Besuch in dem 150 Hektar großen **Lowveld National Botanical Garden** drei Kilometer nördlich vom Zentrum versäumen. Er zählt zu den schönsten Gärten Südafrikas. Etwa ein Viertel der Fläche wurde kultiviert, der Rest naturbelassen. Im Frühjahr und Sommer zeigen sich die Pflanzen auf dem Gelände am Ufer des Crocodile River in ihrer vollen Pracht, im Herbst und Winter blühen die Aloen.

Die Aloe mit ihren prächtigen Blüten ist in den Trockengebieten Südafrikas mit unzähligen Arten vertreten

SERVICE & TIPPS

Lowveld National Botanical Garden
3 km nördl. des Zentrums, Mbombela
✆ 013-752-5531
Tägl. 8–17, Sept.–März bis 18 Uhr, für geführte Touren anmelden
Eintritt R35/20

Orange Restaurant
2 Du Preez St., Mbombela
✆ 013-744-9507
Mo–Sa 12–22, So 18–21 Uhr
Gediegene Küche mit wunderbarer Aussicht über Stadt und Lowveld. RR

Alkmaar Farmstay
N4 16 km Richtung Westen
✆ 083-305-2472
www.alkmaarfarmstay.co.za
Farmaufenthalt mit wunderschönen 4x4- und Mountainbike-Strecken.

Nelspruit Golf Club
Ferreira & Wilhelm Sts. Mbombela
✆ 013-744-0952
www.nelspruitgolfclub.co.za
18-Loch-Platz für alle Ansprüche.

Ausflugsziel:

Sudwala Caves
37 km nordwestl. von Mbombela
N4 Richtung Johannesburg, bei Montrose Fall auf R39 Richtung Norden
✆ 013-733-4152
www.sudwalacaves.co.za
Tägl. 8.30–16.30 Uhr Führungen
Eintritt R95/50
Die Sudwala-Höhlen befinden sich in den Mankelekele Mountains. Im Laufe von 300 Mio. Jahren hat sich hier das Wasser labyrinthartig durch den Dolomit gearbeitet und fantastisch schöne Stalagmiten und Stalaktiten geschaffen. Das weitläufige Tropfsteinhöhlensystem, in dem eine konstante Temperatur von 20 Grad herrscht, besteht aus unterschiedlich großen Kammern. Eine davon, **Owen Hall**, erreicht mit 90 m Länge, 45 m Breite und 37 m Höhe Hallenformat und wird wegen ihrer optimalen Akustik tatsächlich als Konzertsaal genutzt.

Die Tour führt 600 m weit in die Höhlen und dauert eine Stunde. Gutes Restaurant unterhalb der Höhlen. Neben den Höhlen liegt der **P.R. Owen Dinosaur Park**, in dem man originalgroße Nachbildungen der Urtiere bewundern kann (Eintritt R70/40).

The Crystal Tour
P.O. Box 48, Schagen 1207
✆ 013-733-4152
Fünfstündige Tour in den Sudwala-Höhlen für Abenteurer, die keine Platzangst kennen. Die 1,3 km bis zur Kristallkammer müssen stellenweise kriechend oder durch Wasser watend zurückgelegt werden. Findet jeden 1. Sa im Monat statt. Teilnahmegebühr R400 pro Person, 3 Monate im Voraus buchen. Feste Schuhe mit guten Sohlen, Taschenlampe und Kleidung zum Wechseln nach der Tour nicht vergessen. Für Kinder nicht geeignet.

Mutige machen die abenteuerliche Crystal Tour durch die Sudwala Caves

8 PILGRIM'S REST

1873 gab es erste Goldfunde am kleinen Nebenfluss des Blyde River und damit war es mit der Ruhe und Beschaulichkeit in der Region vorbei. Zahlreiche Minen entstanden, die nach und nach Gold im Wert von 20 Millionen Pfund förderten. Die letzte Mine schloss 1971 ihre Schächte. Drei Jahre später wurde aus dem Ort mit 1500 Einwohnern ein bewohntes Freilichtmuseum. Wenn man durch die Hauptstraße bummelt, stellt sich eine Art Western-Feeling ein. Viele der restaurierten Häuser aus der großen Goldgräberzeit beherbergen Museen, Kunsthandwerksstätten und Souvenirläden. Mittelpunkt des Ortes war und ist das **Royal Hotel** mit seiner kuriosen Bar. Wer auch einmal sein Glück versuchen will, hat hier Gelegenheit zum Goldwaschen.

SERVICE & TIPPS

Tourist Information
Main St. (Uptown), Pilgrim's Rest 1290, ✆ 013-768-1060
www.pilgrimsrest.org.za
Tägl. 9–12.45 und 13.45–16 Uhr
Eintrittskarten für die Museen (z. B. House Museum mit typischer Einrichtung der 1920er Jahre). Goldwaschen wie in alten Zeiten wird auch angeboten.

9 SABIE

Der Name des Sabie River leitet sich von dem Shangaan-Wort »neu Saba« ab – Fluss der Angst –, weil es hier früher besonders viele Krokodile gab.

Ende des 19. Jahrhunderts war der Ort ein Goldgräber-Camp, heute ist Sabie Zentrum des größten Forstgebietes der Republik. Die riesigen Waldflächen im Umland bestehen vorwiegend aus Nadel- und den schnellwachsenden Eukalyptusbäumen. Im **Sabie Forestry Museum** erfährt man alles über südafrikanische Holzarten und deren Verwendung.

Zu Sabies Anziehungskraft tragen die zwölf Wasserfälle im näheren Umkreis bei, in der Hochsaison sind die zahlreichen Unterkünfte trotz erhöhter Preise meist ausgebucht.

Von Sabie aus kann man wunderbare Exkursionen zu den Wasserfällen **Sabie Falls, Bridal Veil Falls** (Brautschleier-Fälle), **Lone Creek Falls** und zum **Horseshoe Waterfall** machen. Ganz besonders reizvoll ist die Gegend um die **Mac Mac Pools** zehn Kilometer nördlich von Sabie. Einst eine Schürferhochburg, gibt es dort heute kein Gold mehr, dafür aber jede Menge Badespaß im kristallklaren Wasser der Felsenbecken. Sehr empfehlenswert ist der **Secretary Bird Nature Walk**, der bei den Pools beginnt und drei Kilometer durch das Grasveld führt. Zwei Kilometer nördlich liegen die Mac Mac Falls.

Wanderfreunden mit einigen Tagen Zeit sei der wunderbare, 59 Kilometer lange **Fanie Botha Hiking Trail** empfohlen. Fünf Tage lang geht es durch schattige Wälder, vorbei an malerischen Wasserfällen und über offenes Grasland zum Aussichtspunkt **God's Window**. Eine Anmeldung ist unbedingt erforderlich. Informationen über mehrtägige Ausritte, Mountainbike-Touren und sehr schöne Rundwanderwege erhält man bei der Tourist Information.

SERVICE & TIPPS

Tourist Information
90 Main St., Sabie 1260
✆ 013-764-1177
www.sabie.co.za

Smokey Train Diner
3 9th Ave., Sabie
✆ 013-764-3445
Di–Sa 11.30–21, Sa/So ab 11 Uhr
Speisen in urgemütlicher Zug-Atmosphäre. R–RR

Sabie Brewing Company
41 Main St., Sabie
✆ 013-764-1005
Di–Sa 11–22, So/Mo bis 17 Uhr
Gemütliche Kneipe mit sechs Bierspezialitäten. Brauereitouren. R

Zwei Kilometer nördlich der Mac Mac Pools liegen die 56 Meter hohen Mac Mac Falls. Die Sprengungen der Goldsucher haben den Wasserfall in zwei Hälften geteilt.

Kestell Adventures
Louis Trichardt/R536, Wild Fig Tree Centre, Sabie
✆ 072-351-5553
www.kestelladventures.com
Spannendes Programm wie Abseiling, Canyoning, Tubing. Tipp: Der Forest Cruise.

10 WATERVAL-BOVEN (EMGWENYA)

Der schöne Wasserfall des Elands River stand bei der Namensgebung der beiden Orte Waterval-Boven (oberhalb des Wasserfalls) und **Waterval-Onder** (unterhalb des Wasserfalls) Pate. Waterval-Boven wurde von Ingenieuren der Niederländisch-Südafrikanischen Eisenbahnbaugesellschaft gegründet. Sie sollten eine Eisenbahntrasse bauen, die auf möglichst kurzer Strecke 228 Höhenmeter überwindet. Das ist ihnen mit der großartigen **Fünfbogenbrücke** und einem Tunnel ausgezeichnet gelungen. Die Wohnhäuser, die seinerzeit in Waterval-Boven von der Eisenbahngesellschaft errichtet wurden, stehen heute unter Denkmalschutz.

Nicht weit von Waterval-Onder liegt der **Krugerhof**, die letzte offizielle Residenz von Präsident Kruger, bevor er in die Schweiz übersiedelte. Ein kleines Museum dokumentiert neben dem Leben Krugers auch den Bau der Eisenbahnlinie. Interessant ist ein Besuch im **Stone Circle Ubuntu Village**.

11 WHITE RIVER

Probieren Sie einmal den Orangenwein oder -likör mit und ohne Ingwer, der in den Rottcher Wineries im Nutcracker Valley hergestellt und in hübschen handbemalten Flaschen verkauft wird.

White River ist eine hübsche Künstlerkolonie, umgeben von endlosen Nussplantagen. Es lohnt sich, einen Blick in die Galerie **Artist Trading Post** in der Kruger Park Street zu werfen. Hier kann man die Werke von über 60 südafrikanischen Künstlern betrachten und relativ günstig kaufen. Im vier Kilometer südlich gelegenen **Nutcracker Valley** gibt es außer Nüssen auch die Möglichkeit, schöne Ausritte in die Umgebung zu unternehmen.

Die zwei Kilometer außerhalb von White River gelegene **Casterbridge Farm** ist ein architektonisch sehr ansprechend gestalteter Mix aus Einkaufs- und Kulturzentrum. Neben verschiedenen Restaurants und Cafés findet man dort in einer umgebauten Farmscheune das **Barnyard Theatre & Cinema**, das unterhaltsame Kinoabende, Kabarett- und Musikveranstaltungen verspricht, sowie das **White River Museum** mit einer Fotoausstellung über die Gründerjahre des Ortes.

SERVICE & TIPPS

White River Publicity Association
Palm St., White River 1240
✆ 013-751-5312
Infos zu Kunsthandwerk und Kräuteranbau sowie Freizeitangeboten wie Paragliding, Riverrafting, Ballontouren.

Rottcher Wineries & Casterbridge Lifestyle Centre
R40 von White River Richtung Süden, ausgeschildert
✆ 013-751-3472
Mo–Fr 9–16.30, Sa 9–16, So 10–14 Uhr
Kellereiführung und großer Shop. Berühmt für seine Avalencia-Orangenweine und -liköre.

Außerdem gibt es hier die renommierte Wolhuters Art Gallery. Im Casterbridge Lifestyle Centre gibt es Restaurants, ein Spa und jede Menge Geschäfte.

Kraal Kraft Curios
5 km außerhalb Richtung Mbombela (Nelspruit)
Einer der größten Curio-Shops in Südafrika mit riesiger Auswahl an Souvenirs und regionalen Designerprodukten.

Idyllische Landschaft nahe White River

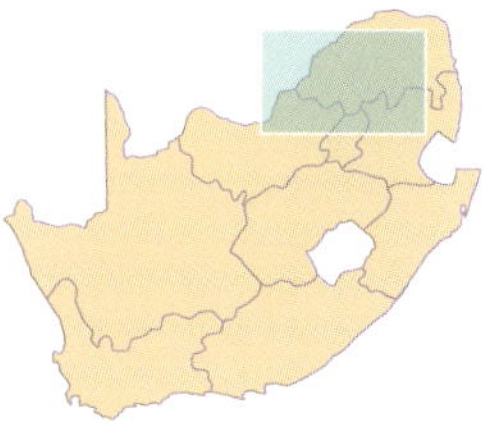

SÜDAFRIKAS NORDEN

DAS WEITE LAND ZWISCHEN BOTSWANA, SIMBABWE UND DEM KRÜGERPARK

Das Grenzland im Norden Südafrikas, das überwiegend zur Limpopo-Provinz gehört, hat viele Gesichter: Weite Mais- und Tabakfelder, flirrende Hitze über dem Bushveld und die wilde, urwüchsige Naturschönheit der Naturparks in den Bergen. Große Anziehungskraft besitzt die Phantasiewelt von Sun City, dem Spielerparadies in Südafrika. Ein Kontrastprogramm dazu bietet sich Naturliebhabern im nahe gelegenen, wunderschönen Pilanesberg National Park oder in den Waterbergen weiter im Norden. Die Provinzhauptstadt Polokwane (früher Pietersburg) ist nicht nur das Zentrum der Verwaltung, sondern bildet auch geografisch und wirtschaftlich den Mittelpunkt der Limpopo-Provinz. Ganz im Nordosten in den Soutpansbergen liegt schön und geheimnisvoll das Vendaland, wo noch viele Mythen und alte Geschichten lebendig sind.

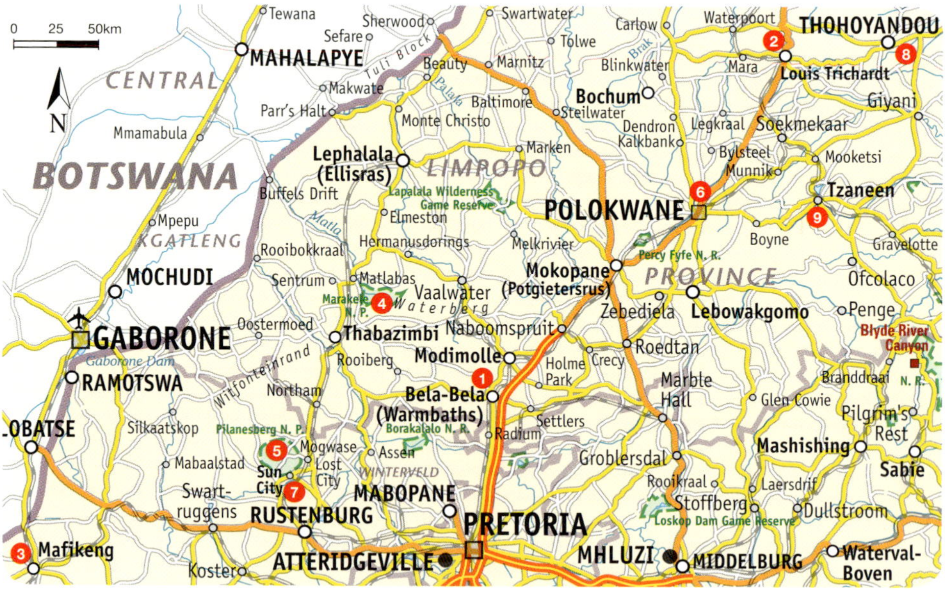

❶ BELA-BELA (WARMBATH)

Als *Bela-Bela*, »Wasser, das von selbst kocht«, bezeichnete das Volk der Tswana die Thermalquellen in dieser Gegend. Ihnen war die heilende Kraft der Quellen lange schon vor dem Bau des David Brink Centres (1971) bekannt. Das Badezentrum mit seinen unterschiedlich warmen Mineralwasserbecken verschafft insbesondere Rheumakranken Linderung, tut aber auch Gesunden gut.

Das Forever Resort in Bela-Bela nutzt die heißen Heilquellen der Gegend

SERVICE & TIPPS

Tourist Information
Marx St.
Bela-Bela 0480
✆ 014-736-3694
www.belabelatourism.co.za
Vermittlung von Elefantentouren und Begegnungen mit gezähmten Tieren.

2 LOUIS TRICHARDT

Die hübsche kleine Stadt mit baumbestandenen Straßen und einladenden Parks am Fuß der Soutpansberge dient als Ausgangsbasis für Wanderungen im Land der VhaVenda. Ein beliebtes Ausflugsziel ist das **Hanglip Forest Reserve**, ein wunderbares Wildnisgebiet, das sich

Wunderschöne Alleen und Parks sind kennzeichnend für Louis Trichardt

Der Großriedbock, eine Antilopenart, am Soutpansberg

leicht erwandern lässt. Der Hanglip ist ein 1719 Meter hoher Berg, der majestätisch aus der Soutpansberg-Kette herausragt. Ihn umgeben neben Kieferplantagen auch urspüngliche, subtropische Wälder und Bushveld.

In der Region gibt es ausgesprochen schöne Wanderwege wie etwa den **Soutpansberg Hiking Trail**, über die man Näheres bei der Tourist Information erfährt.

SERVICE & TIPPS

Soutpansberg Tourism
Gute Informationen zur Ribolla Arts and Crafts Route und zur Geschichte der Venda.

Hanglip Forest Reserve
4,5 km vom Stadtzentrum am nördl. Stadtrand gelegen
Eintritt R40
In dem Gebiet um den Berg Hanglip gibt es schöne Wandermöglichkeiten.

3 MAFIKENG

Ein Abstecher in die Universitätsstadt Mafikeng, seit 1997 mit der Nachbarstadt Mmabatho vereint und heute Hauptstadt der North-West Province, lohnt wegen des **Lotlamoreng Cultural Village** am Ufer des Lotlamoreng-Staudammes.

Hier wurden Dörfer und Krals unterschiedlicher Volksgruppen nachgebaut, die einen guten Überblick über die schwarze Kultur der Region geben und interessante Einzelheiten über die Wirtschafts- und Lebensweisen der verschiedenen Stämme vermitteln. Besonders eindrucksvoll sind die Demonstrationen alter Bräuche wie Regenzeremonien und andere spirituelle Rituale, manchmal ist es sogar möglich, selbst einen *Sangoma*, einen traditionellen Heiler, zu konsultieren. Das **Mafikeng Game Reserve** vor den Toren der Stadt ist Heimat der Breitmaulnashörner. Ein zweistündiger Rundweg führt bequem mit dem eigenen Fahrzeug durch den Park.

1907 gründete Sir Baden-Powell in Mafikeng die Pfadfinderbewegung.

In Mafikeng kann man bequem und sicher durch das Stadtzentrum bummeln oder sich im **Mafikeng Museum** in der Shippard Street mit der wechselvollen Geschichte der Stadt befassen. Mafikeng war ein zentraler Schauplatz im Anglo-Buren-Krieg und in der Zeit von 1977 bis 1994 Hauptstadt des Homelands Bophuthatswana.

SERVICE & TIPPS

Mafikeng Tourism Information
14 Tillard Street, Kelgor House, Mafikeng 2745, ✆ 018-381-7341
www.tourismnorthwest.co.za
Mo–Fr 8–16.30 Uhr

Lotlamoreng Cultural Village
Im Montshiwua Nature Reserve, südl. der Stadt über Vryburg Rd.
✆ 018-382-341
Tägl. 7–19 Uhr
Nachbau von Dörfern und Krals verschiedener Volksgruppen. An den Stauseen Lotlamoreng, Montshiwua und Modimola Dam gibt es Angel- und Picknickplätze.

Mafikeng Game Reserve
Erreichbar über Shippard und Jacaranda Sts.
✆ 018-397-1675/6/7
Übernachtung im Tholo Safari Camp möglich. U. a. leben hier Breitmaulnashörner.

❹ MARAKELE NATIONAL PARK

Der Marakele-Nationalpark liegt inmitten der erhabenen Berglandschaft der Waterberg Mountains. Beeindruckend sind die bis zu 55 Meter hohen Yellowwoodbäume sowie die fantastischen Farnbäume und Erikas. Neben den »Big Five« gibt es hier die größte **Kap-Geier-Kolonie** der Welt mit etwa 800 brütenden Vögeln. Der Park gliedert sich in zwei Sektionen. Die kleinere Wildschutz-Zone liegt hinter der Rezeption. Der Greater Marakele Park ist etwas weiter entfernt. Der Marakele National Park ist am besten auf einer Autosafari mit allradbetriebenen Fahrzeugen zu erkunden. Keinesfalls sollte man dabei die Auffahrt zum **View Point** versäumen, von dem man einen herrlichen Blick über die Waterberge hat. Wer die Landschaft lieber zu Fuß kennenlernen möchte, kann unter einigen sehr schönen Wanderstrecken wählen.

Afrikanische Büffel zählen zu den gefährlichsten Tieren in Südafrika: Kommen sie in die Gänge, können sie bis 50 Stundenkilometer schnell laufen

SERVICE & TIPPS

Marakele National Park
Waterberg Mountains, Anfahrt über R510, ✆ 014-777-6928/29/30/31, www.sanparks.org
Mai–Aug. tägl. 7–17.30, Sept. April 7–18 Uhr, Eintritt R218/109 pro Person und Tag
Informationen und Buchungen über South African National Parks, vgl. S.222.

❺ PILANESBERG NATIONAL PARK

Wunderschön sind die erloschenen Vulkane der Pilanesberg-Kette, die sich aus dem Hochplateau des Nordwestens erheben. Der **Lake Mankwe**, ein ertrunkener Vulkankrater, bildet das Zentrum des 55 000 Hektar großen Nationalparks. Als der Park 1979 gegründet wurde, hat man über 5000 Tiere hergebracht: Breit- und Spitzmaulnashörner aus dem Addo Elephant Park, Antilopen, Zebras, Giraffen, Nilpferde, Büffel, Elefanten, Leoparden, Geparden und auch Löwen aus anderen Regionen. Die besten Monate für die Tierbeobachtung sind April bis September, weil die Temperaturen dann erträglicher sind und die Tiere verstärkt zu den Wasserlöchern kommen. Die Sommermonate haben den Vorteil, dass es grünt und blüht, doch muss auch mit Regen gerechnet werden. Im Park gibt es rund 200 Kilometer Fahrstraßen, die gut befestigt und beschildert sind. Die schönsten Fotos am **Lake Mankwe** kann man in den frühen Morgenstunden und in der Abenddämmerung machen. Abends auf dem **Tau Trail** – *Tau* bedeutet bei den Tswana Löwe – hat man gute Chancen, den König der Tiere zu sehen. Auch zum Wandern bietet der Park sehr viele Möglichkeiten.

Wie auch bei anderen Großkatzen mit so herrlichem Fell ist der Mensch der Hauptfeind des Geparden: Obwohl der Fellhandel immer mehr eingedämmt wird, ist die Art dennoch vom Aussterben bedroht

SERVICE & TIPPS

Pilanesberg National Park
Central Reservations
Mogwase 0305, ✆ 014-555-1600/027-87-820-7141 (Mo–Fr 9–17, Sa bis 13 Uhr), www.pilanesberggamereserve.com, März/April, Sept./Okt. 6–18.30, Mai–Aug. 6.30–18, Nov.–Feb. 5.30–19 Uhr, R65 pro Person und Tag, R20 pro Auto
Geführte Wanderungen, Jeep-Fahrten tagsüber und nachts. Ein großartiges Erlebnis ist die 4-stündige Ballonfahrt. Auskünfte an der Rezeption am Manyane Gate.

Im Bakone Malapa Museum werden alte Handwerkstechniken vorgeführt

6 POLOKWANE (PIETERSBURG)

Polokwane ist die Hauptstadt der Limpopo Province (ehemals Northern Province) und gleichzeitig ihr wirtschaftliches und kulturelles Zentrum. Die moderne, geradlinig angelegte Stadt hat breite Straßen mit herrlichen Jacaranda- und Korallenbäumen und einige wenige historische Bauten.

Die wichtigsten Sehenswürdigkeiten der Stadt findet man in der Nähe von **Civic Plaza** und **Civic Square**. Inmitten von Grün- und Wasseranlagen liegt ein **Musikpavillon** aus den 1920er Jahren. Kunstfreunde werden das **Art Museum** in den Library Gardens besuchen, das eine umfassende Sammlung von Werken südafrikanischer Künstler zeigt. In der renovierten **Dutch Reformed Church** ist die **Hugh Exton Collection** zu sehen, eine Sammlung von über 20 000 historischen Fotos mit Motiven aus Pietersburg und der Region. Gartenliebhaber lassen sich von dem benachbarten **Conservatory** inspirieren, einer Wintergartenlandschaft mit vielen exotischen Pflanzen.

Wer etwas über die traditionellen Lebens- und Wirtschaftsweisen der Nord-Sotho erfahren möchte, bekommt im **Bakone Malapa Open-Air-Museum** eindrucksvolle Einblicke. Naturfreunde zieht es in das **Polokwane Municipal Nature Reserve**, das größte städtische Reservat des Landes, in dem Nashörner, Zebras, Oryxantilopen und Giraffen leben. Mit etwas Glück kann man auf dem **Rhinoceros Walking Trail** die Nashörner aus nächster Nähe sehen.

SERVICE & TIPPS

i Limpopo Tourism and Parks Board
Southern Gateway, N1
✆ 015-293-3600
www.golimpopo.com

Bakone Malapa Open-Air-Museum
9 km südl. von Polokwane an der R37, ✆ 015-295-2432
Mo–Fr 8–16 Uhr
Präsentiert die Lebensweise der Nord-Sotho.

Wirtschaftliches und kulturelles Zentrum der Limpopo Province: Polokwane

Palace of Lost City, das märchenhafte Herzstück des Spielerparadieses Sun City

7 SUN CITY

Zweieinhalb Autostunden von Johannesburg entfernt liegt mitten im afrikanischen Busch die Zauberwelt des Spielerparadieses Sun City. Neben Spielkasino und Bingohalle sorgen in der märchenhaft gestalteten Anlage zahlreiche Restaurants, Diskotheken, Kinos und hervorragende Sportanlagen für Unterhaltung.

Glücksspiel war im alten Südafrika verboten, daher wurde Sun City auf dem Gebiet des Homeland Republic of Bophuthatswana errichtet. Seit 1994 gehört die Vergnügungsstadt wieder zu Südafrika und ist ein Segen für die Region: Mehr als 3000 Menschen sind hier beschäftigt. Zudem wird ein guter Teil der Einnahmen für Bau und Unterhalt von Hospitälern, Schulen und Straßen in der Umgebung verwendet. In unmittelbarer Nähe liegt das **Motseng Cultural Village**. Hier bieten verschiedene Stämme Einblick in ihr kulturelles Leben.

SERVICE & TIPPS

Sun City
P.O. Box 2
Anfahrt von Pretoria über R556
Sun City 0316
✆ 014-557-1000
www.suninternational.com
Shuttle-Service zu den Parkplätzen für Tagesgäste

Am Fuße der Soutpansberg-Kette, wo sich der Nwanedi und Luphephe River treffen, liegt der Nwanedi National Park, 75 km nördlich von Thohoyandou.

8 THOHOYANDOU

Die moderne Universitätsstadt liegt zwischen sanften Hügeln, ausgedehnten Teeplantagen und Wäldern. Sehr schön ist das **Mphaphuli Cycad Reserve** 20 Kilometer nordöstlich der Stadt mit herrlichen Bäumen und reizvollen Wanderwegen. Informationen und Besuchserlaubnis erhält man bei Venda Tourism in Thohoyandou.

Nördlich der Stadt, die nach dem Häuptling der VhaVenda, *Thoho ya Ndou* (Elefantenhaupt) benannt wurde, liegt der **Lake Fundudzi**, ein bedeutendes Heiligtum der VhaVenda. Er ist der Sitz ihrer Geister und Ahnen. Dem Mythos nach lebt hier auch die Göttin der Fruchtbarkeit, die sich in Gestalt einer großen weißen Python zeigt. Ihr zu Ehren wird der Domba-Tanz aufgeführt. Die Zufahrt zum See ist nur mit Genehmigung des örtlichen Chiefs oder der Priesterin des Sees möglich. Wer sich für die Kultur der VhaVenda interessiert, sollte unbedingt die »Land of Legends«-Tour mitmachen, die die landschaftlichen Höhepunkte mit den Legenden der VhaVenda anschaulich verbindet.

SERVICE & TIPPS

Tourist Information
Im Ditike Craft Center
an der Straße nach Louis Trichardt
✆ 015-964-1577
Hier erhält man Informationen über das Mphaphuli Cycad Reserve, die Lands-of-Legends-Tour sowie über Ausflüge zum Lake Fundudzi, zum Sacred Forest und zu den Vorführungen der VhaVenda.

9 TZANEEN

Das subtropische Klima und der fruchtbare Boden im Letaba-Bezirk lassen Avocados, Mangos, Kiwis und Orangen gedeihen, Teeplantagen überziehen die Berghänge. Tzaneen ist das wirtschaftliche Zentrum dieser Region und eignet sich bestens als Ausgangspunkt für Ausflüge zu den 25 Kilometer westlich gelegenen **Debengi Falls**, wo man schwimmen und picknicken kann.

Wanderer können den 35 Kilometer langen **Dokolewa Trail** gehen, der durch prächtige Regenwälder führt. Unbedingt einen Abstecher wert ist die Fahrt durch die **Duiwelskloof**. Die kurvige Strecke durch die »Teufelsschlucht« führt durch üppige Vegetation.

SERVICE & TIPPS

Tourist Information
Im Green Rhino
Tzaneen 0850
✆ 015-307-1411
www.tzaneeninfo.com
Tourenvorschläge, Informationen über Trails. Buchungen für private Wildreservate.

Coach House
Old Coach Rd.
15 km südl. von Tzaneen
✆ 015-306-8000
www.coachhouse.co.za
Panoramablick über Berge und Täler, luxuriöse Ausstattung, hervorragende Küche. RR–RRR

Pekoe View Tea Garden
Magoebaskloof, von Tzaneen R36 in nördl. Richtung, nach 7 km links auf R71
✆ 079-514-1129, tägl. 10–17 Uhr
Romantischer Teegarten inmitten einer Plantage.

Ausflugsziel:

Mapungubwe National Park
www.sanparks.org, Eintritt R218/109 pro Person und Tag
Hoch im Norden an der Landes-

Im angrenzenden Venetia Limpopo Nature Reserve können die seltenen Hyänenhunde beobachtet werden. Anmeldung unter ✆ 015-575-265.

grenze zu Botswana und Zimbabwe liegt einer der schönsten Nationalparks Südafrikas: Mapungubwe. Im heute zum Weltkulturerbe deklarierten Gebiet lag das erste Königreich Südafrikas, das hier im 13. Jh. seine Blütezeit erlebte. Dort fand man auch das legendäre »Goldene Nashorn« und andere wertvolle Gegenstände, die auf ein hochzivilisiertes Volk schließen lassen. Etwa 5000 Menschen haben hier gelebt, bevor sie aus unbekannten Gründen das Land verließen und sich ihre Spur in Simbabwe verlor.

Doch es sind nicht nur die archäologischen Schätze, die immer mehr Besucher in den Park locken. Es ist die landschaftliche Schönheit mit ihren imposanten Felsformationen und den riesigen Baobabs, den Affenbrotbäumen. Von der Hügellandschaft blickt man hinunter auf den Zusammenfluss des Limpopo mit dem Shashe River. Ein idealer Ort für einen Sundowner. Zu den größeren Wildtieren zählen Elefanten, Giraffen, Zebras, Kudus und Wasserböcke. In den Flüssen leben Krokodile.

Im Besucherzentrum werden neben Pirschfahrten auch Touren zu der Ausgrabungsstätte und zu Felsmalereien angeboten. Diverse Übernachtungsmöglichkeiten. Es ist keine Tankstelle vor Ort.

Das subtropische Klima in den nördlichen Transvaal-Drakensbergen, wie hier bei Magoebaskloof, eignet sich bestens für den Anbau von Tee

FREE STATE HIGHLIGHTS

IDYLLISCHE ORTE UND FANTASTISCHE NATURSZENERIE IM HERZEN SÜDAFRIKAS

Die Highlights von Free State, dem früheren Oranje-Freistaat, findet man in einem bogenförmigen Streifen entlang der Nord- und Westgrenze des Königreichs Lesotho. Hier liegen einladende Städtchen wie Clarens, Bethlehem und Ficksburg inmitten satter Weidelandschaften, ausgedehnter Weizenfelder oder Obstanbauflächen. Selbst die Großstadt Bloemfontein hat sich eine gewisse Beschaulichkeit bewahrt. Die Naturparks in der Region, allen voran der Golden Gate Highland National Park mit seinem eindrucksvollen Bergszenario, sind von faszinierender Schönheit.

1 BETHLEHEM

Das reizende Voortrekker-Städtchen wurde 1864 von Buren gegründet, die hier am Ufer des großen Flusses, den sie Jordan nannten, ihr Gelobtes Land gefunden hatten. Im alten Stadtkern sind noch zahlreiche Sandsteingebäude aus der Gründerzeit erhalten geblieben. Sehenswert sind die **Moederkerk** (1910) am Church Square, das **Strapp Shop Building** (1893) und das **Magistrate's Office** (1893) in der Louw Street sowie das beeindruckende **Seminary** (1894) in der Wessels Street. Wer sich am letzten Samstag im Monat in der Stadt aufhält, sollte den **Kunstmarkt** auf der Moederkerkplein besuchen.

Für einen Spaziergang oder ein Picknick bieten sich im **Pretorius Nature Reserve** am Jordan River reizvolle Möglichkeiten. Sportlich Aktive finden im Freizeitpark **Loch Athlone** am südlichen Stadtrand von Bethlehem beste Gelegenheiten zum Schwimmen, Rudern und

Bloemfontein: die 6,50 m Statue von Nelson Mandela überblickt die Industriestadt vom Naval Hill

Reiten. Der Park ist auch Ausgangspunkt für den **Wolhuterskop-Rundwanderweg** (20 km, zwei Tage), der am Ufer des Loch Athlone und des Gerrand-Staudammes vorbei auf den Wolhuterskop führt. Von dort hat man eine großartige Aussicht.

SERVICE & TIPPS

Tourist Information Bethlehem
9 Muller St. East
P.O. Box 551, Bethlehem 9700
✆ 058-303-5732
www.dihlabeng.gov.za

Mosterdsaadjie
5 Boerbok St.
Bethlehem
✆ 058-481-2252
Ideal für ein leichtes Mittagessen. Kaffee und Kuchen.
R

2 BLOEMFONTEIN

Die Hauptstadt der Provinz Free State liegt auf 1400 Metern Höhe in der goldenen Hochveld-Prärie der Region Transgariep. Die Handels- und Industriemetropole mit einer Million Einwohnern und modernen Wolkenkratzern hat sich dennoch etwas von der beschaulichen Atmosphäre einer Kleinstadt bewahrt.

Bloemfontein bekam seinen Namen durch den Voortrekker Johannes Nicolaas Brits, der 1840 eine Quelle in der trockenen Hochebene entdeckte und sie wegen der kleinen Nelken, die dort wuchsen, »Blumenquelle« nannte. Der Ort entwickelte sich rasch, schon 1855 wurde eine Universität gegründet. Als 1910 die Südafrikanische Union entstand, wurde Bloemfontein Sitz des Obersten Gerichtshofs. In der südafrikanischen Kriminalstatistik belegt Bloemfontein als Großstadt zwar einen hinteren Platz, dennoch ist man nach Ladenschluss besser nicht mehr zu Fuß unterwegs. Wer sich einen Überblick über die Stadt verschaffen möchte, hat vom **Naval Hill** einen wunderbaren Panoramablick.

Die meisten Sehenswürdigkeiten finden sich in der President Brand Street. Den Anfang machen die **City Hall**, das Wahrzeichen der Stadt, mit ihren Türmchen und Wasseranlagen und ein Stück weiter der erhabene **Appeal Court** (1929), der Oberste Gerichtshof. Direkt gegenüber liegt der **Fourth Raadsaal** (1854) mit seiner Kuppel, das frühere Parlamentsgebäude und das einzige Bauwerk der Stadt im Stil der Pioniere. Das **National Afrikaans Literary Museum and Research Centre** beherbergt neben seiner umfangreichen Bibliothek mit Afrikaanser Literatur auch das **Afrikaans Music Museum** und das **Theatre Museum**, in denen Musikalien und Kostüme zu sehen sind. An der Ecke zur St. George's Street steht die beeindruckende **Old Presidency** (1885) im viktorianischen Stil, heute Sitz eines Kulturzentrums, und wenige Schritte weiter der **First Raadsaal** (1849), das älteste Gebäude der Stadt.

Der Fourth Raadsaal, das frühere Parlamentsgebäude von Bloemfontein

Ein Stück die St. George's Street hinunter wurde mit einer Säule die Stelle gekennzeichnet, an der einst die Bloemfontein entsprang, die allerdings nach zwei gewaltigen Fluten 1875 und 1904 versiegte. Das **Sand du Plessis Theatre** in der Markgraaf Street ist eine fantastische Konstruktion aus Glas und Beton kombiniert mit Kunstwerken. Wer dort eine Opern-, Theater- oder Ballettaufführung besuchen möchte, findet den Spielplan in der Tagespresse. Sehenswert ist auch die aus dem Jahr 1880 stammende **Twin-Spired Church** in der Charles Street, eine Kopie des Bamberger Doms.

Der **Hamilton Park** im Norden, einer der reizvollsten Parks der Stadt, beeindruckt mit seinem außergewöhnlichen Orchideenhaus und einem faszinierenden Duftgarten, der ursprünglich für Blinde angelegt worden war. Im Westen liegt **King's Park**, dessen prachtvollem Rosengarten Bloemfontein den Beinamen »Stadt der Rosen« verdankt. Er wurde 1925 vom Prince of Wales höchstpersönlich eingeweiht und weist heute mehr als 4000 Rosenbüsche und -stöcke auf. Bloemfontein hat außerdem mit dem **Franklin Game Reserve** das weltweit einzige Wildreservat, das in einem Stadtzentrum liegt, mit vielen Vögeln, Springböcken, Elenantilopen und Zebras.

Etwas außerhalb befindet sich der **Free State Botanical Garden** mit kunstvollen Arrangements heimischer Pflanzen und Kräuter und einem versteinerten Baum, der 150 bis 300 Millionen Jahre alt sein soll.

SERVICE & TIPPS

Bloemfontein Tourist Information
60 Park Rd., Willows
Bloemfontein 9300
✆ 051-405-8489
www.bloemfonteintourism.co.za
Stadtplan mit Kurzbeschreibungen einer Historical Walking Tour (5 km) zu 25 Sehenswürdigkeiten.

National Afrikaans Literary Museum and Research Centre
President Brand St., Bloemfontein
✆ 051-405-4034
Mo–Fr 8–12.15, Sa 9–12 Uhr

Free State Botanical Garden
Rayton Rd., 10 km über Dan Pienaar Dr., R702, in nordöstl. Richtung, ✆ 051-436-3530
Tägl. 8–16.30 Uhr, Eintritt R25/20
Mit schönem Restaurant. RR

Arts and Craft Market
Künstlermarkt im King's Park.
Jeden 1. Samstag im Monat.

Loch Logan Waterfront
Am King's Park, Mo–Fr 9–18, Sa 9–17, So 10–14 Uhr
Kultur- und Freizeitcenter mit Geschäften, Restaurants, Cafés und Flohmarkt.

3 CLARENS

Im Frühling, wenn die Obstbäume blühen, ist Clarens, das malerisch in einem schmalen Tal, umrahmt von eindrucksvollen Felsformationen liegt, besonders schön. In dem 1912 gegründeten Ort mit seiner heiter-beschaulichen Atmosphäre kann man wunderbar bummeln, kleine Kunstläden, Restaurants und Cafés besuchen und die alten Sandsteingebäude und Kirchen anschauen. Zum Stöbern lädt die charmante **Clarens Arts & Craft Route** ein, die zu dreizehn Künstlern und Kunsthandwerkern im Ort führt.

Einen großartigen Ausblick über das Caledon-River-Tal hat man sowohl vom **Titanic Rock** am Nordeingang der Stadt wie auch vom **Clarens Hiking Trail**, einem Verbund aus kleineren Wegen von zweieinhalb bis acht Stunden Gehzeit, der in einem Schutzgebiet am nördlichen Ende der Maluti-Berge liegt.

Wer das Abenteuer liebt, mag es auf der **Bokpoort Cowboy Ranch** mit einer ein- bis mehrtägigen Tour auf sehr zuverlässigen Pferden versuchen. Auch Mountainbike-Touren, Bogenschießen und Wandern stehen auf dem Programm. Abenteuerlust ist gefragt.

Kein Wunder, dass sich viele Künstler in Clarens ansiedeln, denn Kunst hat hier eine lange Tradition, wie die sehenswerten Felsenzeichnungen der Buschmänner (San) belegen.

SERVICE & TIPPS

Clarens Information & Tourist Centre
Market St.
Clarens 9707
✆ 058-256-1542/1189

Clementines Restaurant
Church/Van Zyl Sts.
Clarens
✆ 058-256-1616
Tägl. außer Mo Lunch und Dinner
Sehr urig, exzellente Küche. R–RR

Bokpoort Cowboy Ranch
Richtung Harrismith
✆ 083-744-4245
www.bokpoort.com
Aktivitäten für jeden Geschmack.

Bizarre Felsformationen umrahmen Clarens

Im Rustlers Valley ist Südafrikas »Szene« zu Hause, eine kunterbunte Mischung aus Aussteigern, Intellektuellen und jungen Geschäftsleuten. Hier finden viele große Partys statt, zu denen Besucher aus ganz Südafrika anreisen.

4 FICKSBURG

Der Ort an der Grenze zu Lesotho liegt herrlich am Caledon River, Namensgeber war General Johan Fick, unter dessen Führung die Basotho aus der Gegend vertrieben wurden. Ficksburg gilt in Südafrika als Synonym für Kirschen – 90 Prozent aller im Land gehandelten Früchte stammen aus dieser Region. Kein Wunder also, dass das **Cherry Festival** Mitte November zu den Highlights im kulturellen Leben der Stadt gehört. Dann gibt es hier alles, was auch nur im Entferntesten mit Kirschen zu tun hat, aber vor allem leckeren Kirschkuchen. Ein weiterer Höhepunkt ist die Kirschblüte im September, dann kommen viele Besucher, um den Baumtraum in Rosa zu erleben (www.cherry festival.co.za).

Sehenswerte alte Gebäude der Stadt sind die **Town Hall** und die **Dutch Reformed Church** sowie das **Gen. J.I.J. Fick Museum**, das dem Besucher die Stadt- und Kulturgeschichte der Region näher bringt.

Rustlers Valley eignet sich hervorragend für sportliche Aktivitäten wie Schwimmen, Wandern oder Reiten. Sehr empfehlenswert für Wanderer sind die wunderschönen, ein- und mehrtägigen Trails in der Umgebung der Stadt, die so hübsche Namen wie **Waterkloof** und **Sphinx Hiking Trail** tragen.

SERVICE & TIPPS

Tourist Information
83 McCabe St.
Ficksburg 9730
✆ 051-933-2130
www.goficksburg.co.za
Informationsmaterial zu den Trails, Festivals und anderen Freizeitaktivitäten.

Hoekfontein Game Farm
13 km Richtung Fouriesburg
✆ 071-657-4307/082-397-8055
www.oxwagon.co.za
Das ultimative Voortrekker-Feeling: im Ochsenwagen-Camp. Schlafsack mitbringen. Außerdem Schwimmen, Wanderungen, Felsmalereien anschauen.

Rustlers Valley Wanderungen
www.jacanacollection.co.za
Sphinx Hiking Trail: 2 Tage, 15 km.
Waterkloof Hiking Trail: 3 Tage Rundwanderung, 27 km.

5 GOLDEN GATE HIGHLANDS NATIONAL PARK

Wenn die Abendsonne auf das »Goldene Tor« fällt, wirkt das Zwillingsmassiv aus Sandstein wie die Eintrittspforte in ein verheißungsvolles Land. Eigenwillig geformte Sandsteingebilde bieten wunderbare An- und Aussichten. Wo immer sich ein bisschen Erde sammelt, blüht und grünt es. Zusammen mit dem **Qwaqwa National Park** nimmt der Nationalpark am Fuß der Maluti-Berge eine Fläche von 340 Quadratkilometern ein. An den Talflanken finden die Streifengnus, viele Antilopenarten und Steppenzebras Nahrung.

Zu den 130 vorkommenden Vogelarten gehören die seltenen **Felsenadler** und **Bartgeier**. Die Sommer sind hier kühl, regenreich und oft wolkenverhangen, die Winter sehr kalt. Bei Wanderungen sollte man immer warme Kleidung und Regenzeug dabei haben. Der Park kann auf Fahrstraßen oder bei Tageswanderungen von einer bis fünf Stunden Gehzeit erkundet werden. Wanderkarten gibt es in den Camps und an der Hotelrezeption.

Zwei Tage, eine gute Kondition, Bergschuhe und einen Schlafsack braucht man für die 30 Kilometer des wunderbaren **Rhebok Hiking Trail**. Der zweite Tag endet auf dem **Generaalskop** (2837m), dem höchsten Punkt im Free State mit einem fantastischen Weitblick über Lesotho, Qwaqwa und die Provinz.

SERVICE & TIPPS

Golden Gate Highlands National Park
Clarens 9707
✆ 058-255-1000
www.sanparks.org
Tägl. 7–17.30 Uhr
Eintritt R210/105 pro Person und Tag, Reservierungen über South African National Parks, vgl. S. 222.
Restaurant und Curio-Shop in Brandwag.

Basotho Cultural Village
Qwaqwa National Park
✆ 058-255-1000
Mo–Fr geöffnet
Eintritt R40, verschiedene Touren
Mit Restaurant und Curio-Shop.
Mit Vorführungen der Einwohner (Reservierung notwendig).

Trout & Mallard Restaurant, Kiara Lodge
Kurz hinter dem Westeingang des Nationalparks (Richtung Clarens)
✆ 072-805-4448/058-255-0129
Reizvolles Ambiente einer Farm aus dem 19. Jh., im Hintergrund die Maluti-Berge. Buschmann-Zeichnungen.

Sentinel Rock im Golden Gate Highlands National Park

Sportlicher Höhepunkt des Jahres ist in Harrismith der Bergmarathon im Oktober, der den Platberg hinaufführt.

6 HARRISMITH

Das 1849 gegründete Harrismith ist Startpunkt der **Highland Route**, einer Panoramaroute durch den östlichen Free State. Gut erhaltene Sandsteinhäuser – das älteste stammt von 1857 – geben dem Ort ein freundliches Gesicht. In der Gartenanlage der **Town Hall** (1907) findet man einen versteinerten Baum, der gut 150 Millionen Jahre alt ist.

Besonders während der Blütezeit sollte man einen Spaziergang durch den **Platberg Wild Flower Garden** mit seiner üppigen Wildblumensammlung, fünf Kilometer südlich der Stadt und mit kleinen Picknickstellen und Wanderwegen ausgestattet, unternehmen.

Auch der **President Brand Park** am Ufer des Wilge River lohnt einen Ausflug. Wer gerne die zweitägige Rundwanderung auf dem 27 Kilometer langen **Platberg Hiking Trail** machen möchte, sollte dies im Frühling tun, weil man dann durch ein Meer von bunt blühenden Wildblumen wandert. Im Winter muss man in dieser Region mit Schnee rechnen.

In den Curio-Shops werden wunderschöne handgefertigte Souvenirs angeboten

Im Cultural Village im Qwaqwa-Nationalpark wird gezeigt, wie die Süd-Sotho töpfern, Körbe flechten und ihr Essen zubereiten

SERVICE & TIPPS

Harrismith Tourist Information
freestatetourism.org/harrismith

Informationen zum Platberg Mountain Reserve und Hiking Trail unter www.platbergbackpackers.co.za

7 WILLEM PRETORIUS GAME RESERVE

Das 120 Quadratkilometer große Naturschutzgebiet, in dem man neben zahlreichen Vogelarten auch Breitmaulnashörner, große Büffelherden und Weißschwanzgnus beobachten kann, wurde um den Allemanskraal-Stausee in einer typischen afrikanischen Savannenlandschaft angelegt. Besonders eindrucksvoll sind die Giraffen, wenn sie im Licht der untergehenden Sonne majestätisch durch die Savanne schreiten. Man kann das Reservat auf kleinen Wanderwegen erkunden.

SERVICE & TIPPS

Willem Pretorius Game Reserve
Private Bag X07
Ventersburg 9450
✆ 057-652 2200
www.aldamestate.co.za
Highlight sind die Giraffen. Angellizenzen für den Stausee bekommt man im Aldam Estate. Es gibt Wanderwege.

NORTHERN CAPE

DIAMANTEN, SAND-DÜNEN UND WILD-BLUMENTEPPICHE

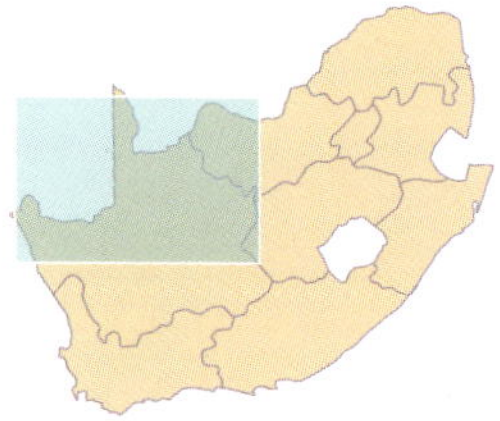

Das Northern Cape ist die flächenmäßig größte aller südafrikanischen Provinzen. Im Süden liegt die Große Karoo, im Westen das Namaqualand, im Norden die riesige Kalahari-Wüste.

Die Lebensader der Provinz ist der mächtige Orange River, ohne den in dem trockenen und heißen Gebiet keine Landwirtschaft möglich wäre. Besonders sehenswert sind die Provinzhauptstadt Kimberley und die fantastischen Naturparks entlang den Grenzen zu Botswana, Namibia und dem Namaqualand.

1 AI-AIS RICHTERSVELD TRANSFRONTIER PARK

Vor rund zehn Jahren wurden der südafrikanische **Richtersveld National Park** und das namibische **Ai-Ais Hot Springs Reserve** zu einem grenzübergreifenden *Peace Park* zusammengeschlossen. In den kommenden Jahren wird dieser sogenannte Transfrontierpark sogar bis nach Angola auf die gigantische Fläche von 190 000 Quadratkilometern ausgedehnt werden.

Der **Ai-Ais Richtersveld Transfrontier Park** mit seinen gut 1600 Quadratkilometern existiert seit 1991. Er wird von den halbnomadischen Nama besiedelt, die das Gebiet zusammen mit dem South African National Parks Board verwalten. Wild zerklüftete, trockene Lavalandschaft und weite Sandebenen bestimmen den Charakter der Landschaft. Kaum zu glauben, dass es in dieser Trockenheit eine derartige Vielfalt von Sukkulenten gibt, wie sie nirgendwo sonst auf der Welt vorkommt.

Die beste Reisezeit liegt zwischen April und Oktober. Mit dem Auto kann man eine 160 Kilometer lange Rundfahrt unternehmen, die etwa zwei bis drei Tage dauert, für Wanderer gibt es drei Fernwanderstrecken. Außerdem werden geführte Jeep- und Wandertouren angeboten.

SERVICE & TIPPS

Ai-Ais Richtersveld Transfrontier Park
Via Springbok N7 bis Alexander Bay, 94 km Schotterstraße entlang Orange River bis zum Haupteingang Sendelingsdrift/Reuning (ausgeschildert)
✆ 027-831-1506, www.sanparks.org
www.peaceparks.org
Okt.–April 7–19, Mai–Sept. 7–18 Uhr, Eintritt R243/122 pro Person und Tag
Einfahrt in den Park nur mit rückbestätigter Buchung und geländegängigem Fahrzeug.
Das Hauptquartier des Parks muss vor 16 Uhr erreicht werden, da sonst keine Weiterfahrt zu den Campingplätzen mehr möglich ist. Die Anzahl der Besucher wurde auf drei Fahrzeuge und maximal 15 Personen beschränkt. Plastikbeutel für den Müll und einen Gaskocher mitbringen, denn Feuerholzsammeln ist strikt verboten. Alle Buchungen über South African National Parks, vgl. S. 222.

Richtersveld Tours
Noord Way, Port Nolloth
✆ 027-73-651-8833
www.richtersveldtours.com
Mehrtägige geführte Abenteuertouren und Fotoreisen durch den Richtersveld National Park.

Im Richtersveld Park leben die halbnomadischen Nama. Wer sie oder ihre Lager fotografieren möchte, sollte um Erlaubnis fragen

Im Hochsommer steigen die Temperaturen auf über 50 Grad Celsius.

Witzig sind die Sukkulenten namens »Halfmen« (Pachypodium namaquanum), die im Richtersveld Park wachsen

Im Augrabies Falls National Park hat sich der Orange River durch die Granitfelsen gegraben

2 AUGRABIES FALLS NATIONAL PARK

1967 wurden 880 Quadratkilometer Land in der Umgebung der **Augrabies Falls**, prächtiger Wasserfälle inmitten wüstenhafter Trockenheit, zum Schutzgebiet erklärt. Der Orange River überwindet erst kleine Katarakte und Stromschnellen, bevor er an der Hauptstufe tosend in die Tiefe stürzt. Von dort fließt das Wasser weiter über kleinere Fälle und schließlich in eine tiefe, 18 Kilometer lange Schlucht – ein fantastischer Anblick. Das ganze Jahr über herrscht in dieser Region große Hitze, nur zwischen Januar und März regnet es etwas. In der Trockenheit der Wüste gedeihen vorwiegend Euphorbien, Wolfsmilchgewächse in vielen Formen, daneben Köcherbäume und baumartige Aloen. An den Ufern des Orange River sprießt die Vegetation naturgemäß etwas üppiger.

Es gibt eine besonders interessante Welt kleiner Tiere im Park. Der Afrikanische Monarch ist eine Schmetterlingsart, die sich von giftigen Pflanzen ernährt und so auch ungenießbar wird. Wer von einem sechsbeinigen, spinnengleichen Monster verfolgt wird, hat es mit einem *Red Roman* zu tun. Der allerdings will einen nicht fressen, sondern sich im Schatten erholen.

Farbenfroh wie ein glitzernder Regenbogen ist die Augrabies-Eidechse, die dankenswerter Weise viele Exemplare der *Black Flies* verspeist, die die Touristen zwischen September und April ärgern.

Im Park gibt es verschiedene Trails, wie beispielsweise den fast 40 Kilometer langen **Klipspringer Hiking Trail**, für den man drei Tage braucht, aber auch kleinere Wanderwege, die man in einer Stunde bewältigen kann.

Regenbogenbunt: die Augrabies-Eidechse

Lebensader der Northern Cape Province: der Orange River

Der fünf Kilometer lange **Dassie Nature Trail** führt in einem Rundweg entlang der Schlucht. Sehr pittoresk ist der Moon Rock. Gut erschließen lässt sich der Park auch mit dem eigenen Geländewagen auf der 94 Kilometer langen Wilderness Road.

Vorsicht bei Schlangen. Unter den 19 hier vorkommenden Arten ist auch die sehr giftige Puffotter, außerdem gibt es im Park Kap-Kobras und die Schwarze Speikobra.

SERVICE & TIPPS

Augrabies Falls National Park
Augrabies 8874
✆ 054-452-9200, www.sanparks.org
Hauptgatter tägl. 7–18.30 Uhr
Eintritt pro Person und Tag R210/105

Im Infozentrum am Wasserfall gibt es Karten sowie eine kleine Ausstellung über die Geologie des Parks (tägl. 7–19 Uhr). Malariaprophylaxe empfohlen. Camps und längere Trails reservieren bei South African National Parks, vgl. S. 222. Wanderwege, Nachtfahrten.

Das Breitmaulnashorn (White Rhino) ist die größte Nashornart; es unterscheidet sich von dem etwas kleineren, aber weitaus aggressiveren Spitzmaulnashorn (Black Rhino) durch seine großen Spitzohren, das breite, stumpfe Maul und einen auffallenden Nackenhöcker

❸ KGALAGADI TRANSFRONTIER PARK

Region 14
Northern Cape

Wen die Stille und Weite der Wüste faszinieren, der fährt in den Kgalagadi Transfrontier Park an der Grenze zu Botswana. Dieses größte unberührte Ökosystem im südlichen Afrika entstand 1999 durch die Zusammenlegung des südafrikanischen Kalahari Gemsbok National Park und des Gemsbok Park in Botswana zum länderübergreifenden *Peace Park*. Die beiden Länder verwalten den Park, der mit 40000 Quadratkilometern fast doppelt so groß ist wie der Krügerpark, gemeinsam. Um die Schönheit der ockerfarbenen Sanddünen und der weiten Steppenlandschaft wirklich erfahren zu können, sollte man sich mindestens drei Tage Zeit nehmen. Als beste Reisezeit gelten die Monate März und April.

Der Transfrontier Park hat seine Grenzen zu Botswana geöffnet. Ein Geländewagen ist allerdings erforderlich. Buchung der Camps unter www.botswana tourism.co.bw.

In der Halbwüstenlandschaft gedeihen nur sehr widerstandsfähige Pflanzen wie der Kameldornbaum oder der Weißstamm, den die Raubkatzen gerne als Schattenspender nutzen. Die Tsamma, eine Melonenart, und die Gemsbokgurke, die neben ihrer Frucht auch noch eine genießbare Wurzel hat, versorgen die Wildtiere mit Flüssigkeit, wenn die Wasserlöcher ausgetrocknet sind.

Neben Raubtieren gibt es im Park große Herden von Streifengnus, Springböcken, Oryx- und Elenantilopen. Nach Regenfällen ist das Quaken der Ochsenfrösche zu hören. In Acht nehmen sollte man sich vor Sandzecken, deren Biss für Menschen äußerst schmerzhaft ist. Auch Malariaprophylaxe wird empfohlen. Um den Park kennenzulernen, bieten sich drei Fahrstrecken an, über deren Passierbarkeit man sich am Eingang informieren sollte. Dort erfährt man auch die besten Zeiten und Plätze für Tierwechsel an den Wasserstellen. Wer nicht selbst fahren möchte, kann an verschiedenen interessanten Geländewagen-Trails teilnehmen, die man jedoch vorher buchen muss.

Der König der Tiere in seinem Reich – dem Kgalagadi Transfrontier Park

Nur äußerst widerstandsfähige Bäume können in der Kalahari-Wüste überleben, sie dienen den Tieren als Schattenspender …

SERVICE & TIPPS

Kgalagadi Transfrontier Park
Kgalagadi Transfrontier Park 8815
✆ 054-561-2000
www.sanparks.org, tägl. 7.30 Uhr bis Sonnenuntergang
Eintritt R356/178 pro Person und Tag, Vorausbuchungen sind (außer für Zeltplätze) in den Weihnachtsferien und Juni–Sept. in allen drei Camps erforderlich. Buchung bei South African National Parks, vgl. S. 222. Riesiger Nationalpark (40 000 km²!) mit Wüsten und Steppen. Geführte Safari-Fahrten morgens und bei Sonnenuntergang.

… wie einer Gruppe von Antilopen

4 KIMBERLEY

Als die Welt 1867 von den zufälligen Diamantenfunden Schalk van Niekerks erfuhr, gab es für viele Glücksritter und Abenteuerlustige kein Halten mehr. 10 000 Schürfer suchten an den Ufern des Vaal ihr Heil und nicht wenige von ihnen brachten es zu großem Reichtum. Auf der Farm der Brüder de Beers wurde 1871 die größte Diamantenlagerstätte der Welt entdeckt. Hier entstand das **Big Hole**, das als das größte je von Menschenhand gegrabene Loch in die Geschichte einging. Den de Beers wurde der Rummel auf ihrem Gelände zu viel, sie verkauften das Land für 6000 Pfund an Cecil Rhodes und zogen weg. Der Unternehmer gründete auf dem Farmgebiet die **De Beers Consolidated Mines Limited** und wurde über Nacht zum Diamantmagnaten. An den enormen Gewinnen, die erwirtschaftet wurden, hatten die De-Beers-Brüder keinen Anteil, sie blieben Bauern bis an ihr Lebensende.

Der 21,25 Karat schwere Diamant »Eureka« und der 83-Karäter »Star of Africa« waren die Auslöser des Diamantenfiebers, das zur Gründung der Stadt Kimberley führte.

Mit dem Ausbruch des Ersten Weltkriegs und dem Verfall der Diamantenpreise wurden die Schürfungen eingestellt. Obwohl Kimberley auch heute noch die Nummer eins in puncto Diamanten ist, endete damit die große Zeit der Stadt.

Kimberley weist eine hohe Kriminalitätsrate auf, das sollte man unbedingt berücksichtigen. Das **Minen-Museum**, ein interessantes Freilichtmuseum mit 48 stilechten und vollständig eingerichteten Häusern aus der Goldgräberzeit um 1880 ist eine von Kimberleys Sehenswürdigkeiten. Diamanten kann man beim **Diamond Dig** suchen – eine Schürflizenz ist im Eintrittsgeld enthalten.

Bis zur Schließung 1914 hatten in der Mine von Kimberley 30 000 Arbeiter 2900 Kilogramm Diamanten geschürft – das Big Hole ist übrig geblieben

»Geborgene« Diamanten

Über das Museum hat man auch Zutritt zum **Big Hole**, in dem 30 000 Schürfer allein mit Muskelkraft 22 Millionen Tonnen Erde bewegt haben. Als die Mine 1914 für immer schloss, waren 14,5 Millionen Karat Diamanten geborgen, das entspricht 2900 Kilogramm (1 Karat = 0,2 g). Heute steht man vor einem riesigen, wassergefüllten Loch.

Interessante Eindrücke verspricht der zwei Kilometer lange **Stadtrundgang** durch das Stadtviertel **Belgravia**, das alte Kimberley, der in einer Karte, die man bei der Touristeninformation erhält, beschrieben wird. Er beginnt und endet am **McGregor Museum** in der Egerton Street. Dort liegt auch die **Duggan-Cronin-Galerie**, ein wirklich sehenswertes Museum mit einer einzigartigen Kollektion historischer Fotografien, die der De-Beers-Nachtwächter Alfred Duggan-Cronin mit einer einfachen Kamera gemacht hat.

Einen Besuch wert sind die alten europäischen Meister und die umfangreiche Sammlung afrikanischer Kunst in der **William Humphreys Art Gallery** beim Civic Center. Aus der ältesten Flugschule Südafrikas (1913) entstand das **Pioneers of Aviation Museum** südlich der Stadt. Fluggeschichte wurde aber schon 1911 geschrieben – mit einem Non-Stop-Flug von immerhin 8,5 Minuten. Kimberley hat die wohl ältesten Drive-in Pubs, die es gibt: das **Half Way House** an der Ecke Egerton und Main Street und den **Pub des Kimberlite Hotel**. Der Kunde fuhr vor, blinkte und wurde am Fahrzeug bedient. Cecil Rhodes kam häufiger zu Pferd und ließ sich sein Bier im Sattel kredenzen. Heute werden die Drive-in Pubs hauptsächlich als Parkplätze genutzt.

Ein besonderer Genuss ist eine Fahrt in der historische Straßenbahn, die am Minen-Museum startet und in 20-minütiger Fahrt zu lokalen Attraktionen fährt.

Eine 90 Meter lange Aussichtsplattform führt vom Visitor Centre direkt über das Big Hole.

SERVICE & TIPPS

Kimberley Tourist Information
121 Bultfontein Rd.
Kimberley 8300
✆ 053-830-6779
www.solplaatje.org.za
Mo–Fr 7.30–17, Sa 8–12 Uhr

Galeshewe Township Tour
Molyneux Rd., Kimberley
✆ 053-820-6779
Buchung über Tourist Information
Geführter Spaziergang oder Fahrradtour durch das historische Township Galeshewe.

Duggan-Cronin Gallery
4 Egerton Rd., Kimberley
✆ 053-839-2700
Mo–Fr 9–16 Uhr
Eintritt auf Spendenbasis
Sammlung historischer Fotos.

Kimberley Mine Museum
Tucker St., an der Westseite des Big Hole, Kimberley
✆ 053-839-4600/053-830-4417
Tägl. 8–17 Uhr
Eintritt R100
Freilichtmuseum mit Häusern aus der Goldgräberzeit.

McGregor Museum
Atlas St., Kimberley
✆ 053-839-2700
www.museumsnc.co.za
Mo–Sa 9–17, So 14–17, Fei 10–17 Uhr, Eintritt R25/15
U.a. archäologische Sammlung.

William Humphreys Art Gallery
Cullinan Crescent, beim Civic Centre Kimberley
✆ 053-831-1724
www.whag.co.za
Mo–Fr 8–16.45, Sa 10–16.45, So/Fei 9–12 Uhr, Eintritt R5
Sammlung europäischer Meister und afrikanischer Kunst.

Occidental Restaurant und Bar
Big Hole Complex
✆ 053-832-2668
Tägl. 12–22, So bis 14 Uhr
Ideal für Mahlzeiten nach dem Museumsbesuch. RR

Star of the West
North Circular Rd., Kimberley
✆ 053-832-6463
Gemütlicher Pub, Fassbier, einfache Mahlzeiten. R–RR

❺ KURUMAN

Das »Auge von Kuruman« ist ein kleiner Quellsee mitten in der Stadt Kuruman – eine grüne Oase in einer halbwüstenhaften Landschaft

Schon der berühmte Afrikaforscher David Livingstone erfrischte sich am **Eye of Kuruman**. Das »Auge von Kuruman« ist die wasserreichste Quelle der südlichen Hemisphäre, ein wahres Naturwunder – täglich sprudeln bis zu 30 Millionen Liter Wasser ans Tageslicht.

Um die Quelle herum erstreckt sich ein hübscher kleiner Park, der zum Picknicken einlädt. Fünf Kilometer außerhalb liegt die Station der **London Missionary Society**, die der britische Missionar Dr. Robert Moffat 1826 gründete. Einige Jahre später baute er eine gewaltige Kirche mit ausgezeichneter Akustik, in der noch heute Gottesdienste abgehalten werden. Moffat hat die Bibel erstmals in die Tswana-Sprache übersetzt und drucken lassen.

Dr. Robert Moffat gründete 1826 die London Missionary Society, die man heute besichtigen kann

SERVICE & TIPPS

Tourist Information
Main St., Kuruman 8460
✆ 053-712-1001/9334
www.visitkuruman.co.za
Mo–Fr 7.30–13 und 14–16.30 Uhr
Plan für den Kuruman Hiking Trail zu den wichtigsten Sehenswürdigkeiten des Ortes.

London Missionary Society
5 km nördl. der Stadt
Thompson Ave.
Kuruman
✆ 053-712-1352
Mo–Sa 8–17, So/Fei 15–17 Uhr

6 NAMAQUA NATIONAL PARK

Von der Wildblumenzeit im Frühling einmal abgesehen, wirkt das Namaqualand doch eher karg. Kaum zu glauben, dass hier 3500 Pflanzenarten beheimatet sind. Dabei handelt es sich zumeist um wasserspeichernde Sukkulenten, darunter 1000 endemische Arten. Wenn hier jedoch die Blütezeit beginnt, kennt die Natur kein Halten mehr. Dann verwandelt sich die Landschaft in ein farbenprächtiges Blütenmeer.

Die schönste Blühregion im Park ist das 1988 angelegte **Skilpad Wild Flower Reserve**, in dem es einen fünf Kilometer langen Rundweg gibt.

Die kürzlich hinzugefügte **Groen-Spoeg Coastal Section** ist die einzig nennenswerte unberührte Region der Namaqualand-Küste. Obwohl sich der Park insgesamt noch in der Entwicklung befindet, bietet er heute neben der Skilpad Circular Route auch zwei Wanderwege (jeweils 2 Stunden), rund 220 Kilometer Straßen (nur 4x4) und eine 25-Kilometer-Route mit herrlichen Aussichtspunkten nach Soebatsfontein.

Es gibt verschiedene, sehr einfache Zeltplätze ohne Elektrizität sowie gut eingerichtete Chalets. Infozentrum, Shop und Kiosk in Skilpad während der Blühsaison.

SERVICE & TIPPS

Namaqua National Park
An der N7 Richtung Namibia,
67 km nördl. von Springbok
✆ 027-672-1948
www.sanparks.org
Blühzeit Juli–Sept., tägl. 8–17 Uhr
Eintritt R85/43 pro Person und Tag
3500 Pflanzenarten, darunter viele Sukkulenten. Kleines Informationszentrum im Park.

Springbok – die Hauptstadt des Namaqualandes war einst Zentrum des Kupferabbaus, heute steht die Diamantenindustrie im Vordergrund

7 SPRINGBOK

Springbok ist die Hauptstadt des Namaqualandes. Früher lebten große Springbok-Herden in den kargen Tälern, daher der Name. Als man in der Region Kupfervorkommen entdeckte und mit dem Abbau begann, wurden die Herden vertrieben. Die für den Transport der Erze gebaute Schmalspurbahn existiert zwar nicht mehr, dafür kann man die alte Dampflok **Clara** immer noch bewundern, sie ist im Minenmuseum von **Nababeep**, einige Kilometer von Springbok entfernt, ausgestellt. Dort gibt es auch die Möglichkeit, eine der letzten noch in Betrieb befindlichen Kupferminen zu besichtigen. In der wirtschaftlichen Bedeutung für Springbok hat heute die Diamantenindustrie dem Kupferabbau den Rang abgelaufen.

Im Frühling während der Wildblumensaison erlebt die Stadt einen großen Ansturm von Naturfreunden. Besonders das **Goegab Nature Reserve**, das die einzigartige Pflanzenwelt des Namaqualandes in seiner ganzen Fülle zeigt, ist dann gut besucht. Wanderern kann der zweitägige **Skaaprivier Hiking Trail** empfohlen werden, er führt durch einen sehr schönen Canyon. Auskünfte dazu gibt es bei der Tourist Information.

SERVICE & TIPPS

Tourist Information Centre
Namakwa St., Springbok 8240
✆ 027-712-2011
Mo–Fr 7.30–16 Uhr
Im Frühjahr nach den besten Blühregionen erkundigen.

Mining Museum Nababeep
Nababeep, 11 km westl. von Springbok
Mo–Fr 10–13, 14–17, Sa 10–13 Uhr

Goegap Nature Reserve
16 km östl. gelegen
Tägl. 8–16.30 Uhr
Neben der berühmten Halbwüsten-Vegetation ist auch der Hester Malan Wild Flower Garden sehenswert. Wanderwege und Rundwege für Autos.

Springbok Restaurant
37 Voortrekker St., Springbok
✆ 027-712-1321
Gute Speisekarte. R–RR

Die Oranjerivier Wine Cellars gehören zu den größten des Landes. Weinprobe: Mo–Fr 10–17, Sa 10–14 Uhr.

8 UPINGTON

Ausgeklügelte Bewässerungsmethoden sorgen dafür, dass um Upington herum von Zitrusfüchten über Baumwolle bis hin zu Datteln und Wein fast alles gedeiht, und das inmitten einer Halbwüste, die gerade mal für Schafe genug Nahrung bietet. Upington am Orange River ist der ideale Ort, um erschöpfte Ressourcen wieder aufzufüllen.

1871 hatte Christian Schröder die Missionsstation **Olyvenhoutsdrift** gegründet und ein Bewässerungssystem eingeführt, das sich als Segen für die Region erwies. Sehenswert ist in dem Städtchen das **Kalahari Oranje Museum** in der Schröder Street. Die bronzene Maultier-Skulptur vor dem Museum würdigt den unermüdlichen Einsatz der Tiere bei der Erschließung des Orange-River-Tals. Küstenfeeling stellt sich ein, wenn man die mit 1041 Metern längste **Palmenpromenade** der südlichen Hemisphäre hinabschlendert. Sie befindet sich auf einer Insel im Orange River, die über eine Fußgängerbrücke zu erreichen ist. Und noch ein Superlativ hat Upington zu bieten: Die längste Flugzeuglandebahn der südlichen Hemisphäre mit 4900 Metern. Man munkelt, dass sie der NASA als Notlandeplatz für das Space Shuttle diene.

SERVICE & TIPPS

Tourist Information
Schröder St.
Upington 8800
© 054-332-6064
www.upington.com
Mo–Fr 8–12.30 und 14–16.30 Uhr
Broschüren, Übernachtungsinfos.

Kalahari Oranje Museum
Schröder St., Upington
Mo–Fr 9–12.30, 14–17 Uhr
Heimatkundliche Sammlung.

Cafe Zest
49 Schröder St., Upington
© 054-332-1413, Mo–Sa 9–22 Uhr
Guter Tipp für alle Mahlzeiten. RR

O'Hagan's
20 Schröder St., Upington
© 054-331-2005
Irish Pub.

Upington liegt inmitten einer Halbwüste und ist dennoch umgeben von Obstplantagen, die dank eines ausgefeilten Bewässerungssystems hervorragend gedeihen

VISTA POINT RUNDREISE DURCH SÜDAFRIKA

Die Route

Südafrika ist zu jeder Jahreszeit eine Reise wert. Im Winter sind einige Bergstraßen wie beispielsweise der Sani Pass geschlossen und in der Regenzeit sollte man sich bei Ausflügen, die von den großen Straßen wegführen, nach der Passierbarkeit der Strecke erkundigen.

Man kann Monate in Südafrika verbringen und immer noch das Gefühl haben, längst nicht alles Interessante gesehen zu haben. Kapstadt und seine vielseitige Umgebung bieten Sehenswertes für mehr als eine Woche, allein das Weinland ist eine Reise für sich wert, und die vielen Wildparks machen es schwer, eine Auswahl zu treffen.

Drei Wochen reichen, um Südafrikas Highlights zu sehen, wenn die Reise gut organisiert ist. Doch eines ist fast sicher: Danach hat man Lust auf mehr und kommt wieder, um einzelne Regionen genauer zu erforschen oder in Gebiete zu reisen, die weiter abseits liegen wie beispielsweise das Northern Cape mit seiner ungewöhnlichen Wüstenlandschaft.

Die Route beginnt in Kapstadt, der lebhaften Metropole am Südzipfel Afrikas, und führt durch das beschauliche Weinland in einem Bogen hinunter an die Küste, wo man Wale beobachten oder in den Paradiesen Wilderness und Tsitsikamma des Garden Route National Parks die Natur erkunden kann. In Knysna sind Austern und in Oudtshoorn Straußenfleisch beliebt. Altes Siedlungsland bringt die Kulturen der schwarzen Bevölkerung wie Xhosa und Zulu näher und auf den Spuren der Voortrekker erfährt man vieles über

jene Afrikaner europäischer Abstammung, die tiefer in südafrikanisches Land eingedrungen sind, um dort Rinder und Schafe zu züchten. In Grahamstown haben sich ab 1820 vorwiegend Handwerker aus England niedergelassen und der Stadt ihren »Stempel« aufgedrückt; die vielen indischen Mitbürger wiederum verleihen Durban ein ganz besonderes Flair.

Hinweis: Stellt man Fotos von bedrohten Tierarten wie z.B. Nashörner in Social Media, unbedingt darauf achten, die GPS-Daten auszuschalten, da man sonst Wilderern ungewollt den Aufenthaltsort der Tiere zeigt.

Mindestens ebenso bedeutend wie die kulturelle ist die landschaftliche Vielfalt Südafrikas. Sie reicht von der windzerzausten Küste über das fast europäisch anmutende Weinland, die karge Karoo, die dramatische Welt der Drakensberge und die atemberaubende Aussicht über den Blyde River Canyon bis zur pastellfarbenen Hügellandschaft im Ithala Game Reserve.

Unterwegs begegnet man Tieren, die man bisher nur aus dem Fernsehen kannte: Elefanten im Addo Elephant und im Krügerpark, Krokodile und Nilpferde in den St. Lucia Wetlands, Adler und Geier in den Drakensbergen; man beobachtet Löwen und Geparden, Hyänenhunde und Schakale, farbenprächtige Vögel, grazile Antilopen, massige Nashörner und Büffel aus wenigen Metern Entfernung. In der Nacht lachen die Hyänen, und bei einem Sundowner werden am Lagerfeuer die Erlebnisse des Tages ausgetauscht.

Flamingos – nur eine von unzähligen Vogelarten, die man auf der Reise durch Südafrika zu sehen bekommt

Namib
Naukluft
Park
Namib
Swakopmund
Walvisbucht
Swakop
Kuiseb
Windhoek
Gobabis
Rehoboth
Stampriet
Hardap N.R.
Mariental
Maltahöhe
Auob
NAMIBIA
Kgalagadi Transfrontier Park
Mata Mata
Helmering-hausen
Diamond Area
Atlantic Ocean
Twee Rivieren
Molopo
Keetmanshoop
Lüderitz
Aus
Klein-Karasberge
Groot-Karasberge
Askham
Van
Kalaha
Molopo
Grünau
Karasburg
Ais-Ais
Ai-Ais Richtersveld National Park
Augrabies Falls National Park
Upington
Augrabies
Kakamas
Keimoes
Alexander Bay
Orange
Wildflower Area
Grobters
Steinkopf
Pofadder
Port Nolloth
Kenhardt
Namaqualand
Kleinsee
Springbok
NORTHERN
Wildflower Area
Kamieskroon
Hondeklipbaai
Garies
Brandvlei
CAPE
Strandfonteinpunt
Carnarvon
Nuwerus
Williston
Loxton
Calvinia
Strandfontein
Tankwa Karoo National Park
Vis
Roggenveld
Great Kar
Lambert's Bay
Clanwilliam
Wupperthal
Cedarberge
Karoo National Park
Citrusdal
Paternoster
Kagga Kamma
WESTERN
Vredenburg
Matjiesfontein
Prince
CAPE
West Coast National Park
Ceres
Ladismith
Oud
Wellington
Worcester
Paarl
Little Karoo
CAPE TOWN
Franschhoek
Barrydale
George
Theewaters-kloof Dam
Swellendam
Mosse Bay
Table Mountain National Park
Bredasdorp
De Hoop Nature Reserve
Cape of Good Hope
Hermanus
Gansbaai
Danger Point
Arniston
Cape Agulhas
Mediterrenean Sea
Iran
Algeria
Libya
Egypt
Red Sea
Mauretania
Mali
Niger
Chad
Sudan
Nigeria
Ethiopia
Cameroon
Somalia
Gabon
Kenya
Dem. Republic of the Kongo
Tanzania
Atlantic Ocean
Angola
Zambia
Mosambique
Zimbabwe
Namibia
Botswana
Madagascar
SOUTH AFRICA
Indian Ocean

Südafrika
160 km
ZIMBABWE
MOZAMBIQUE
BOTSWANA
SOUTHERN DISTRICT
Central Kalahari Game Reserve
Kutse Game Reserve
LIMPOPO PROVINCE
NORTH-WEST
GAUTENG
MPUMALANGA
SWAZILAND
MBABANE
FREE STATE
LESOTHO
MASERU
KWA ZULU-NATAL
EASTERN CAPE
EASTERN CAPE
Indian Ocean
Wild Coast
Serowe
Lotsane
Mahalapye
Limpopo
Messina
Louis Trichardt
Kruger-National-park
Ellisras
Polokwane
Tzaneen
Gravelotte
Strydpoortberge
Drakensberg
Lebowakgomo
Marulaneng
Gaborone
Kanye
Madikwe Game Reserve
Crocodile
Thabazimbi
Modimolle
Pilanesberg National Park
Pilgrim's Rest
Graskop
Hazyview
Nebo
Sabie
Mashishing
White River
Zeerust
Sun City
Vaalkop Dam
Loskop Dam
Mbombela
MAPUTO
Rustenburg
PRETORIA
Middelburg
Barberton
Mmabatho
Witbank
Badplaas
Lichtenburg
Soweto
JOHANNESBURG
Delareyville
Potchefstroom
Ermelo
Amsterdam
Klerksdorp
Vryburg
Harts
Vaal
Standerton
Piet Retief
Lykso
Schweizer Reneke
Kuruman
Bothaville
Paulpietersburg
Ithala Nature Reserve
Bloemhof
Kroonstad
Wilge
Newcastle
Mkuzi Game Reserve
Vryheid
Welkom
Warrenton
Bethlehem
Harrismith
Dundee
Hluhluwe-Umfolozi Game Reserve
Lake St. Lucia
Royal Natal National Park
Kimberley
Mokala National Park
Riet
Ficksburg
Ladysmith
St. Lucia
Winterton
Estcourt
Eshowe
Richards Bay
Douglas
Bloemfontein
Greytown
Kalkfontein Dam
uKhahlamba Drakensberg Park
Howick
Stanger
Hopetown
Nature Reserve
Pietermaritzburg
Strydenburg
Orange
Underberg
DURBAN
Thaba Putsoa
Tussen Die Riviere Game Reserve
Franklin
Park Rynie
De Aar
Aliwal North
Kokstad
Colesberg
Witteberge
Port Shepstone
Hanover
Steynsburg
Port Edward
Flagstaff
Bamboesberg
Elliot
Middelburg
Queenstown
Umtata
Port St. Johns
Tsomo
Coffee Bay
Hole in the Wall
Graaff-Reinet
Cradock
Mountain Zebra National Park
Winterberge
Butterworth
King William's Town
Somerset East
Groot
Addo Elephant National Park
Grahamstown
East London
Baviaanskloofberge
Tsitsikamma National Park
Uitenhage
Port Alfred
Humansdorp
Jeffrey's Bay
Port Elizabeth

❶ KAPSTADT

Die »Mutter Südafrikas« am schönsten Ende Afrikas

Achtung:
Infolge der Reorganisation der Verwaltungsbezirke wurden und werden viele Städte Südafrikas umbenannt, sodass es zu Problemen mit dem Kartenmaterial kommen kann. Aus Lydenburg wurde Mashishing und aus Hoedspruit wurde Marulaneng …

Legendär: das Kap der Guten Hoffnung

Route: Tafelberg – Waterfront – City Centre (25 km)

km	Zeit	Route/Programm
0	9.00 Uhr	Fahrt von der Innenstadt über M62 (Buitengracht und Kloof Nek Rd.) zum
9	9.30 Uhr	**Tafelberg**, Seilbahnfahrt nach oben, Rückfahrt über Kloof und Victoria Rd. zur
22	12.00 Uhr	**Waterfront**, Mittagessen, danach Besuch des **Two Oceans Aquarium**
	Nachmittag	**Stadtbummel** mit anschließendem Abendessen.

Wenn nicht gerade das berühmte »Tablecloth«, das wolkige Tafeltuch über den Bergen hängt, sollte man den Tag in **Kapstadt** (vgl. S. 20 ff.) unbedingt mit einem Besuch auf dem **Tafelberg** beginnen. Eine rotierende Seilbahn gibt allmählich den herrlichen Blick über Kapstadt und die Kaphalbinsel frei. Auf 1086 m blickt man auf drei markante Erhebungen: **Lion's Head, Signal Hill** und **Devil's Peak**. Kleine Wanderwege führen den staunenden Besucher über ein felsiges Hochplateau, überzogen mit Erikagewächsen, Proteen, Geranien und farbigen Gräsern. Im Südosten erstreckt sich die **False Bay**.

Der Rückweg führt entlang der Atlantikküste durch die Stadtteile **Clifton, Sea Point** und **Green Point** zur **Victoria & Alfred Waterfront**. Wer genügend Zeit mitbringt, kann hier mühelos einen ganzen Tag verbringen. Am besten geht man zunächst in die Information und holt sich einen detaillierten Ortsplan. Zu den historischen Gebäuden gehören der unübersehbare **Old Clock Tower** (1882) und das **Old Port Captain's Building**. Wollten Sie nicht schon immer einmal Taucher zwischen Haien schwimmen sehen? Das **Two Oceans Aquarium** bietet aber noch mehr: Robben, Schildkröten und eine unglaubliche Fischvielfalt.

Bei schönem Wetter sollte man sich zum Mittagessen ins Freie setzen und dem bunten Treiben zusehen. Zum Stadtbummel vgl. S. 22 f.

Die Königsprotea ist Südafrikas Nationalblume

Tagesausflug (180 km): Auf der M6 an der Küste entlang, zunächst am Fuß der **Twelve Apostel** nach **Hout Bay** (vgl. S. 29). Von hier gehen Boote zu Robbenkolonien. Der 600 m über dem Ozean verlaufende **Chapman's Peak Drive** (vgl. S. 28) gilt als eine der schönsten Küstenstraßen der Welt. Weiter im Süden wird das **Cape of Good Hope Nature Reserve** (vgl. S. 28) erreicht mit dem berühmten **Kap der Guten Hoffnung** und dem **Cape Point**. Auf dem Rückweg kann man in der **False Bay** evtl. Wale sehen und kurz vor Simon's Town die **Pinguinkolonie** (vgl. S. 31 f.) von Boulders besuchen.

Groot Constantia (www.grootconstantia.co.za) ist das älteste Weingut Südafrikas und unbedingt einen Besuch wert. Den Abschluss des Ausflugs bildet der **Kirstenbosch National Botanical Garden** (vgl. S. 30) mit einer Pflanzenvielfalt von über 4000 Arten. Und wer immer noch nicht müde ist, sollte eine späte Fahrt mit der Tafelbergbahn machen und einen Blick auf die beleuchtete Metropole werfen.

V&A Waterfront: Vom Nelson Mandela Gateway aus fahren Boote zur Robben Island, der legendären Gefängnisinsel, auf der Nelson Mandela fast 18 Jahre gefangen gehalten wurde

Die Route

❷ AM KAP DER EDLEN TROPFEN

Unterwegs im Weinland

Route: Kapstadt – Stellenbosch – Franschhoek – Franschhoek Pass – Sir Lowrys Pass – Elgin – Hermanus (203 km)

km	Zeit	Route
0	9.00 Uhr	Ab **Kapstadt** auf der M22/M12 nach
48	10.00 Uhr	**Stellenbosch**. Rundgang, Weiterfahrt auf der R310 nach
60	12.30 Uhr	**Boschendal**, Mittagessen, ca. 14 Uhr Weiterfahrt über R310/R45 nach
85	15.00 Uhr	**Franschhoek**, Besuch des Huguenot Memorial Museum, Weiterfahrt über R45/R321 (Grabouw), die N2 bis Botrivier, dort Richtung Hermanus nach Süden abzweigen
203	18.00 Uhr	**Hermanus**.

Museum van de Caab:* *Das Museum zeigt sehr anschaulich die Geschichte des Weinguts Solms-Delta, nordwestlich von Franschhoek (R45, Delta Rd.), ✆ 021-874-3937, www.solms-delta.co.za.

Weiße Bilderbuchhäuser im kapholländischen Stil, ehrwürdige Eichen und die malerische Bergkulisse im Hintergrund machen **Stellenbosch** (vgl. S. 42 ff.) zu einem der schönsten Orte des Landes, der darüber hinaus durch seine ideale Lage im fruchtbaren Jonkershoek Valley mit dem gemächlich mäandernden Eerste River als bedeutendstes Zentrum des südafrikanischen Weinbaus gilt. Man schlendert entlang der Dorp Straat mit ihren historischen Gebäuden und besucht das Stellenryck Wine Museum und den Kramerladen Oom Samie se Winkel. Rund um den ehemaligen Paradeplatz De Braak finden sich das Coachman's Cottage (1790), die Rheinische Missionskirche (1823) und das Kruithuis (1777), das ehemalige Pulvermagazin.

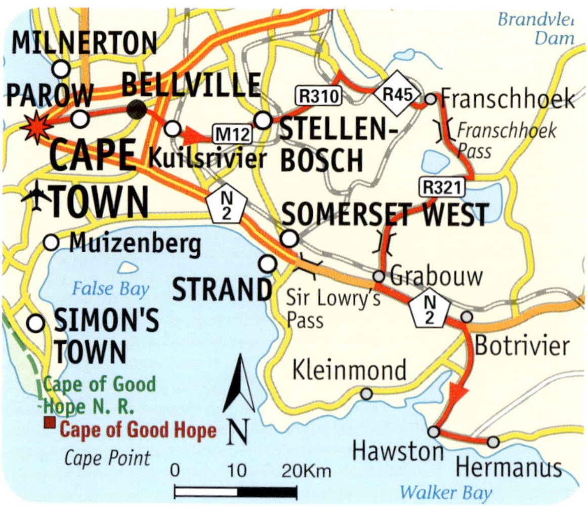

Die **Stellenbosch-Weinstraße** umfasst heute die Regionen Greater Simonsberg, Stellenbosch Berg, Helderberg, Stellenbosch Hills und Bottelary Hills mit insgesamt über 150 Mitgliedern. 32 Weingüter befinden sich in unmittelbarer Nähe von Stellenbosch, darunter berühmte Namen wie **Blaawklippen, Delheim, Lanzerac, Spier** und **Zevenwacht**.

Zum Mittagessen geht es weiter über den **Helshoogte Pass** zum ältesten Weingut **Boschendal** (1685, vgl. S. 40). Hier hat man die Wahl im hervorragenden Restaurant zu tafeln (Reservierung: ✆ 021-870-4273/4), im Café Light Lunch zu ordern oder sich mit einem gekauften Picknick gemütlich in den Park unter die Bäume zu setzen. Dazu unbedingt einen der guten Tropfen probieren!

In **Franschhoek** (vgl. S. 38 ff.), dem »Franzoseneck«, informiert das **Huguenot Memorial Museum** eindrücklich über die Geschichte der französischen Hugenotten, die in diesen Winkel Afrikas flüchteten und bis heute Spitzenweine produzieren. Über viele Kurven erklimmt man den **Franschhoek Pass** und genießt die wunderbare Aussicht auf das Weinland.

Deutlich flacher ist die Landschaft jenseits der N2, durch die man an die Küste und weiter nach **Hermanus** (vgl. S. 50 f.) fährt. Es lohnt sich, immer mal wieder anzuhalten und nach Walen Ausschau zu halten.

Obligatorisch beim Besuch in Stellenbosch: Weinproben

Weltweit bekannt für den Anbau edler Rebensäfte: Weingut in Stellenbosch

❸ SINGENDE WALE, SPRINGENDE DELFINE

Die Wal-Route

Cape Agulhas: wo der Indische und der Atlantische Ozean zusammentreffen, markiert ein Bronzeschild den südlichsten Punkt Afrikas

Route: Hermanus – Cape Agulhas – Bredasdorp – Swellendam – Barrydale (282 km)

Genaue Informationen über Wale bekommt man im Old Harbour Museum in Hermanus.

km	Zeit	Route/Programm
0	9.00 Uhr	In **Hermanus** zu Fuß entlang dem Cliff Path, Besuch des Old Harbour Museum und Abfahrt gegen 10.30 Uhr auf R326/R316/R319 über Napier und Bredasdorp zum
137	12.30 Uhr	**Cape Agulhas**, kurzer Spaziergang und Mittagessen, Weiterfahrt auf R319 und N2 nach
239	15.00 Uhr	**Swellendam**, Besichtigung des Drostdy Museum Complex (ca. 2 Std.). Weiter auf der N2 und R324 nach
282	18.00 Uhr	**Barrydale**.

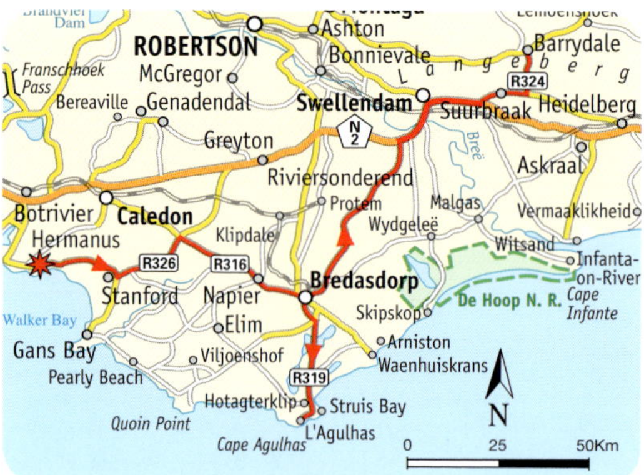

In Hermanus führt der zwölf Kilometer lange **Cliff Path** entlang der Küstenlinie und gibt einen herrlichen Blick auf den Ozean frei. Er gilt als der beste Platz auf der Welt, um von Land aus Wale zu beobachten, denn die Tiere können durch das tiefe Wasser in der Bucht recht nah ans Ufer kommen.

Wir verlassen die Küste und fahren durch das bäuerliche Hinterland zum **Cape Agulhas** (sprich: *Agallas*, vgl. S. 51), zum südlichsten Punkt des afrikanischen Kontinents, wo sich Atlantischer und Indischer Ozean treffen. Am Rückweg vom Strand liegt der Leuchtturm mit einem kleinen Museum und einem ebenso kleinen, urigen Restaurant.

Im beschaulichen **Swellendam** (vgl. S. 57) mit vielen historischen Gebäuden aus dem 18. und 19. Jahrhundert steht der **Drostdy Museum Complex** im Mittelpunkt des touristischen Interesses, und da die **Drostdy**, das Gerichtsgebäude aus dem Jahr 1747, die man durch einen schönen Garten erreicht, und das **Mayville House**. Zum Schluss sollte man das **Old Gaol**, das ehemalige Gefängnis, besuchen mit einer kleinen Ausstellung und einem Café im Innenhof, das sündhaft guten, selbst gebackenen Kuchen serviert.

Barrydale (vgl. S. 60 f.), der Endpunkt der heutigen Route, gilt als Tor zur weiten, spröden Kleinen Karoo, der Heimat der Straußenfarmen.

4 KLEINE KAROO

Im Land der Straußenbarone

Route: Barrydale – Warmwaterberg – Calitzdorp – Oudtshoorn – Outeniqua Pass – George (248 km)

Abstecher: 30 km nördlich von Oudtshoorn liegen die Cango Caves (vgl. S. 67), gigantische Kalksteinhöhlen mit beeindruckenden Tropfsteingebilden. Ein unvergessliches Erlebnis!

km	Zeit	Route/Programm
0	9.00 Uhr	Von **Barrydale** auf der R62 nach
28		**Warmwaterberg**, Besuch des Spa (ca. 2 1/2 Std.). Weiterfahrt auf R62 bis
173	12.30 Uhr	**Highgate**, 10 km außerhalb von Oudtshoorn (über R328), dort Mittagessen, Besuch der Straußenfarm. Anschließend zurück nach Oudtshoorn, weiter auf N12 Richtung Süden bis
248	18.00 Uhr	**George**.

Die **R62**, die frühere Handelsstraße zwischen Port Elizabeth und Kapstadt, führt durch die einsame Kleine Karoo von Barrydale über Calitzdorp nach Oudtshoorn. Nach etwa 30 Minuten bietet sich ein erholsamer Stopp im **Warmwaterberg Spa** mit gesundem Thermalwasser in den beiden Außenpools an (Warmbecken: 38–42 Grad).

Oudtshoorn (vgl. S. 66 f.) gilt als Hauptstadt der Straußenbarone, die es mit dem Handel von Straußenfedern zu beträchtlichem Vermögen gebracht haben. Nicht nur Staubwedel wurden exportiert, besonders die Federboas hatten es den feinen

Straußenfarm in Oudtshoorn: die Hauptstadt der Straußenbarone

Damen in den europäischen Metropolen wie Paris, London und Wien angetan.

Das **C. P. Nel Museum** gibt einen guten geschichtlichen Überblick. Wo könnte man im »Straußenland« besser zu Mittag essen als auf einer Straußenfarm? **Highgate** (vgl. S. 67) ist die bekannteste und bietet auch interessante Führungen an. Über den **Outeniqua Pass** gelangt man wieder an die Küste und nach **George** (vgl. S. 48 ff.).

5 WUNDERSCHÖNE GARDEN ROUTE (TEIL 1)

Frische Austern und zahme Elefanten

Route: George – Wilderness (Garden Route National Park) – Knysna – Tsitsikamma (Garden Route NP) (143 km)

km	Zeit	Route/Programm
0	9.00 Uhr	Rundgang durch **George**, dann auf der N2 in die
10		**Wilderness Section** des **Garden Route National Parks**.
61	12.00 Uhr	**Knysna**, Mittagessen, Shopping, nach etwa 2 Std. Weiterfahrt auf N2 zum
83	15.00 Uhr	**Knysna Elephant Park**.
143	18.00 Uhr	**Tsitsikamma Section (Garden Route NP)**.

Den kurzen Bummel durch **George** (vgl. S. 48 f.) beginnt man am besten an der Tourist Information in der York Street, wo auch der Slave Tree steht, eine Eiche, unter der auf Auktionen Sklaven verkauft wurden. Auf der York Street nach Nordwesten kommt man in der Courteny Street am **George Museum** vorbei. In der ehemaligen »Drostdy«, dem Gerichtsgebäude, werden u.a. alte Grammofone und Musikinstrumente gezeigt.

In der gleichen Straße ragt die **Dutch Reformed Mother Church**, die älteste Kirche der Stadt, in den Himmel. Folgt man nun der Meade Street, kann man die Peter and Paul Church, die älteste katholische Kirche Südafrikas, besichtigen.

Zurück in der York Street werfen wir noch einen kurzen Blick in die **St. Marks Cathedral** (1850) und erfreuen uns an den schönen Glasfenstern.

Nach kurzer Fahrt auf der N2 wird die **Wilderness Section** (Garden Route NP; vgl. S. 59) erreicht. Für einen gemütlichen Vormittagsspaziergang eignet sich der Halfcollard Kingfisher Trail entlang dem Touw River. Fernglas und Vogelbestimmungsbuch nicht vergessen!

Knysna (vgl. S. 52 ff.) gilt als beliebteste Stadt an der Garden Route – entsprechend voll ist der Ort fast zu jeder Jahreszeit. An der hübschen **Waterfront**. findet man viele nette Läden, Souvenirshops und Restaurants. Am besten einen Platz auf einer Terrasse wählen, von der aus man den kleinen Hafen im Blick hat und die Spezialität der Stadt, Austern, probieren kann. Nur Mut, sie sind köstlich!

Ein Erlebnis ist der Besuch im **Knysna Elephant Park** (vgl. S. 54). Den Futtereimer nicht vergessen, wenn man sich den Dickhäutern nähert! Immer hungrig strecken sie die feuchten Rüssel nach Leckerbissen aus. Mutige dürfen die Elefanten auch streicheln.

Der Tag endet in **Tsitsikamma** (vgl. S. 56 f.), das in der Eastern Cape Province liegt.

Die Route

Das Transport Museum, 2 Mission Street in George, besitzt eine sehenswerte Auswahl an alten Dampfeisenbahnen und Oldtimer-Autos. Gutes Café mit Snacks.

Der zweitälteste Leuchtturm Südafrikas warnt die Schiffe seit 1849 am Cape Agulhas vor der gefährlichen Küste

6 WUNDERSCHÖNE GARDEN ROUTE (TEIL 2)

Blumen, Beach und eine »Friendly City«

Route: Tsitsikamma – Jeffrey's Bay – Van Stadens Wild Flower Reserve – Port Elizabeth (220 km)

Route vgl. Karte S. 173.

km	Zeit	Route/Programm
0	11.00 Uhr	Ab **Tsitsikamma** auf N2, Abfahrt Humansdorp und nach
145	12.30 Uhr	**Jeffrey's Bay**.
170	15.00 Uhr	Zurück auf N2 bis Abfahrt Van Stadens Pass zum **Van Stadens Wild Flower Reserve**. Wieder weiter auf N2 nach
220	18.00 Uhr	**Port Elizabeth**.

Highlight für Schwindelfreie: ein Spaziergang über die Storms River Hängebrücke

Der frühe Vormittag eignet sich in **Tsitsikamma** (vgl. S. 56 f.) hervorragend für eine kleine Wanderung, z.B. zur Mündung des **Storms River** in den Indischen Ozean, wo schöne Fotomotive wie die kleine Hängebrücke über den Fluss locken. Per Fernglas kann man nach den grünen Knysna Louries Ausschau halten oder das Meer nach Walen und Delfinen absuchen.

Weiter geht es mit dem Auto über die **Paul Sauer Bridge**, die auf 139 Metern Höhe und mit einer Weite von 192 Metern den Storms River überspannt. Es lohnt sich unbedingt, anzuhalten und auf einem kleinen Spaziergang in die imposante Schlucht zu schauen.

Inzwischen hat man unbemerkt die Grenze von der Western zur Eastern Cape Province passiert. Nach Abfahrt von der N2 geht es über Humansdorp in den Ferienort **Jeffrey's Bay** (vgl. S. 52). Bei schönem Wetter sollte man hier in die Fluten springen, am Strand Muscheln suchen oder, bei gutem Wind, den Surfern zuschauen. Spezialität des Ortes ist Tintenfisch, der in verschiedenen Varianten auf fast jeder Speisekarte steht.

Am Nachmittag lohnt ein Besuch des beschaulichen **Van Stadens Wild Flower Reserve** mit Wanderwegen, Informationszentrum und Picknickplätzen (tägl. 8–17 Uhr), in dem man viele Proteenarten und Wildblumen finden kann.

Auf der N2 geht es flott weiter nach **Port Elizabeth** (vgl. S. 74 ff.), einer quirligen Großstadt mit ausgeprägtem Nachtleben. Legendär ist der **Board Walk** am Hobie Beach mit seinen Restaurants und Bars. Hier gibt es sogar ein Kasino. In den südafrikanischen Schulferien platzen die Restaurants aus allen Nähten, ohne Reservierung geht da gar nichts. Es ist ratsam, entweder mit dem Taxi zu fahren oder sich den Heimweg gut einzuprägen. Übrigens: Alkoholkontrollen werden streng und rund um die Uhr durchgeführt.

Port Elizabeth, von den Briten 1799 an der Algoa Bay als Garnisonsstandort gegründet, wird von den Einheimischen nicht nur P.E. abgekürzt, sondern auch mit dem Prädikat »The Friendly City« geehrt.

Knysna, die beliebteste Stadt an der Garden Route

7 DAS LAND DER 1820ER-SIEDLER

Morgens Kultur, nachmittags Natur – mit Elefantengarantie

Route: Port Elizabeth – Addo Elephant Park – Grahamstown (238 km)

km	Zeit	Route/Programm
0	11.00 Uhr	Ab **Port Elizabeth** zunächst 10 km auf der N2 Richtung Grahamstown, dann weiter auf der R335 nach
72	12.30 Uhr	**Addo** und in den **Addo Elephant Nationalpark**, 50 km Fahrt im Park, dazwischen Mittagessen.
122	17.00 Uhr	Abfahrt in Addo, auf R342 nach Paterson und weiter auf der N2 nach
238	18.30 Uhr	**Grahamstown**.

Die »Dung Beetles«, Kot rollende Mistkäfer, auch Pillendreher genannt, genießen im ganzen Addo Elephant Park Vorfahrt!

Wer die Wahl hat, hat die Qual, doch egal, wie man seine Freizeit in **Port Elizabeth** (vgl. S. 74 ff.) gestaltet, es ist bei dem riesigen Angebot das reinste Vergnügen. Da die Stadt sich gerne als »Hauptstadt des Wassersports« bezeichnet, liegt es nahe, den Vormittag am Strand zu verbringen, einen Tauchgang zu einem der Schiffswracks vor der Küste zu buchen oder sich auf einem Jetski zu versuchen.

Kulturell Interessierte spazieren den fünf Kilometer langen **Donkin Heritage Trail** entlang, der zu 47 historischen Plätzen und Gebäuden führt. Man bekommt einen guten Einblick in die Geschichte der 1820er-Siedler und die architektonischen Meisterleistungen aus viktorianischer und edwardianischer Epoche.

Zunächst durch das Industriegebiet von P.E., dann über Farmland erreicht man den **Addo Elephant National Park** (vgl. S. 68 f.).

Im dicht mit Busch bewachsenen Tal des Sunday River leben heute mehr als 600 Elefanten, 400 Kapbüffel, die seltenen Spitzmaulnashörner und natürlich viele Antilopenarten. Mit etwas Glück sieht man Löwen und Hyänen.

Achten Sie beim Mittagessen auf »Hapoor«, den riesigen Elefantenkopf im Restaurant. Er hat ein Loch im Ohr von einer Gewehrkugel, was seine lebenslange Abneigung gegen Menschen durchaus erklärt.

Auf bequemer Fahrtstrecke geht es durch den Park, wo an den Wasserlöchern die meisten Tiere zu entdecken sind.

Am späten Nachmittag fährt man weiter in englisches Siedlungsland nach **Grahamstown** (vgl. S. 71 f.). Die Universitätsstadt ist ganz auf Feiern eingerichtet: Sechs große Festivals finden alljährlich statt, wobei das **National Arts Festival** in der ersten Juliwoche weit über die Landesgrenze hinaus berühmt ist. Alles überragend ist der 53 Meter hohe Kirchturm von **St. Michael** und **St. George** (1824).

Die riesigen Dickhäuter kann man auch aus dem Auto beobachten; nur an entsprechend gekennzeichneten Stellen ist in den Wildparks das Aussteigen erlaubt

8 DAS LAND DER XHOSA

Durch sanfte Hügellandschaft zur Wild Coast

Frankfort, Hamburg und Berlin nannten die ersten deutschen Siedler, 5000 an der Zahl, die Orte in der neuen Heimat.

Route: Grahamstown – East London – Umtata – Port St. Johns (507 km)

km	Zeit	Route/Programm
0	9.00 Uhr	Stadtbesichtigung **Grahamstown**, Abfahrt spätestens 10.30 Uhr auf N2.
177	12.30 Uhr	**East London**, Mittagessen, anschließend Spaziergang (ca. 2 Std.), weiter auf N2.
412	17.30 Uhr	**Umtata**, tanken, weiter auf der R61 Richtung Osten bis
507	19.00 Uhr	**Port St. Johns**.

Grahamstown (vgl. S. 71 f.) hat einen sehr fotogenen Stadtkern. Am besten parkt man sein Auto in der High oder Bathurst Street, in der das **Observatory Museum** zu finden ist. Es besitzt die einzige Camera obscura der südlichen Halbkugel. Man sollte früh dort sein, denn der Andrang ist groß. Weiter geht es zur **City Hall** am **Church Square**. Wenn noch Zeit bleibt, sollte man ein bisschen Luft der **Rhodes University** schnuppern.

East London (vgl. S. 70 f.) mauserte sich von einem kleinen Militärcamp aus dem Jahre 1847 zu einer bedeutenden Hafenstadt – und so zeigt sich auch die Peripherie: Fabrikanlagen, so weit das Auge reicht. Dennoch sind das Stadtzentrum und die Strandpromenade »Esplanade« sehenswert. Für einen kurzen Aufenthalt bietet sich der Besuch im **Aquarium** und die Besichtigung des **German Settlers Monument** an.

Auf flotter Fahrt geht es auf der N2 nun wieder weg von der Küste ins Landesinnere des Xhosa-Landes. Konzentriertes Fahren ist auf dieser Strecke angesagt, denn oft sind neben Menschen auch Vieh und Hunde auf der Fahrbahn. In **Umtata** sollte man tanken, bevor es auf die R61 geht, die wieder zur Küste und nach **Port St. Johns** (vgl. S. 77) führt.

Da dieser Tag eine lange Fahrstrecke hat, ist es sehr wichtig, den Zeitplan genau einzuhalten, denn zwischen East London und Umtata gibt es nur wenig attraktive Übernachtungsmöglichkeiten. Auch ist es nicht ratsam, die kurvige R61 bei Dunkelheit zu fahren.

Ein Xhosa-Medizinmann soll einst das Hole in the Wall mit seinem Zauberstab in die Klippe geschlagen haben, damit die weißen Eindringlinge durch das Loch ins Meer gezogen werden.

Wer sich länger in East London aufhält, sollte unbedingt einen Ausflug in das **Mpongo Game Reserve** (30 km auf der N6 nach Norden) oder in das **Inkwenkwezi Private Game Reserve** (20 km auf N2 Richtung Umtata) machen. Zu den schönsten Plätzen für Badeausflüge zählen **Gonubie Mouth** (20 km nördlich) und **Kei Mouth** (35 km N2 Richtung Umtata, dann 66 km R349).

Wer Zeit hat, kann von der N2 18 Kilometer vor Umtata abbiegen und auf kleiner Landstraße 80 Kilometer zur **Coffee Bay** fahren. Nicht die Abzweigung rechts zum **Hole in the Wall** verpassen (nur für Autos mit hoher Bodenfreiheit), jener spektakulären Klippe, in die die Wellen des Ozeans ein riesiges Loch geschlagen haben (vgl. S. 69).

East Londons City Hall aus dem 19. Jahrhundert

9 IM HERZEN DER EASTERN CAPE PROVINCE

Wo die Uhren noch anders gehen

Route: Port St. Johns – Port Edward – Durban (331 km)

km	Zeit	Route/Programm
0	7.00 Uhr	Ausflug zum **Silaka Nature Reserve**, zurück in **Port St. Johns**, frühstücken, Bummel durch den Ort.
14	10.00 Uhr	Ab Port St. Johns auf R61 zunächst zum **Mount Thesiger** und über Flagstaff und Bizana nach
215	13.00 Uhr	**Port Edward**, Mittagessen, Strand. Auf N2 oder alternativ R61/R620/R102 bis
331	19.00 Uhr	**Durban**.

Es lohnt sich, zeitig aufzustehen, um noch vor dem Frühstück im weichen Morgenlicht das **Silaka Nature Reserve** im Süden von Port St. Johns zu besuchen. Bei der Abfahrt am Ortsrand von Port St. Johns zunächst auf den schönsten Aussichtspunkt der Wild Coast, den **Mount Thesiger**. Hier hat man einen wunderbaren Blick auf das Mündungsgebiet des Mzimvubu River, dessen schlammführendes Wasser sich in den tiefblauen Ozean ergießt.

Weiter geht es immer entlang der R61 (keine Tankstelle!), die durch einsames Gebiet führt. Hin und wieder stehen Kinder am Straßenrand und winken, doch Anhalten führt rasch zu einem Volksauflauf. Leider wird viel gebettelt, kein Wunder, denn das Eastern Cape gehört auch heute noch zu den ärmsten Regionen Südafrikas.

Mittags wird **Port Edward** (vgl. S. 74) erreicht, der südlichste Hafen der **South Coast** in der Provinz KwaZulu-Natal. Zeit fürs Mittagessen und eine kleine Rast zum Schwimmen oder für eine Strandwanderung.

Auf der gut ausgebauten Mautstraße N2 käme man zwar schnell nach Durban, doch das wäre schade. Viel schöner ist es, weiter auf der Landstraße an der Küste zu bleiben und das Meer, die Strände und die kleinen Orte zu genießen, an den Strandpromenaden laden kleine Cafés zum Verweilen ein. Nur zu lange sollte man auch nicht »bummeln«, denn es empfiehlt sich, das Hotel in **Durban** (vgl. S. 78 ff.) vor Einbruch der Dunkelheit zu erreichen.

Wer abends in die Innenstadt und an die Strandpromenade zum Essen fährt, sollte den Wagen unbedingt in einem gut beleuchteten Parkhaus abstellen. An den »freien« Parkplätzen stehen meist selbst ernannte Parkwächter, die man erst bezahlen sollte, wenn man zurückkommt. Insgesamt eignet sich Durban nicht für abendliche Spaziergänge nach Geschäftsschluss.

Farbenprächtig gekleidete Zulu-Rikscha-Fahrer bieten in Durban ihre Dienste an

⑩ DIE KÜSTE ENTLANG ZU DEN WILDEN TIEREN

Sandstrände ohne Ende und ein Park mit Korridor

Route: Durban – Ballito – Stanger – Mtubatuba – Hluhluwe-Umfolozi Park (316 km)

km	Zeit	Route/Programm
0	9.00 Uhr	**Durban**, Stadtbesichtigung, anschließend Weiterfahrt gegen 12 Uhr auf der N2 nach
40	12.30 Uhr	**Ballito**, Mittagessen im Al Pescadore (etwa 1 Std.). Fahrt zum Hluhluwe-Umfolozi Park auf der N2 bis Mtubatuba, dann links auf die R618 und über das **Nyalazi Gate** in den Park. Durchfahrt durch die
265		**Umfolozi-Sektion**.
316	19.00 Uhr	**Hluhluwe-Umfolozi/Hilltop Camp**.

Das Gateways in Umhlanga Rocks gilt als der größte Shopping-Komplex der Südhalbkugel und bietet neben Geschäften und Restaurants viele Freizeitattraktionen.

Lohnende Abstecher: In Gingindlovu zweigt von der N2 die R66 Richtung Eshowe ab. Sie führt zum Museumsdorf **Shakaland** (vgl. S. 93), in dem der berühmte Film über den Zulukönig Shaka Zulu gedreht wurde. Wer bleiben möchte oder eine Show ansehen will, sollte vorsichtshalber vorher buchen.

Zulu-Frau im Zulu-Kraal Shakaland

Für ein kurzes Vormittagsprogramm in **Durban** finden sich Hinweise auf S. 78 ff.

Doch Stadtmenschen zieht es im Urlaub meist hinaus aufs Land. Und so geht die Fahrt weiter auf der N2 nach **Ballito**, wo man nette Restaurants zum Mittagessen am Strand findet.

Im **Hluhluwe-Umfolozi Park** (vgl. S. 94) angekommen, fährt man zunächst durch die **Umfolozi-Sektion**, die früher das exklusive Jagdrevier des berühmten Zulukönigs Shaka war.

Spätestens 19 Uhr muss man an der Rezeption des **Hilltop Camp** in Hluhluwe am anderen Ende des Parks einchecken und auch die Wanderung für den nächsten Morgen buchen. Mit etwas Glück kann man abends noch an der Nachtpirschfahrt teilnehmen.

⓫ MORGENS NASHORN, MITTAGS NILPFERD

Fahrt zum iSimangaliso Wetland Park

Route: Hluhluwe-Umfolozi Park – Nyalazi Gate – Mtubatuba – St. Lucia (164 km)

km	Zeit	Route/Programm
		Route vgl. Karte S. 182.
0	5.30 Uhr	**Morgenwanderung** im Hluhlwe-Umfolozi Park, anschließend Frühstück und Weiterfahrt durch die Hluhluwe-Sektion zurück zum
60		**Nyalazi Gate**. Weiter auf R618 Richtung Osten bis
114	13.00 Uhr	**St. Lucia Estuary**, Lake St. Lucia.
164	18.30 Uhr	**St. Lucia**.

Frühaufsteher aufgepasst: Wer sich abends rechtzeitig anmeldet, kann an der geführten Morgenwanderungen teilnehmen, die vom **Hilltop Camp** aus von zwei bewaffneten Rangern begleitet wird. Mit etwas Glück kommt man Nashörnern ganz nah und hört das warnende Schnauben der Antilopenbullen, die die Wanderer längst entdeckt haben, bevor sie selbst zu sehen sind. Manchmal kommt man an den Überresten der Nachtmahlzeit von Löwen und Hyänen vorbei.

Im Hilltop-Restaurant schmeckt das Frühstück nach so einem Ausflug und mit dem fantastischen Ausblick auf die hügelige Landschaft doppelt gut.

Das **Hluhluwe-Umfolozi Nature Reserve** (vgl. S. 94) wurde 1895 gegründet und ist somit der älteste Park in Afrika. In den 1950er Jahren machte der Park mit seiner »Operation Rhino«, durch die das Spitzmaulnashorn vor dem Aussterben gerettet wurde, internationale Schlagzeilen. Dank des großen Erfolges können wir heute nicht nur hier, sondern auch in zahlreichen anderen Parks des Landes die imposanten Dickhäuter bewundern.

Durch den Park fährt man auf dem **Mansiya Loop** zur Hauptstraße, die 1,6 Kilometer hinter dem Siwa-Samikhosikozi-Parkplatz Richtung **Seme Lookout** wieder verlassen wird. Bevor man den Park über das **Nyalazi Gate** verlässt, genießt man noch die schöne Aussicht vom **Mnqabatheki** Hill.

Breitmaulnashörner – Anfang des 20. Jahrhunderts waren sie wegen der Bodenkultivierung in Südafrika fast ausgestorben

Mtubatuba, auf der Hälfte der Strecke nach **St. Lucia**, ist nicht wirklich eine Rast wert. Allerdings gibt es dort bei Bedarf eine Tankstelle. Nach dem Mittagessen in St. Lucia bleibt genügend Zeit, das Reservat zu erforschen und sich nach Bootstouren für den nächsten Tag zu erkundigen. Interessant ist der Besuch des **Crocodile Centre**; den Geldbeutel belastet eine Visite im **Siyabonga Craft Centre**. Übrigens: Die Zulus freuen sich, wenn man »Siyabonga« zu ihnen sagt. Es bedeutet »Danke«.

Nach neun Kilometern Richtung Norden trifft man auf die Abzweigung zu den **Mission**

Rocks, einem beliebten Aussichtspunkt. Weiter auf der Hauptstraße folgt der Wanderparkplatz des **Mziki Trail**, der sich am späten Nachmittag in schönem Licht präsentiert.

⓬ ITHALA

Der schönste Wildpark des Zululandes

Kennen Sie die »Small Five« Lion Ant (Ameisenlöwe), Rhino Beetle (Mistkäfer), Leopard Tortoise (Pantherschildkröte), Buffalo Weaver (Büffelwebervogel) und Elephant Shrew (Elefantenspitzmaus)?

Route: St. Lucia – Hluhluwe – Mkuze – Ithala Game Reserve (255 km)

Route vgl. Karte S. 182.

km	Zeit	Route/Programm
0	9.00 Uhr	Bootsfahrt auf dem **Lake St. Lucia** oder Walbeobachtung auf dem Indischen Ozean. Abfahrt gegen 11 Uhr.
79	12.00 Uhr	**Hluhluwe/Ilala Weavers**, Mittagessen. Auf N2 nach
129	14.00 Uhr	**Mkuze**, evtl. tanken, nach 20 km Abzweigung auf R69 nach Westen bis
220		Abzweigung nach **Ithala.**
255	16.00 Uhr	**Ithala Game Reserve**, kleine Rundfahrt,
	19.00 Uhr	**Nachtfahrt**.

Was gibt es Schöneres, als in der Walbeobachtungszeit am Vormittag in See zu stechen und die friedlichen Riesensäuger zu besuchen, wenn ihre Fontänen wie Springbrunnen aus den Wellen aufsteigen? Nicht ganz so spektakulär, dafür aber ohne Wellengang, ist eine Bootstour auf dem **Lake St. Lucia** (vgl. S. 87).

Die Küstenzone wird verlassen und es geht wieder ein Stück landeinwärts über Mtubatuba nach **Hluhluwe**. Der Ort bietet eine besondere Attraktion: die **Ilala Weavers** und ihre Verkaufsräume.

Wer wirklich gute und hochwertige Souvenirs aus dem Zululand mitnehmen möchte, ist hier genau richtig. Über 2000 Menschen beschäftigt dieses Projekt, das somit ein wichtiger Arbeitgeber in der Region ist. Mittagessen vor Ort.

Auf der N2 geht es weiter nach **Mkuze**, einem eher unscheinbaren Ort mit Tankstelle und Supermarkt, nach etwa 20 Kilometern Abzweig Richtung Westen auf die R69 (sie vereinigt sich später ein kurzes Stück mit der R66 – aber nicht verunsichern lassen!) und bis zum Hinweisschild zum **Ithala Game Reserve** (vgl. S. 95 f.).

Falls man rechtzeitig ankommt, kann man vor dem Einchecken an der Rezeption unmittelbar nach dem Main Gate rechts den Loop über **Kwankosazana** nach **Hlengethwa** einschlagen.

Beim Einchecken meldet man sich für das Abendessen an und bucht die Nachtpirschfahrt. Übrigens: Die Bar ist gemütlich und der Barkeeper lässt sich gerne um das Auflegen afrikanischer Musik bitten. So vergeht die Zeit bis zur nächtlichen Tour im Flug.

Am besten kann man die Tiere an den Wasserstellen beobachten, wie diese Streifengnus, die in großen Herden leben

⑬ VOORTREKKER-LAND

Weites Land mit wechselhafter Geschichte

Route: Ithala Game Reserve – Vryheid – Piet Retief – Badplaas – Barberton (434 km)

km	Zeit	Route/Programm
0	5.30 Uhr	Kleine Rundfahrt durch das **Ithala Game Reserve**.
33	7.00 Uhr	Frühstück im Ntshondwe Camp, Weiterfahrt auf der R69 nach
93	8.30 Uhr	**Vryheid**, zu Fuß entlang der Landdrost St. Gegen 9 Uhr weiter. Auf der R33 bis zur N17, dort etwa 36 km nach Osten, dann auf die R541 nach
367	14.00 Uhr	**Badplaas**, Light Lunch und Besuch des Mineralbads bis etwa 17 Uhr.
434	18.00 Uhr	**Barberton**.

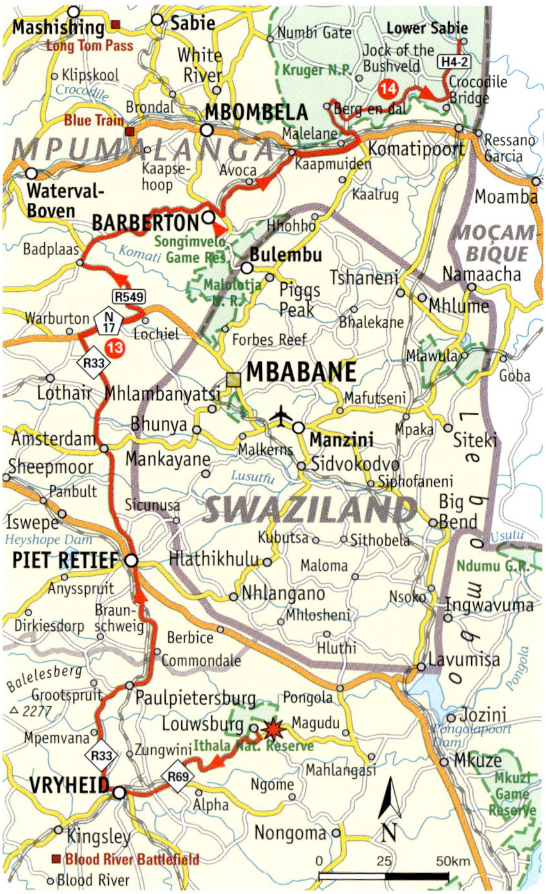

Wie bezeichnet der Engländer so schön den Frühaufsteher? *Early Bird!* Bei Dunkelheit geht es vom **Ntshondwe Camp** auf der **Ngubhu Loop** auf Pirschfahrt. Die nachtaktiven Tiere sind unterwegs zu ihren Schlafplätzen, die anderen entspannen von ihren nächtlichen Überlebenskampfträumen. Es herrscht eine friedliche Stimmung, wenn allmählich die Dämmerung den ersten Sonnenstrahlen weicht. Mit diesen Impressionen genießt man das Frühstücksbuffet doppelt.

Vryheid (sprich: *Freiheit*, vgl. S. 92), einst Hauptstadt der burischen Hoffnung »Nieuwe Republik«, fungiert heute als Ausgangspunkt für das zentrale

Zululand und die **Battlefield Route** (vgl. S. 90 ff.) zu den Schlachtfeldern der Kriege zwischen Buren und Engländern, Engländern und Zulu, Zulu und Buren.

Interessant ist ein kurzer Spaziergang entlang der **Landdrost Street** mit einigen historischen Gebäuden wie dem alten Ratssaal und Magistratssitz.

Da **Piet Retief,** der nächste größere Ort, wenig zu bieten hat, fährt man am besten bis **Badplaas,** wo man im Schwefelbad des **Forever Resort** relaxt. Gut entspannt tritt man die letzte Etappe des Tages an und erreicht nach einer guten Stunde das Goldgräberstädtchen **Barberton** (vgl. S. 117).

Tagestour und Abstecher zur Battlefield Route: Folgt man der R69, so kommt man zur Abzweigung, die zum wohl legendärsten Wahrzeichen einer siegreichen Schlacht der Buren gegen die Zulu führt: zum **Blood River Monument** (vgl. S. 91). Am 16. Dezember 1838 kämpften 470 Voortrekker erfolgreich gegen eine Übermacht von über 12 000 Zulukriegern. Erfolglos waren die 4000 »Impis«, wie die Zulukrieger genannt werden, auch in **Rorke's Drift**. Dort unterlagen sie 1879 gerade einmal 110 Briten, die kurz vorher eine fatale Niederlage in **Isandhlwana** einstecken mussten.

Ältestes Reservat im Königreich Swasiland: das Mlilwane Game Reserve

Als Alternativroute bietet sich von Ithala eine Fahrt durch das kleine Königreich **Swaziland** an, oft beschrieben als die »Schweiz Afrikas«. Über die R69 und dann auf der R66 überquert man nach kurzen Formalitäten die Grenze bei **Golela**. Weiterfahrt durch die schöne Landschaft über **Big Bend, Manzini** nach **Mbabane** und **Pigg's Peak**. In **Bulembu** führt die Straße dann nach **Barberton**. Zu den Highlights von Swaziland zählen das königliche **Ezulwini Valley**, das **Mlilwane Game Reserve** und das **Malolotja Nature Reserve**, die alle an der beschriebenen Strecke liegen. Weiter östlich ist das **Hlane Game Reserve** sehr besuchenswert.

⑭ BIG FIVE COUNTRY

Krügerpark (1)

Die Broschüre »Find it« beinhaltet alle interessanten Informationen zum Thema Geologie, Tier- und Pflanzenwelt des Krüger-Nationalparks.

Route: Barberton – Malelane – Berg-en-Dal – Lower Sabie (168 km)

km	Zeit	Route/Programm Route vgl. Karten S. 186, 190.
0	11.00 Uhr	**Barberton**, Besichtigung zu Fuß, dann über R38 und N4 zum Krügerpark
80	12.00 Uhr	**Malelane Gate/Krügerpark** (vgl. S. 120 ff.).
92	12.30 Uhr	**Berg-en-Dal**, Mittagessen. Auf dem **Majulu Loop** (Aussichtspunkt!), weiter S114, **Crocodile River Road** (S25), auf S104, H5 und über **Gomondwane Road** (H4-2) nach
168	18.00 Uhr	**Lower Sabie**.

Mehr als 17 000 Elefanten leben im Krügerpark – mehr als er eigentlich verkraften kann …

Barberton (vgl. S. 117), in dem Graham Barber und seine beiden Cousins 1884 einen Goldrausch auslösten, liegt im De Kaap Valley, bekannt durch seine über vier Milliarden Jahre alten Felsformationen. Binnen kürzester Zeit blühte der Ort auf und verwandelte sich von einem primitiven Camp zu einem bedeutenden Städtchen mit besonders vielen Bars und Spielsalons, in denen die Goldgräber nach harter Arbeit in den Claims ihre Nuggets meist wieder verspielten. Heute noch zeugen die Fassade der **Gold Stock Exchange**, der ersten Börse Südafrikas, das **Stopforth** und **Fenlea House**, Konstruktionen aus Eisen und Holz, und das viktorianische **Belhaven Museum** von der guten alten Zeit.

Kurvenreich geht es auf der R38 und anschließend auf N4 zur Abzweigung zum **Malelane Gate** des **Krügerparks** (vgl. S. 120 ff.). Am Eingang sollte man sich eine Detailkarte des Parks kaufen. Auf dem **Majulu Loop**, der sich durch das hügelige Malelane Bushveld schlängelt, wird Berg-en-Dal verlassen.

Die **Crocodile River Road**, eine alte Handelsstraße, führt durch flache, von Dickicht überzogene Landschaft, aus der ganz unvermittelt Giraffenköpfe ragen und Elefanten, Büffel und Breitmaulnashörner auftauchen können. Über die **Gomondwane Road** (H4-2) gelangt man direkt nach **Lower Sabie**. Die Camptore schließen je nach Jahreszeit zwischen 17.30 und 18.30 Uhr.

Bei rechtzeitiger Ankunft sollte man nach dem Einchecken noch eine kleine Runde drehen, weil sich im Abendlicht besonders schöne Fotos aufnehmen lassen und viele Tiere an die Wasserlöcher kommen.

Geführte Touren durch die Nationalparks ermöglichen die unmittelbare Nähe zu den Tieren

⑮ BIG FIVE COUNTRY

Krügerpark (2)

Route: Lower Sabie – Skukuza – Tshokwane – Satara (192 km)

km	Zeit	Programm
0	6.00 Uhr	Kleine Rundfahrt auf S29/S12/H10.
41	8.00 Uhr	Frühstück in **Lower Sabie**. Weiterfahrt auf der H4-1 nach
87	11.30 Uhr	**Skukuza**, Besuch des Museums, Mittagessen (ca. 2 Std.). Weiterfahrt nach Tshokwane/Orpen Dam auf der H1-2/H110 (2 km, dann links Beschilderung Orpen Dam folgen).
140	15.30 Uhr	**Orpen Dam**, weiter auf H1-3 nach
192	17.30 Uhr	**Satara**.

Als abwechslungsreiche Alternative von **Lower Sabie nach Skukuza** bietet sich die Route über die H4-1/S21/S114 (10 km länger) an. Nach dem Mittagessen könnte man auch die Pirschfahrt nach **Satara** über die H1-2/S83/S36/ S125/H1-3 fortsetzen.

Der Morning Walk startet um 4.30 Uhr im Sommer und 5.30 Uhr im Winter (am Vortag beim Einchecken anmelden).

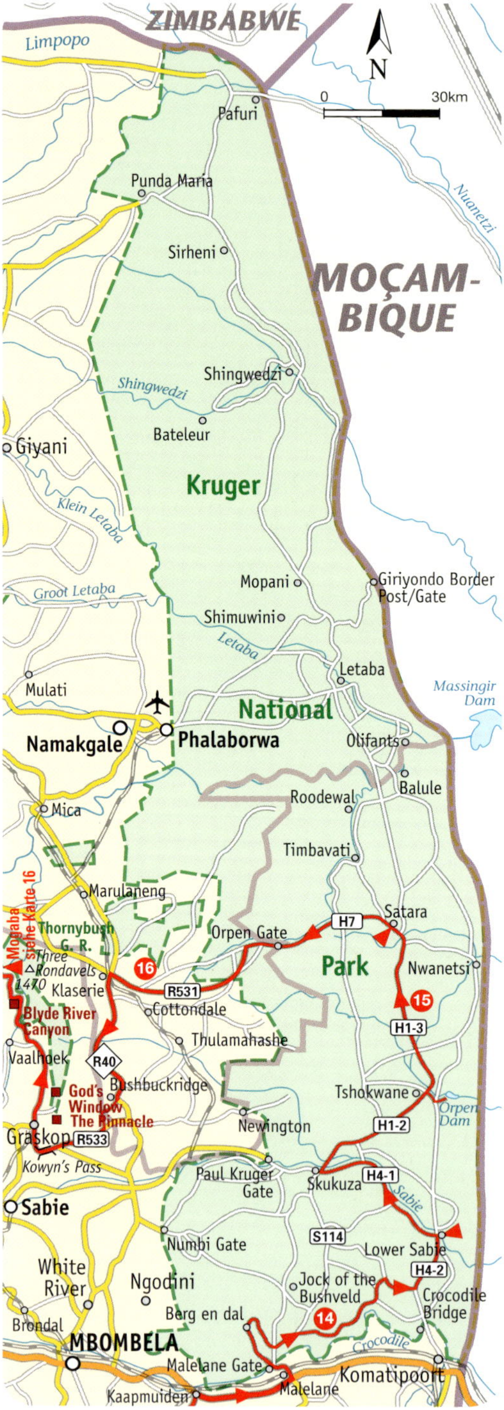

Tiere sind Frühaufsteher, deshalb sollte man bereits vor dem Frühstück die erste Pirschfahrt unternehmen. Hierfür bietet sich die Strecke über den **Lower Sabie Dam** auf der **Mlondozi Road** (S29) und weiter auf dem **Muntshe Loop** (S122) an, an der die beiden Wasserlöcher **Saalbek** und **Oukraal** liegen. Auf der H10 geht es zurück zum Camp und zum stärkenden Frühstück. Natürlich kann man sich auch zu Fuß auf eine geführte Pirsch begeben.

Die **Lower Sabie Road** führt fast parallel entlang dem Sabie River durch dichte Vegetation. Einen kleinen Abstecher zum Fluss bietet der **N'watitimhiri Causeway** (S79), am **Nkulhlu-Parkplatz** kann man sich die Beine vertreten. **Skukuza** ist das größte Camp im Park und verfügt neben einem Golfplatz und zwei Swimmingpools, in denen man sich nach der Autofahrt abkühlen kann, auch über ein informatives Museum.

Am Nachmittag führt die Straße zunächst ein kleines Stück den Sand River entlang, in dessen Nähe sich häufig Elefanten aufhalten. Eines der Highlights des Parks ist der **Orpen Dam,** wo man von einem Unterstand aus einen hervorragenden Blick auf den N'waswitsontso River hat und mit bloßem Auge (aber noch besser mit Fernglas) Krokodile im Wasser erspähen kann, die geduldig darauf warten, dass sich Wasserböcke oder andere Antilopen hinab zum Wasser begeben. Auch viele Wasservögel sind hier zu sehen.

Zurück auf der H1-3 sollte man noch unbedingt einen Abstecher zu dem imposanten **Baobab Tree** machen, denn weiter südlich sind keine Affenbrotbäume mehr zu finden. Im Camp **Satara**, das in der sogenannten Marula-Savanne liegt, wird der nördlichste Punkt der Rundfahrt erreicht. Apropos Marula: Aus der Frucht des Baumes wird der köstliche Likör Amarula gewonnen. Unbedingt probieren!

⑯ LANDSCHAFTLICH EIN HIGHLIGHT

Der Blyde River Canyon

Die Route

Das Mount Sheba Nature Reserve nordwestlich von Pilgrim's Rest ist für seinen Regenwald bekannt. Es gibt zahlreiche Wanderwege.

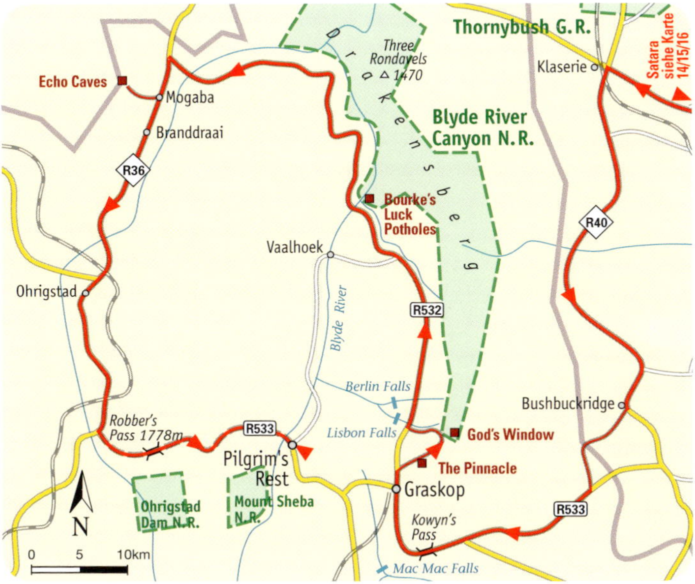

Route: Satara – Orpen – Klaserie – Graskop – Blyde River Canyon – Echo Caves – Ohrigstad – Pilgrim's Rest (294 km)

km	Zeit	Route/Programm
0	7.00 Uhr	Ab **Satara** über H7 zum
46		**Orpen Gate**, über R531 nach Klaserie, weiter auf R40, in Bushbuckridge auf R533 und über den Kowyn's Pass nach
145	10.00 Uhr	**Graskop**, Kaffeepause und über R532 mit Abstecher auf R534 zu **God's Window**, weiter zu den
185	13.00 Uhr	**Bourke's Luck Potholes** am Blyde River Canyon, Mittagessen und Besichtigung. Auf R532/R36 Abzweigung Mogaba zu den

Geparden sind die schnellsten Läufer unter den Großkatzen

225	16.00 Uhr	**Echo Caves**, Besichtigung. Weiterfahrt auf der R36 nach **Ohrigstadt** und auf der R533 über Robber's Pass nach
294	18.30 Uhr	**Pilgrim's Rest**.

Von **Satara** aus geht es durch Savannenlandschaft mit Zebras, Büffeln, Giraffen, Breitmaul- und Spitzmaulnashörnern, die den lauernden Hyänenhunden, Löwen, Schakalen und den schnellen Geparden als Beute dienen. Besonders in den frühen Morgenstunden sind sie oft noch satt in der Nähe ihrer nächtlichen Mahlzeit zu entdecken.

Am **Orpen Gate** verlässt man den Krügerpark. Über **Klaserie** führt die Route durch die Landschaft des sogenannten Lowveld wieder Richtung Süden und via **Kowyn's Pass** in das nette **Graskop** (vgl. S. 119 f.). Da das Frühstück schon eine Weile her ist, sollte man eine kleine Pause einlegen und in Harrie's Pancake Bar einen Kaffee trinken und die herrlichen Pfannkuchen probieren.

Auf der R532 Richtung Norden zunächst den **Treur River** entlang, nach wenigen Kilometern wird die Hauptstraße verlassen in Richtung der Schleife der R534, die zunächst zum Aussichtspunkt **The Pinnacle**, einer pittoresken Felsnadel, führt. Die nächste wunderbare Aussicht weit über das Lowveld bis zum Krügerpark bietet **God's Window**.

Zurück auf der R532 wird ein echtes Highlight angesteuert: die **Bourke's Luck Potholes**, tiefe, malerisch-schöne Auswaschungen am Zusammenfluss von Treur und Blyde River. Wege und Brücken führen zu den attraktivsten Stellen. Auf dem Gelände gibt es ein Selbstbedienungsrestaurant.

Three Rondavels: Die Form der drei Berge erinnert an die gleichnamigen afrikanischen Rundhütten

Die malerischen Auswaschungen des Canyon am Zusammenfluss von Treur und Blyde River heißen Bourke's Luck Potholes

Der Blyde River Canyon ist der drittgrößte der Erde. Er ist bis zu 1000 m tief und an der breitesten Stelle 5000 m breit.

Ab hier folgt die Straße dem spektakulären **Blyde River Canyon** (vgl. S. 118 f.), einer der schönsten Schluchten der Welt. Vom Aussichtspunkt **World's End** schaut man auf die Formation der **Three Rondavels** (1470 m).

Die Panoramastraße mündet in die R36, der man kurz Richtung Süden folgt, um dann rechts zu den **Echo Caves** (vgl. S. 119) abzubiegen. Meist erwartet den Besucher eine Truppe von Guides, die Führungen durch die imposante Höhle im Dolomit-Gestein, in der Werkzeuge aus der Steinzeit gefunden wurden, anbieten.

Nach **Ohrigstad** zweigt links die R533 ab und windet sich hinauf zum **Robber's Pass** (1783 m). Hier wurden bis ins späte 19. Jahrhundert Postkutschen, die Gold transportierten, überfallen. In einem der Goldgräberstädtchen endet die heutige Etappe: **Pilgrim's Rest** (vgl. S. 128).

Wer statt auf die Schleife R534 zu fahren auf der R532 bleibt, sollte einen Abstecher zu den **Lisbon** und **Berlin Falls** machen.

⑰ MPUMALANGA

Land der aufgehenden Sonne

Route: Pilgrim's Rest – Graskop – Mac Mac Falls – Mac Mac Pools – Sabie – Sudwala Caves – Waterval-Boven – Pretoria (395 km)

km	Zeit	Route/Programm
0	9.00 Uhr	**Pilgrim's Rest**, Rundgang; ca. 11 Uhr weiter über R532 und Graskop zu den **Mac Mac Falls** und **Pools** und über Sabie auf der R37/R39 zum Abstecher
73	12.30 Uhr	**Sudwala Caves**, Mittagessen und Besichtigung (ca. 2 Std.). Weiterfahrt auf R37 und der südlichen N4 nach
175	16.00 Uhr	**Waterval-Boven**, weiter auf N4 über Witbank nach
395	18.30 Uhr	**Pretoria**.

Erinnerung an »goldene Zeiten«: alte Minenlore in Pilgrim's Rest

Mpumalanga bedeutet »Land der aufgehenden Sonne« und es lohnt sich wirklich, früh aus den Federn zu kommen und nach dem Frühstück durch den alten Goldgräberort **Pilgrim's Rest** (vgl. S. 128) zu schlendern, bevor der Touristenstrom einsetzt.

»Wheelbarrow Alec«, wie die wenigen Bekannten den Eigenbrötler Alec Patterson nannten, wollte Gold in aller Abgeschiedenheit suchen, denn er hasste die großen Camps. Bis heute hätte vielleicht niemand etwas von seinen Funden erfahren, wenn nicht ein anderer Glücksritter, William Trafford, hier ebenfalls Gold entdeckt, in Plauderlaune anderen davon erzählt und einen Goldrausch ausgelöst hätte. Drei Museen erinnern an diese Zeit – **Miner's House, Pilgrim's Rest & Sabie News** und **Dredzen Shop** –, genauso wie das **Royal Hotel**.

Zwölf Kilometer nach **Graskop** stürzen die **Mac Mac Falls** 56 Meter in die Tiefe, nach weiteren zwei Kilometern und einem kurzen Spaziergang folgen die ausgewaschenen Felsenbecken der **Mac Mac Pools**.

Nach dem Mittagessen im Restaurant neben den **Sudwala Caves** (vgl. S. 127) besucht man die großen Tropfsteinhöhlen im ältesten Höhlensystem der Erde, eine Stunde dauert die Tour.

Auf dem südlichen Arm der N4 geht es parallel zum Elands River Richtung Westen. Kurz vor **Waterval-Boven** (Emgwenya, vgl. S. 130) passiert man den **Krugerhof**, das letzte südafrikanische Domizil des Präsidenten Paul Kruger, bis **Pretoria** (vgl. S. 111 ff.) erreicht ist, die Verwaltungshauptstadt Südafrikas. Der Großraum rund um Pretoria wurde zur Tshwane Metropolitan Municipality zusammengefasst, mit etwa drei Millionen Einwohnern.

Der Name Tshwane stammt übrigens aus den Anfangsjahren des 19. Jahrhunderts, als Chief Mushi, der hier mit seinem Volk siedelte, den heutigen Apies River nach seinem Sohn benannte. Übersetzt bedeutet Tshwane »Wir sind eins, weil wir zusammen leben« – ein schöneres Motto für eine Gemeinde kann es kaum geben.

Wer von Johannesburg wieder nach Hause fliegt, fährt über die N1 und R21 zum Internationalen Flughafen Johannesburg (ca. 50 km).

Pilgrim's Rest: Per Denkmalschutz konservierte Überbleibsel des Goldrauschs von 1873

⑱ VON GAUTENG IN DIE MAJESTÄTISCHE WELT DER DRAKENSBERGE

Vom »Platz des Goldes« in die Drachenberge

Route: Pretoria – Johannesburg – Heidelberg – Harrismith – Royal Natal National Park (383 km)

km	Zeit	Route/Programm
0	9.00 Uhr	**Pretoria**, Stadtbesichtigung und Weiterfahrt um 11 Uhr auf der N1/N3 bis
105	12.30 Uhr	**Heidelberg**, Mittagessen.
321	16.00 Uhr	**Harrismith**, weiter auf der R74 über den Oliviershoek Pass bis zur Zufahrtsstraße zum
383	18.00 Uhr	**Royal Natal National Park**.

Die Innenstadt von **Johannesburg** eignet sich derzeit wegen der Sicherheitsprobleme nicht für eine Besichtigung. **Gold Reef City**, der Goldgräbervergnügungspark mit Show, Shops und Restaurants, und das nahe gelegene **Apartheid Museum** sind angesagte Ausflugsziele (vgl. S. 106 f.).

Der ideale Ausgangspunkt für eine Besichtigung von **Pretoria** (vgl. S. 111 ff.) ist der Church Square mit der Statue **»Oom Paul«** (Paul Kruger) in der Mitte und den den Platz umgebenden **Old Raadsaal**, dem **Justizpalast** und dem historischen Gebäude der **Reserve Bank**. Ungewöhnlich sind das **Polizeimuseum** und das originelle **Post Office Museum** in unmittelbarer Nähe. In Nachbarschaft zur **City Hall** finden sich das **Museum of Culture**, das **Geological Museum** und das **Transvaal Museum of National History**.

Besonders sehenswert ist das **Melrose House**, in dem der Burenkrieg beendet wurde.

Einen schönen Blick über Pretoria hat man von den **Union Buildings**. Das Regierungsgebäude wurde von Sir Herbert Baker entworfen. Vor dieser schönen Kulisse leistete Nelson Mandela 1994 seinen Amtseid als erster demokratischer Präsident des neuen Südafrikas.

Vor den südlichen Toren der Stadt thront unübersehbar das **Voortrekker Monument**, das den burischen Pionieren gewidmet ist.

Da heute eine längere Fahrstrecke zu überwinden ist, sollte man eventuell eine Raststätte entlang der N3 für das Mittagessen in Erwägung ziehen. **Heidelberg** selber ist kein Ort von touristischem Interesse. Um so flotter geht es nach dem Essen auf der Schnellstraße weiter, die wir in **Harrismith** (vgl. S. 146 f.), das am Ufer des Wilge River und am Fuß des Platberg liegt, verlassen. 250 Millionen Jahre alt ist der versteinerte Baum (Petrified Tree), der neben dem Rathaus auf einer Ra-

In den Drakensbergen wird es einsam und menschenleer

senfläche liegt. Im Ortskern gibt es einige schöne Sandsteinhäuser, darunter das älteste von 1857 in der Warden Street Nummer 78.

Wir folgen der R74 bis zur beschilderten Abzweigung zum **Royal Natal National Park** (vgl. S. 101 f.). Atemberaubend liegt das **Amphitheatre** mit dem majestätischen **Mount-aux-Sources** (3262 m) vor uns im Abendlicht (sofern wir Glück haben und es nicht von Wolken verhangen ist – ein Umstand, mit dem man in den Drakensbergen immer rechnen muss!).

⑲ IM UKHAHLAMBA NATIONAL PARK

Großartige Bergwelt im Landesinneren

Route: Royal Natal National Park – Bergville – Winterton – Loskop – Giant's Castle (160 km)

The Gorge Walk ist wohl die schönste Tageswanderung im Royal Natal Park. Er folgt dem Tugela River bis zu seiner atemberaubenden Schlucht.

km	Zeit	Route/Programm
		Route vgl. Karte S. 198.
0	11.00 Uhr	Vom **Royal Natal National Park** zur R74 und nach
48	12.00 Uhr	**Bergville**, weiter R74 bis
69	14.00 Uhr	**Winterton**. Weiterfahrt auf R600 (14 km)
83	14.30 Uhr	links Richtung Loskop, nach 18 km
101	15.00 Uhr	Abzweig rechts (Ntabamhlope, Rockmount) nach
160	17.00 Uhr	**Giant's Castle**.

Wenn der Wettergott mitspielt, sollte man den Vormittag im **Royal Natal National Park** (vgl. S. 101 f.) mit einer Wanderung verbringen. Am besten lässt man sich von einem Ranger raten, was bei dem vorhandenen Zeitbudget machbar und zu beachten ist. Außerdem nach den Wetterverhältnissen erkundigen!

Für die Fahrten entlang den Drakensbergen benötigt man eine wirklich gute Karte. Die Straßen führen durch einsames Gebiet, Hinweisschilder sind rar. Auf der R74 wird zügig **Bergville** erreicht, wo sich einige Möglichkeiten zum Mittagessen bieten und kleine Souvenirshops zum Stöbern einladen. Wen es wieder in die Natur zieht, der kann einen Ausflug zum **Spioenkop Nature Reserve** (vgl. S. 103) machen, das an der Strecke nach **Winterton** (vgl. S. 103) liegt. Hier, an diesem historischen Ort, an dem sich einst Buren und Briten eine Schlacht lieferten, wurde der Tugela River gestaut. Vom Spioenkop selbst (1466 m) hat man einen schönen Blick auf die Umgebung bis hinüber zu den Drakensbergen. Der Wildpark hat einiges zu bieten: Neben Zebras, Gnus und seltenen Antilopenarten kann man auch Breitmaulnashörner beim Grasen sehen. Außerdem gibt es viele Raubvögel.

Danach wird es einsam. Die Route führt über meist gute Schotterpisten Richtung Süden, oft durch große Baumplantagen. Und immer größer baut sich vor uns die Kulisse von **Giant's Castle** (3314 m, vgl. S. 100 f.), dem »Gigantenschloss« auf, das überragt wird von den mächtigen Bergspitzen des **Injisuthi Dome** (3410 m).

An der R600 liegt das Kunsthandwerkerzentrum Thokozisa mit kleinen Läden und einem Restaurant

20 ABENTEUERLICHE FAHRT ZUM SANI PASS

Panoramastraße nach Lesotho

Route: Giant's Castle – Lower Loteni – Himeville – Sani Pass – Underberg (208 km)

km	Zeit	Route/Programm Route vgl. Karte S. 198.
0	10.00 Uhr	Von **Giant's Castle** über Lower Loteni Richtung Süden und
130	12.00 Uhr	**Himeville**, falls man mit einem 4x4-Fahrzeug unterwegs ist, wird man sich nur kurz aufhalten. Danach 3 km zurück Richtung Norden und der Beschilderung folgen zum
165	14.30 Uhr	**Sani Pass** (die Strecke kann nur mit einem geländegängigen Fahrzeug oder einem Wagen mit hoher Bodenfreiheit befahren werden). Zurück auf derselben Straße, rechts abbiegen und wieder über Himeville nach
208	17.00 Uhr	**Underberg**.

Der frühe Vormittag lädt zu einem gemütlichen Spaziergang zum **Main Cave Site Museum** (vgl. S. 101) ein, wo ein Ranger die Besucher zur Buschmann-Heimstatt begleitet und die Zeichnungen erklärt.

Auch wenn die Etappe nach **Himeville** von den Kilometern her gesehen relativ kurz erscheint, sollte man dennoch sorgfältig die Zeit berücksichtigen, die man auf einer eher schlechten Piste benötigt. Dort angekommen kann man sich entweder die Beine im nahe gelegenen **Himeville Nature Reserve** vertreten oder die Hauptstraße entlang bummeln und Mittagessen gehen. Etwa drei Kilometer zurück in nördlicher Richtung, dann zweigt links die Straße zum Sani Pass ab. Sie windet sich durch Hügellandschaft bis ins Tal des Mkhomazana River. Nun führt die kurvenreiche Straße bis hinauf zum **Sani Pass** (vgl. S. 102) in 2873 Metern Höhe! (Wer mit einem normalen Pkw unterwegs ist, kann ab der südafrikanischen Grenzstation wandern – acht Kilometer bergauf! – oder sich in Himeville, Underberg oder in einem der umliegenden Hotels einer geführten Tour anschließen.) Oben genießt man einen atemberaubenden Blick hinein ins bergige **Lesotho**. Es lohnt sich auch, die kurzen Formalitäten des Grenzübertritts nach Lesotho zu erledigen und ein Stückchen ins Land hinein zu fahren. Also den Pass nicht vergessen!

Ein echtes Erlebnis ist der Besuch der **Sani Mountain Lodge** mit gutem Essen, frisch gezapftem Bier und einer wunderbaren Aussicht! Bei der Rückfahrt beachten, dass die Grenzposten um 16 Uhr schließen. Es geht mit herrlichem Blick ins Tal zurück von Himeville nach **Underberg**, das nur sechs Kilometer südlich liegt.

Klimatische Gegensätze im Königreich Lesotho: Schnee auf den Berggipfeln und trockene Savanne im Tal

Lesotho wird wegen seiner Höhenlage auch »Königreich im Himmel« genannt. Das kleine Land hat nur 2,2 Millionen Einwohner.

Der Sani Pass ist in den Wintermonaten manchmal gesperrt. Von der Sani Lodge aus führen schöne Wanderwege von unterschiedlicher Länge in die bergige Umgebung. Im Café kann man sich aufwärmen und Rooibos-Tee genießen.

21 NACH DURBAN

Aus den Bergen an die Küste

Route: Underberg – Midmar Nature Reserve – Pietermaritzburg – Durban (232 km)

km	Zeit	Route/Programm
0	9.00 Uhr	Ab **Underberg** auf der R617 nach Osten zum
125	11.00 Uhr	**Midmar Nature Reserve**. Auf der N3 in südlicher Richtung nach
162	13.00 Uhr	**Pietermaritzburg**, Stadtrundgang oder Besuch des Botanischen Gartens. Weiter N3 nach
232	18.00 Uhr	**Durban**.

Route vgl. Karte S. 198

Zebras leben in Gruppen mit bis zu 20 Tieren, die jeweils aus einem Hengst, bis zu sechs Stuten und deren Kindern bestehen

Die kleine Landstraße windet sich durch sanfte Hügellandschaft, während die majestätischen Drakensberge im Rückspiegel allmählich immer kleiner werden, bis links die Straße zum **Midmar Nature Reserve**, dessen Herzstück der große Midmar-Stausee bildet, abbiegt. Eine gute Gelegenheit, die Beine zu vertreten oder auf der Fahrstraße nach Zebras, Gnus und anderen Antilopen Ausschau zu halten. Wer sich im Februar hierher verirrt, kann evtl. beim größten Binnensee-Schwimmwettbewerb der Welt beobachten, wie sich über 10000 Wasserathleten in den See stürzen um die *Mid-Mile-Trophy* zu ergattern.

Nach der Einsamkeit der Drakensberge und den kleinen ruhigen Landstraßen, muss man sich auf der N3 wieder auf viel Verkehr einstellen. Obwohl **Pietermaritzburg** (vgl. S. 97 ff.) 1838 von den burischen Voortrekkern gegründet und nach deren beiden Anführern Piet Retief und Gert Maritz benannt wurde, hat es eher einen englischen Kolonialcharakter. Das spiegelt sich in den vielen Häusern aus viktorianischer und edwardianischer Epoche und in den gepflegten Park- und Gartenanlagen wider. Unbedingt sehenswert ist die **Tatham Gallery** in der Commercial Road mit Werken internationaler und südafrikanischer Künstler. In der Nähe liegt die **City Hall**, das größte Backsteingebäude südlich des Äquators, mit ihren bemerkenswerten Bleikristallfenstern. Alljährlich findet hier Ende Mai/Anfang Juni der 88 Kilometer lange **Comrades Marathon** von oder nach Durban statt.

Wer doch lieber in der Natur bleiben möchte, sollte einen Besuch im **Botanischen Garten** im Süden der Stadt (von der Pine Street über den Mayor's Walk) einplanen.

Auf der N3 Richtung Süden erreicht man nach knapp 45 Minuten **Durban** (vgl. S. 78 ff.). Der **Flughafen** liegt 35 Kilometer vom Stadtzentrum entfernt (über N2/M65 Richtung Norden).

UNTERKÜNFTE

Hotels, Gästehäuser, Unterkünfte in National- und Wildparks, Campingplätze

Die nachfolgenden Übernachtungsempfehlungen sind nach Orten alphabetisch sortiert. Vollpension ist mit (VP) gekennzeichnet. Die durch Rand-Zeichen (R) angegebenen Preiskategorien stehen für eine Übernachtung im Doppelzimmer pro Person.

R – unter 200 Rand
RR – bis 500 Rand
RRR – 500 bis 1000 Rand
RRRR – über 1000 Rand

Addo Elephant National Park

Buchung über Zentralverwaltung aller Nationalparks:
South African National Parks
P. O. Box 787, Pretoria 0001
✆ 012-428-9111, www.sanparks.org

Addo Elephant National Park
Das **Hauptcamp** bietet Rondavels, Forest Cabins, Cottages und Chalets in unterschiedlicher Größe (2- bis 6-Bett-Unterkünfte, mit/ohne Bad/Dusche und mit/ohne eingerichteter Küche).
Da es stark frequentiert ist, sollte man Monate vorher buchen. Pool, Shop, Tankstelle. R–RR
In der Zuurberg-Sektion kann man einfache Safarizelte im **Narina Bushcamp** buchen. Kein Strom. Koch- und Grillmöglichkeiten, Dusche. RR
Der **Campingplatz** neben dem Hauptcamp ist schattig gelegen. Mit/ohne Elektroanschluss. Grillplatz. Gemeinschaftsküche/-dusche. R

Gorah Elephant Camp
P. O. Box 454, Plettenberg Bay 6600
✆ 044-501-1111
http://gorah.hunterhotels.com
Dinieren dürfen die Gäste der ersten privaten Lodge im Park in dem eleganten Gorah-Haus aus dem 19. Jh. Man wohnt in luxuriösen Safarizelten, von denen aus man Elefanten beobachten kann, die das Camp durchstreifen. RRRR

Elephant House
P. O. Box 82, Addo 6105
✆ 042-233-2462
www.elephanthouse.co.za
Geschmackvolle Lodge mit schönen Zimmern. Pool. Aktivitäten wie Reiten und Safaris in dem nahe gelegenen Addo Park. Auf Wunsch mehrgängiges Abendmenü. RRR–RRRR

Woodall Country House
✆ 083-357-2102
www.woodall-addo.co.za
Auf idyllischer Zitrusfarm gelegen.
RRR

Zuurberg Mountain Village
P. O. Box 12, Addo 6105
✆ 042-233-8300

Mit Zelt, Bier und Grill: Camping am Wochenende ist bei Südafrikanern sehr beliebt

www.addo.co.za
Historisches Landhaus am Zuurberg Pass mit 22 Zimmern. Übernachtung im Herrenhaus oder in Cottages. Pool. RRR

Homestead B&B
✆ 042-233-0354
www.homesteadbnb.co.za
Caravan- und Zeltplätze auf historischer Farm (Zufahrt von R335), nur 10 Min. vom Addo Park. Auch einfache B & B-Unterkunft. R–RR

Ai-Ais Richtersveld Transfrontier Park

Buchung über **South African National Parks**: vgl. Addo Elephant National Park S. 201
Zehn voll eingerichtete Chalets und Pool in Sendelingsdrift. In den **Camps Tatasberg** und **Ganakouriep** kleine 2-Bett-Hütten. Auf den Campingplätzen keine Elektrizität und kein Trinkwasser! Ohne Vorausbuchung kein Einlass in den Park! Auch Shops gibt es keine im Park, lediglich einen kleinen Laden und eine Tankstelle (beide nur werktags) in **Sendelingsdrift**.
In **Eksteen** (erreichbar über die R382) befindet sich eine kleine Informationsstelle (✆ 083-469-2526); kleinere, einfache Unterkünfte in der Umgebung, z. B. das Rooiberg Guest House (www.richtersveldguesthouses.co.za). R

Augrabies Falls National Park

Augrabies Falls Lodge
3 km vom Parkeingang entfernt
www.augfallslodge.co.za
Einfache Zimmer und Campingplätze. R–RR

Buchung über **South African National Parks**, vgl. Addo Elephant National Park S. 201
Rest Camp, Chalets und Cottages. Ausgesprochen schöner Platz. Die Unterkünfte haben zum Teil eine wunderbare Aussicht. R–RR
45 **Campingplätze** in schöner Lage. Sehr gute sanitäre Einrichtung.

Barberton

Diggers Retreat
P. O. Box 188, Barberton 1300
✆ 013-719-9681
Gemütliches Gästehaus mit Zimmern und Rondavels in tropisch anmutendem Garten. Gemütliches Pub.
RR–RRR

Barberton Manor
81 Sheba Rd., Barberton 1300
✆ 013-712-4826
www.barbertonmanor.com
Herrschaftliches Haus mit altem Flair und modernem Komfort. RR

Aloe Ridge Guest Farm
R38 Richtung Badplaas
✆ 082-923-5366
www.aloeridgeguestfarm.com
B&B auf Öko-Farm in traumhafter Lage. R–RR

Barrydale

The Tradouw Guesthouse
46 van Riebeeck St.
Barrydale 6750
✆ 028-572-1434
tradouwguesthouse.co.za
Rustikale Zimmer in Farmhaus (4 km außerhalb). Mit Restaurant. Internetzugang. Fahrradverleih.
R–RR

Beaufort West

Beaufort Manor Country House
13 Bird St.
Beaufort West 6970
✆ 023-415-2175
www.beaufortmanor.co.za
Designer-Gästehaus mit Suiten und eleganten Cottages. Dinner auf Wunsch. RR–RRR

Matoppo Inn
7 Bird St.
Beaufort West 6970
✆ 023-415-1055
www.matoppoinn.co.za
Historisches Landgerichtsgebäude aus dem Jahr 1834 mit antiker Einrichtung. Neun Doppelzimmer, darunter auch behindertengerecht ausgebaute. Candlelight Dinner möglich. RR–RRR

Bela-Bela (Warmbath)

ATKV Klein Kariba Holiday Resort
Old Nylstroom Rd., Bela-Bela 0480
✆ 014-736-9800
www.atkvresorts.co.za

Luxuriöses Ferienresort mit Apartments, Chalets, Log Cabins und eingerichteten Zelt-Lodges. Für jeden Geldbeutel geeignet. Mineralbad mit Warmwasserbecken. Viele Freizeitmöglichkeiten wie Reiten, Squash, Minigolf, Wandern. R–RRR

Bethlehem

Die Nes
3 Van Raalte St., Bethlehem 9700
✆ 058-303-4073
Farbenfrohes Haus mit vier Zimmern. Sehr gemütlich. R–RR

Fisant Bokmakierie
10 Thoi Oosthuyse St., Bethlehem 9700
✆ 058-303-7144
Elf Zimmer in charmantem Gästehaus (B & B). Herzliche Atmosphäre. Kaminfeuer. Selbstversorgung möglich. R–RR

Loch Athlone Holiday Resort
Am Loch-Athlone-Staudamm
✆ 082-927-0209
www.lochathlone.co.za
Stellplätze für Caravans und Zelte. Mit Bungalows. R–RR

Bloemfontein

College Lodge
16–20 Stapelberg St., Bloemfontein
✆ 051-444-3837
www.collegelodge.co.za
30 moderne Zimmer und Suiten in freundlicher Lodge. Abendessen auf Wunsch. RR

Florentia Guest House
2C Louis Botha St., Waverley, Bloemfontein 9301
✆ 082-853-7472
www.florentia.co.za
Luxuriöses Gästehaus in zentraler Lage. Bed & Breakfast sowie Abendessen auf Wunsch. RR

Franklin View
9E Innes Av., Bloemfontein
✆ 083-262-1245
www.franklinview.co.za
Zauberhaftes Gästehaus mit herrlichem Blick über die Stadt. Kleiner Pool. RR

Reyneke Park
Plot 5 B, Kwaggafontein, Bloemfontein 9301
✆ 051-523-3888
www.reynekepark.co.za
Zimmer, Chalets, Camping. R

Blyde River Canyon

Forever Resorts Blyde Canyon
Private Bag X405, Graskop 1207
✆ 086-122-6966
www.foreverblydecanyon.co.za
Gepflegte Anlage mit rustikalen Chalets. Großes Freizeitangebot. 40 schöne Plätze für Wohnmobile, Wohnwagen und Zelte.
R–RR

Forever Resorts Swadini
Private Bag X3003
Marulaneng 1380
✆ 015-795-5141
www.foreverswadini.co.za
Direkt am Blyde-River-Staudamm gelegen. 70 komfortable Chalets sorgen für einen angenehmen Aufenthalt. In der Anlage gibt es ein Restaurant und einen Supermarkt. Besonders für Familien geeignet. 220 Stellplätze für Wohnmobile, Wohnwagen und Zelte. Sehr schöne Anlage. R–RR

Calitzdorp

The Port-Wine Guest House
7 Queen St., Calitzdorp 6660
✆ 044-213-3131
www.portwine.net
Traditionelles Farmhaus aus dem Jahr 1830 bietet gemütliche Zimmer. Herzhaftes Frühstück. Restaurant mit südafrikanischer Küche.
RR

Matjiesvlei Guest Farm
R62 Richtung Ladismith
✆ 044-050-3346
www.matjiesvlei.co.za
Schöne Ferienhäuser ab zwei Personen. Camping. R

Cango Caves

De Hoek Mountain Resort
P. O. Box 12
George 6530
✆ 044-272-8214
www.dehoekmountainresort.co.za
Chalets und Campingplatz in traumhafter Welt der Swartberg Mountains. R

Cape Agulhas

Agulhas Country Lodge
673 Main Rd.
Agulhas 7287
✆ 028-435-7650
www.agulhascountrylodge.com
Acht Zimmer mit Balkon und herrlichem Blick auf den Ozean. Saisonal kann man Wale beobachten. Exzellente Küche. RR–RRR

Citrusdal

Suikerbossie Guest Farm
Koue Bokkeveld, an R303
30 km von Citrusdal Richtung Ceres
✆ 022-921-2723/076-703-4460
www.suikerbossieguestfarm.co.za
Verschiedene Camps am Fuß der Cedarberge. Sehr urig, in der Nähe liegen Wasserfälle, man kann angeln und Kanu fahren. Auch kleine Hütten.

Clanwilliam

Clanwilliam Lodge
Graafwater St., an der R364
Clanwilliam 8135
✆ 027-482-1777
www.clanwilliamlodge.co.za
Tolle Lodge mit allen Annehmlichkeiten. RRR–RRRR

Blommenberg Guest House
1 Graafwater Rd.
Clanwilliam 8135
✆ 027-482-1851
www.blommenberg.co.za
Zwölf Zimmer in freundlichem Gästehaus mit Blick auf Cedarberge. R–RR

Clarens

Maluti Mountain Lodge
Steyl St., Clarens 9707
✆ 058-256-1422/072-725-8549
www.malutimountainlodge.co.za
Zimmer, Rondavels und Luxussuiten. Traumhafte Lage mit Blick auf das historische Städtchen. Gutes Restaurant. RR–RRR

Coffee Bay

Ocean View Hotel
Main Beach, Umtata 5100
✆ 047-575-2005/6
www.oceanview.co.za
Nur 50 m vom kilometerlangen Sandstrand. Alle 30 Zimmer mit Blick auf den Ozean. Mit Restaurant. Freizeitaktivitäten wie Reiten und Golf. RRR

Dundee

Penny Farthing Country House
P. O. Box 1358, (30 km südl. an der R33)
Dundee 3000
✆ 034-642-1925, www.pennyf.co.za
Zimmer in gepflegtem Haus inmitten einer Rinder- und Wildfarm. Schöne Wanderungen. Der Besitzer führt selber zu den Battlefields. RR

Kwa-Rie Caravan Park
51 Tandy St., Dundee 3000
✆ 034-212-2333
www.kwarie.caravanparks.co.za
Zentral gelegener, schöner Platz mit geheiztem Pool. Gute Freizeitmöglichkeiten.

Durban

Protea Hotel Edward Durban
149 Marine Parade (direkt an der Strandpromenade), Durban
✆ 031-337-3681, www.marriott.com
Top Hotel von viktorianischer Eleganz mit drei Restaurants. Viele gekrönte Häupter schliefen hier. RR–RRR

Centre Court B&B
39 Northway, Durban
✆ 031-573 2484, www.durbanguesthouse.co.za
Schön und zentral. RR

Villa Spa
15 Elizabeth Ave., Illovo Beach
Winklespruit 4145
✆ 031-916-4939, www.villaspa.co.za
Ruhiges Resort mit Chalets und Stellplätzen in subtropischer Umgebung. Nur zwei Minuten vom Strand entfernt. RR

Herbs By Rosemary
8 Creer Rd., Westville, Durban 3630
✆ 031-266-5833, www.africastay.com/herbs-by-rosemary.html
Fünf reizende Zimmer inmitten eines Kräutergartens. Mit Pool. B & B oder Selbstversorgung. R–RR

Laletsa Lodge
21 Mazisi Kunene
Berea 4001
✆ 031-201-0786
www.laletsa.co.za
25 Zimmer in prachtvoller Gartenlage. Schöner Pool. Zentral zu den Stränden gelegen. R–RR

East London

See More Guest House
14 Montrose Avenue, Bunkers Hill
✆ 043-735-1070
www.see-more.co.za
Sehr geschmackvolles Gästehaus mit schönem Pool in tropischem Garten. RR–RRR

Thornycroft Lodge
Thornycroft Road, Horseshoe Valley
East London 5201
✆ 043-730-7300
Schönes Gästehaus in Gartenlage. Spa mit Pool, Jacuzzi und Sauna. RR

Buccaneers Backpackers
Chintsa Beach
✆ 043-734-3012/082-657-9127
www.cintsa.com
Hier trifft sich die internationale Backpacker-Gemeinde. Wirklich schön und engagiert geführt. Schlafsaal und Doppelzimmer. Einfach gut. R–RR

Arendsnes Holiday Resort
Von East London auf Sutterheim Rd., N2 Richtung Osten, Abfahrt bei Cintsa Mouth, Abzweig nach ca. 8 km ausgeschildert
✆ 043-738-5064
www.arendsnes-chintsa.co.za
Stellplätze für Zelte und Wohnmobile, Pool. Auch einfache Hütten. Ideal für Familien. R

Eshowe

Dew Drop Inn
64 Hulett Dr., Eshowe 3815
✆ 035-474-5128
www.dewdropinn.co.za
Vier Zimmer in ruhiger Gartenlage mit Pool. Ausgezeichnetes Frühstück. R

Ficksburg

EarthRise Mountain Lodge
Zwischen Fouriesberg und Ficksburg
Abzweig von R26, Ficksburg 9730
✆ 087-808-2709
www.earthrisemountainlodge.co.za
Äußerst gemütliche Lodge mit schönen, unterschiedlichen Zimmern. Rustikales Restaurant. Viele Freizeitaktivitäten, sogar Polokurse. R–RRR

Franschhoek

Angala Boutique Hotel
R45/Klapmunds Rd., Franschhoek 7670
✆ 021-874-1366
www.angala.co.za
Am Fuße des Simonsberges gelegenes anspruchsvolles Landgasthaus mit Zimmern und Suiten. Eigene Veranda und Gartenlage mit Blick auf die Weinberge. Mit Yoga- und Pilates-Trainer. RRRR

Le Ballon Rouge
7 Reservoir St., Franschhoek 7690
✆ 021-876-2651
www.ballonrouge.co.za
Exquisite Unterkunft in zehn Doppelzimmern und einer Luxus-Suite im Herzen von Franschhoek. Privater Pool. RR–RRR

Gariep Dam

Forever Resorts Gariep
Private Bag X10
Gariep Dam 9922
✆ 051-754-0045
www.forevergariep.co.za
Gepflegte Ferienanlage mit Chalets und Stellplätzen. Freizeitaktivitäten wie Tennis, Minigolf, Golf. Familienfreundlich. R–RR

George

Edenwood House
9 Hammerkop St., George East 6539
✆ 044-871-2520
www.edenwood.co.za
Am Fuß der Outenique Berge. RRR

George Lodge International
86 Davidson Rd.
George 6530
✆ 044-874-6549
www.georgelodge.co.za

22 Zimmer in kleinem Hotel. Zentral gelegen in der Nähe des Golfplatzes und des Stadtzentrums. Pool und Restaurant. RR

Loerie Guest Lodge
91 Davidson Rd., George 6530
✆ 044-874-4740, www.loerielodge.co.za
Stilvolles Gästehaus mit 22 Zimmern. Freundliche Atmosphäre, zentrale Lage. RR

George Tourist Resort
York St., George 6530
✆ 044-874-5205
www.george-tourist-resort.co.za
Riesiger Park mit über 350 Stellplätzen für Zelte und Wohnmobile. Rondavels und Chalets. R–RR

Giant's Castle

Giant's Castle Hutted Camp
Alle Reservierungen über:
KZN Wildlife Reservations
P. O. Box 13069, Cascades 3202
✆ 033-845-1000
www.kznwildlife.com
Übernachtung in Lodge, Cottages und Chalets. Für Bergwanderer Übernachtungshütten. R–RR

White Mountain Lodge
Giant's Castle Rd., Central Drakensberg
Estcourt 3310
✆ 036-353-3437/071-551-2589
www.whitemountain.co.za
Sehr schöner Platz in idyllischer Lage mit Blick auf die Drakensberge. Auch Übernachtung in Chalets möglich. R–RR

Drakensberg International Backpackers Lodge
Grace Valley, 21 Highmoor Rd., Kamberg 3300
✆ 073-022-3329/079-461-4506
www. drakensberg-int-backpack.co.za
Besonders bei jungen Leuten sehr beliebte, einfache Unterkunft in herrlicher Lage. Pool und gute Küche. R

Golden Gate Highlands National Park

Buchung über **South African National Parks**, vgl. Addo Elephant National Park, S. 201.

Im **Glen Reenen Rest Camp** Rondavels und Häuser (2–6 Betten). Auch schattiger Campingplatz. R–RRR

Golden Gate Hotel
Im Golden Gate National Park
Moderne Zimmer und Chalets. Mit Restaurant, Bar und Curio-Shop. Wandern, Tennis, Reiten. RR–RRR

Highlands Mountain Retreat
Im Golden-Gate-Nationalpark
Buchungen über www.sanparks.org
Rustikale Cottages. RR

Graaff-Reinet

Somerset Stables
39 Donkin St., Graaff-Reinet 6280
✆ 083-668-6210
www.somersetstables.co.za
Wundschön restauriertes historisches Stallgebäude (um 1856). RRR

Drostdy Hotel
30 Church St., Graaff-Reinet 6280
✆ 049-892-2161
www.newmarkhotels.com
Historisches Hotel (1806) mit vielen Antiquitäten. Hervorragendes Restaurant. RR–RRR

Urquhart Park
Stockenstrom St., Graaff-Reinet 6280
✆ 049-892-2136
Schattiger Caravan- und Zeltplatz, auch Chalets und Rondavels. R–RR

Grahamstown

8A Grahamstown
8a St Aidan's Ave., Grahamstown 6139
✆ 021-876-2112/072-159-4805
www.8agrahamstown.co.za
Sechs sehr geschmackvolle Zimmer. RRR

The Cock House
10 Market St., Grahamstown 6140
✆ 046-636-1287/082-820-5592
www.cockhouse.co.za
Neun Zimmer in einem historischen Gebäude, mit Antiquitäten eingerichtet. RRR

Graskop

Blyde Lodge
42 Oorwinning St., Graskop 1270

✆ 013-767-1000/083-703-8081
www.blydelodge.co.za
Acht Zimmer in Gästehaus mit gehobenem Standard. Sehr gemütlich. B&B und gute traditionelle südafrikanische Küche auf Wunsch. RR

Panorama View Chalets
An R533
✆ 013-767-1091/0716584970
www.panoramaviewchalets.co.za
Richtung Hazyview gelegen. Sehr schöner Platz für Wohnmobile und Zelte. Auch Chalets. R–RR

Harrismith

La La Nathi
P. O. Box 323, Harrismith 9880
✆ 058-623-0282
www.lalanathi.co.za
Lodge mit großem Rieddach und gemütlichen Zimmern. Abendessen auf Anfrage. Auch Rondavels. RR–RRR

Hartbeespoort-Staudamm

Kingfisher's View Waterfront Lodge
109 Coleman St., Kosmos
Hartbeespoort Dam 0216
✆ 083-325-1759
www.kingfishersview.co.za
Schöne Lage mit Blick über den Stausee. Bed & Breakfast oder Selbstversorgung in Cottage. RRR

Pumleni
90 Scott St., Hartbeespoort 0216
✆ 082-349-9612, www.pumleni.co.za
Luxuriöse Unterkunft zu vernünftigen Preisen. RR–RRR

Hermanus

Birkenhead House
Ecke 7/11Sts., Voelklip, Hermanus 7200
✆ 021-671-5502
www.birkenheadhouse.com/press
Gästehaus in traumhafter Lage auf einer Klippe. RRRR (VP)

10 Robin's Nest
10 Meadow Ave., Hermanus 7200
✆ 028-316-1597
www.robinsnest-guesthouse.co.za
Ein Traum von einem Country House am Anfang des Hemel und Aarde Tales. Großer beschaulicher Garten, atemberaubender Blick auf die Berge. Apartments für Selbstversorger. R–RR

Hluhluwe-Umfolozi Park

Alle Reservierungen über **KZN Wildlife Reservations**, vgl. Giant's Castle S. 206.

Hluhluwe
Das **Hilltop Camp** bietet Übernachtung in einer Lodge, in Chalets, Rondavels und Hütten (Selbstversorgung möglich). Weitere Übernachtungsmöglichkeiten: **Muntulu** (8-Bett-Lodge), **Manyawanemi** (8-Bett-Bush-Lodge), **Ntshondwe Lodge** (vier Zimmer). RR–RRR

Umfolozi
In **Mpila** gibt es Cottages, Chalets, Rest Huts und Safari-Zelte. Weitere Übernachtungsmöglichkeiten sind **Masinda, Sotuli Bush Camp, Nselweni Bush, Hlathikhulu Bush Camp** und die **Gqoyeni Lodge**.

Hout Bay

Frogg's Leap
15 Bavianskloof Rd., Hout Bay 7806
✆ 021-790-2590, www.froggsleap.co.za
Großzügiges und gemütliches Gästehaus. Die große Veranda mit Blick auf die Bavianskloof und das Meer lädt zu einem Sundowner ein. RRR

Isandlwana

Isandlwana Lodge
P. O. Box 30, Isandlwana 3005
✆ 034-271-8301
www.isandlwana.co.za
12 Zimmer mit herrlicher Aussicht in ungewöhnlichem Steinbau. Sehr gute Küche, freundliches Personal. Kompetente Führungen zu den Battlefields. RRR–RRRR (VP)

Ithala Game Reserve

Alle Reservierungen über **KZN Wildlife Reservations**, vgl. Giant's Castle, S. 206.
Das **Ntshondwe Camp** bietet Chalets unterschiedlicher Größe und Ausstattung. Pool und kleiner Laden. Weitere Übernachtungsmöglichkeiten: **Thalu Bush Camp, Mbizo Bush Camp** und **Mhlangeni Bush Lodge**.

Mhlangeni Camp
✆ 034-907-5105
Camping, nur Zelte genehmigt.

Jeffrey's Bay

Supertubes Guesthouse
6–12 Pepper St.
Jeffrey's Bay 6330
✆ 042-293-2957
www.supertubesguesthouse.co.za
Direkt am Strand gelegen. Zimmer mit Balkon und Meerblick.
RRR

Jeffrey's Bay Caravan Park
Da Gama St., Jeffrey's Bay
✆ 042-293-1111/042-200-2269
Schön am Strand gelegen.

Johannesburg

Gold Reef City Theme Park Hotel
Private Bag 1998
Gold Reef City 2159
✆ 011-248-5700
www.tsogosun.com
Stilvolles Luxushotel inmitten des bekannten Vergnügungsparks. RRR–RRRR

Ascot Boutique Hotel
59 Grant Ave., Norwood
✆ 011-483-3371
www.ascothotel.co.za
Sehr schön. Mit Bar und Bistro. Donnerstags Jazz. RRR

Kapstadt

51 on Forest Drive Lodge
51 Forest Dr., Pinelands
✆ 021-531-4020/021-531-1270
www.forestdrive.co.za
Modern, gemütlich mit Pool. Doppelzimmer, Ferienhäusern im Garten und Apartments. RRR

Hoher Komfort: Deluxe-Zimmer im Gold Reef City Theme Park Hotel

Cactusberry Lodge
30 Breda St.
Oranjezicht 8001
✆ 021-461-9787
www.cactusberrylodge.com
Viktorianisches Haus mit klassischem Ambiente. Schöner Blick auf den Tafelberg. Gesicherte Parkplätze, Internet, Wäsche- und Bügelservice. RRR

Jambo Guest House
1 Grove Rd., Greenpoint 8005
✆ 021-439-4219
www.jambo.co.za
Preisgekröntes, charmantes Gästehaus mit fünf Zimmern in ruhiger Lage. RRR

Valley Heights B&B
36 Oak Ave., Kenilworth 7708
✆ 021-797-9774
www.valleyheights.co.za
Familienfreundliches Gästehaus mit sechs Wohneinheiten in der Nähe vieler touristischer Attraktionen. Pool in schönem Garten. RR–RRR

Horizon Holiday Cottages
9 Sea Cottage Dr., Noordhoek
✆ 021-785-1604
www.horizoncottages.co.za
Schöne Cottages für Selbstversorger am Fuß des Tafelberges. RR

Ou Skip Holiday Resort
Über R27, Ausfahrt Melkbosstrand
✆ 021-533-20 58
www.ouskip.co.za
Schöne Chalets und Campingmöglichkeit in traumhafter Lage. Sauber; mit Pool, Laden und Restaurant. R–RR

Karoo National Park

Buchung über **South African National Parks**, vgl. Addo Elephant National Park, S. 201.
Das **Karoo Restcamp** bietet Chalets und Cottages. Schattiger Campingplatz. Das **Mountain View Restcamp** hat Hütten mit Matratzenlager.

Kgalagadi Transfrontier Park

Buchung über **South African National Parks**, vgl. Addo Elephant National Park, S. 201.
Das **Camp Twee Rivieren** liegt sehr schön am Zusammenfluss von Auob und Nossob River (Trockenflüsse). Cottages verschiedener Größe, auch Stellplätze für Zelte und Wohnmobile.

Das **Camp Nossob** liegt an einem beleuchteten Wasserloch. Es gibt Cottages, Chalets und Bungalows. Ebenfalls Stellplätze für Zelte und Wohnmobile.

Mata Mata ist ein übersichtliches Camp ebenfalls mit beleuchtetem Wasserloch. Cottages und Chalets. Stellplätze für Zelte und Wohnmobile.

Weitere Übernachtungsmöglichkeiten: **Bitterpan** (Hütten, Zufahrt nur mit Allradfahrzeugen). **Grootkolk** (Chalets für Selbstversorger). **Kalahari Tent Camp** (Safarizelte unterschiedlicher Größe). **Kieliekrankie Wilderness Camp** (2-Bett-Hütten). **Urikaruus Wilderness Camp** (2-Bett-Hütten am Wasserloch). **Gharagab Wilderness Camp** (Hütten, Allradfahrzeug erforderlich). **!Xaus Lodge** (im Besitz der San und Nier, www.xauslodge.co.za). Inkl. Vollpension und Aktivitäten. RRR–RRRR (VP)

Kimberley

Savoy Hotel
19 Old De Beers Rd., Kimberley 8300
✆ 053-832-6211
www.savoyhotelkimberley.com
Eines der ältesten Hotels der Diamantenstadt mit Charme. RR–RRR

De Beer's Guest House
28 Pickering Ave., Lindene
Kimberley 8301
✆ 053-861-2192
www.africastay.com/de-beer-s-guest-house.html
Schöne, geräumige Zimmer (auch für Familien geeignet). Abendessen nach Vereinbarung. RR

Big Hole Caravan Park
10 West Circular Rd., Kimberley
✆ 053-830-6322
Zentrale Lage zu den Hauptattraktionen.

Knysna

Falcons View Manor
2 Thesen Hill, Knysna 6570
✆ 044-382-6767
www.falconsview.com
Prachtvolles viktorianisches Haus in Parklage mit Blick auf die Knysna Lagune. Neun großzügige Zimmer. RR–RRR

Pumula Lodge
7 Lindsay St., Knysna 6570
✆ 044-384-1193
www.pumulalodge.co.za
Sehr beschauliches Haus mit fünf Zimmern in herrlicher Parklandschaft. Kinder ab 10 Jahren. RR–RRR

Waterfront Lodge
The Point, Eastford, Knysna 6570
✆ 044-382-1696
www.waterfront-lodge.co.za
Die meisten Zimmer überblicken die schöne Lagune. Freundlicher Service. RR

Buffalo Bay Caravan Park
Buffalo Bay, Knysna 6570
✆ 044-383-0045
www.buffalobay.co.za
Direkt am Meer gelegen mit langem Sandstrand.

Kosi Bay Nature Reserve

Alle Reservierungen über **KZN Wildlife Reservations**, vgl. Giant's Castle, S. 206.
Drei einfache Lodges unterschiedlicher Größe. Zeltplatz.

Kosi Forest Lodge
P. O. Box 1593, Eshowe 3815
✆ 035-474-1473
www.kosiforestlodge.co.za
Lodge inmitten des Naturschutzgebietes mit Luxuszimmern und gediegener Ausstattung. Geführte Exkursionen und Kanutrips. RRRR (VP)

Kruger National Park

Buchung über **South African National Parks**, vgl. Addo Elephant National Park, S. 201.

Große Unterkunftspalette in verschiedenen Restcamps. Die touristisch wichtigsten sind: **Berg-en-Dal** (Süden), **Letaba** (zentraler Park), **Lower Sabie** (Süden), **Mopani** (zentraler Park), **Olifants** (zentraler Park), **Punda Maria** (Norden), **Satara** (zentraler Park), **Shingwedzi** (Norden), **Skukuza** (zentraler Park).
Campingmöglichkeiten in: Balule, Berg-en-Dal, Crocodile Bridge, Letaba, Lower Sabie, Malelane, Maroela, Pretoriuskop, Punda Maria, Satara, Shingwedzi und Skukuza.

Daneben gibt es noch zahlreiche **Bushveld Camps**.

Angrenzende private Wildparks: (Auswahl)

Mala Mala Game Reserve
Private Bag X284, Hillcrest 3650
✆ 011-442-2267
www.malamala.com
Das Management wurde ausgezeichnet mit dem »State President's Award for Eco-Tourism«. Luxus, sensibel unter afrikanischem Himmel platziert. RRRR (VP)

Sabi Sabi
P. O. Box 52665, Saxonwold 2132
✆ 011-447-7172
www.sabisabi.com
Luxus in Bush Lodge, River Lodge, Selati Lodge und Earth Lodge. RRRR (VP)

Im Sabi Sand Game Reserve:

Chitwa Chitwa Game Lodge
P. O. Box 781854, Sandton 2146
✆ 013-735-5357/013-744-0876
www.chitwa.co.za
Im Norden gelegene Luxus-Lodge mit Lodge-Suite und Chalets. Viele Freizeitaktivitäten wie Pirschfahrten und Wanderungen. RRRR (VP)

Exeter Game Lodge
P. O. Box 2060, Nelspruit 1200
✆ 021-424-1037
exeter.krugerpark.co.za
Preisgekrönte Safari-Lodge am Sand River mit allen Annehmlichkeiten mitten im afrikanischen Busch. Pirschfahrten, Ausflüge. Luxus pur. RRRR (VP)

Londolozi
CCAfrica, Private Bag X27, Benmore 2010
✆ 013-735-5653, Reservierung unter 011-280-6655, www.londolozi.com
Safari-Erlebnis der Luxusklasse. Dennoch geht das afrikanische Feeling nicht verloren. RRRR (VP)

Ulusaba Game Reserve
P. O. Box 71, Skukuza 1350
✆ 011-325-4405
www.ulusaba.virgin.com
Rock Lodge mit Blick über die afrikanische Buschlandschaft. Safari-Lodge direkt am Fluss gelegen. RRRR (VP)

Kuruman

Kuruman Inn
Main/De Jager Sts., Kuruman 8460
✆ 053-712-1666
www.kurumaninn.co.za
Beste Wahl im Ort. Freundlicher Service, schöne Zimmer. RRR

Kuruman Caravan Park
Voortrekker St., Kuruman 8460
✆ 053-712-1479
Schöner Platz in zentraler Lage.

Ladismith

Albert Manor
26 Albert St., Ladismith 6655
✆ 028-551-1127
www.albertmanor.co.za
Viktorianisches Haus von 1862 mit vier Gästezimmern und gemütlichem Kutschhaus. RR

Ladysmith

Buller's Rest Lodge
59 Cove Crescent, Ladysmith 3370
✆ 036-637-6154
www.bullersrestlodge.co.za
Sehr schön gelegen. Im typischen Landhausstil. Mo–Do auch Abendessen. RRR

Bokmakierie Country Lodge
30 Chevril Rd., Reservoir Hill
Ladysmith 3370
✆ 036-637-8403
www.bokmakierielodge.co.za
13 Zimmer zum Wohlfühlen in geschmackvollem Gästehaus mit Pool. Auch Selbstversorgung. RR

Langebaan

Falcons' Rest Guest House
21a Zeeland St., Langebaan 7357
✆ 022-772-1112
www.falconsrest.co.za
Zimmer mit herrlichem Panoramablick über die Langebaan-Lagune und Saldhana-Bucht.
RRR

Club Mykonos
Lientjiesklip Rd., Langebaan 7357
✆ 022-707-7000
www.clubmykonos.co.za
Idealer Club für die ganze Familie. Viele Animationen. Kinderkrippe, Restaurants.
RR–RRR

Romantischer Luxus: Hotel im Kruger National Park

Louis Trichardt

Mopane Bush Lodge
✆ 015-534-7906, www.mopanebushlodge.co.za
Wunderschöne Chalets in einem kleinen angrenzenden Naturreservat. RRR (VP)

Adams Apple Hotel
P. O. Box 338, Louis Trichardt 0920
✆ 015-516-3304, adamspalmmotel.co.za
Einfach, schön und originell ist dieses kleine Hotel (16 km außerhalb gelegen). RR

Buzzard Mountain Retreat
P. O. Box 441, Louis Trichardt 0920
✆ 083-473-6208/015-516-4896
www.campsa.co.za/buzzard-mountain
Wunderschön in den Soutpans Mountains gelegenes Ferienresort. Wanderungen, Wild- und Vogelbeobachtung direkt vor der Tür. Selbstversorgung. R–RR

Mapungubwe National Park
Buchung über South African National Parks, vgl. Addo Elephant National Park S. 201
Im Venda-Stil wurde das **Leokwe Restcamp** errichtet. Daneben gibt es das **Limpopo Forest Tented Camp**. Beide für Selbstversorger.

Marakele National Park

Zeltplätze, voll eingerichtete Safari-Zelte und Hüttencamp. Buchung über **South African National Parks**, vgl. Addo Elephant National Park, S. 201.

Marulaneng (Hoedspruit)

Garonga Safari Camp
P. O. Box 737, Marulaneng 1380
✆ 087-238-0726
www.garonga.com
Wirklich traumhaftes Camp. Einmaliges Erlebnis in stilvoll ausgestatteten Safari-Zelten. RRRR (VP)

Blue Cottages
Olifants River Estates
Marulaneng 1380
✆ 084-250-1233
www.bluecottages.co.za
Sechs reizende Häuschen inmitten einer üppigen Gartenlandschaft. RR

Mashishing

Longtom Farm Guest House
33 Sterkspruit, Mashishing (Lydenburg) 1120
✆ 083-725-1149
www.longtomguesthouse.co.za
Landluft schnuppern und Komfort genießen, so könnte die Devise lauten. Ruhiger Garten mit Pool. R–RR

Uitspan Caravan Park and Holiday Resort
49 Viljoen St., Mashishing (Lydenburg) 1120
✆ 013-235-2914
70 Stellplätze und acht Chalets in moderner Ferienanlage.

Matjiesfontein

Lord Milner Hotel
Logan Rd., Matjiesfontein
✆ 023-551-3011
www.matjiesfontein.com
Viktorianisches Hotel aus der guten alten Zeit mit 53 Zimmern. Mit feinem Restaurant. RR–RRR

Mbombela (Nelspruit)

Shandon Lodge
1 Saturn St., Mbombela 1200
✆ 013-744-9934
www.shandon.co.za
Vom Haus mit seinen sieben stilvollen Zimmern hat man einen wunderbaren Blick über die pittoreske Umgebung. RRR

Lakeview Lodge
Mbombela 1200
✆ 013-741-4312
www.lakeviewlodge.co.za
Ferienpark vor den Toren des Ortes mit Hütten und Stellplätzen für Zelte und Wohnmobile.

Montagu

Four Oaks Restaurant und B&B
46 Long St., Montagu 6720
✆ 023-614-3483
www.four-oaks.co.za
Vier Zimmer in einem historischem Gebäude (1855) mit einzigartiger Atmosphäre. RR–RRR

Mossel Bay

Aquamarine Guest House
113 Marsh St., Mossel Bay 6500
✆ 076-882-0003
www.aquamarineguesthouse.co.za
Fünf geschmackvolle Zimmer mit Meerblick. RRR

Santos Express Train Lodge
1 George Rd., Mossel Bay 6500
✆ 044-691-1995
www.santosexpress.co.za
Nur 30 m vom Meer entfernte Übernachtung in einem richtigen Zugwagon. Sehr originell und schön! R–RR

De Bakke Beach Chalets & Caravan Park
✆ 044-690-3760
www.debakkesantos.co.za
Am Strand gelegener, riesiger Campingplatz. An Wochenenden besser meiden.

Mountain Zebra National Park

Buchung über **South African National Parks**, vgl. Addo Elephant National Park, S. 201.
Übernachtung in Doornhoek Guest House (bis sechs Personen) oder komplett eingerichteten Cottages. Auch Zeltplatz und Stellplätze für Wohnmobile.

Muizenberg

Bella Ev Guest House
8 Camp Road
Muizenberg
✆ 082-547-3568
www.bellaevguesthouse.co.za
Geschmackvolle Übernachtung in einem National Monument inmitten des historischen Zentrums von Muizenberg. RRR

Ndumo Game Reserve

Ndumo Game Reserve
Alle Reservierungen über **KZN Wildlife Reservations**, vgl. Giant's Castle, S. 206.
Komplett eingerichtete Hütten und schöner Zelt- und Stellplatz.

Newcastle

Majuba Lodge
27 Victoria St., Newcastle 2940
✆ 034-315-5011
www.majubalodge.net
Große Lodge in zentraler Lage mit 42 Chalets. Gepflegtes Restaurant. RRR

Oribi Gorge

Oribi Gorge Hotel
✆ 039-687-0253
www.oribigorgehotel.co.za
Im privaten Teil des Naturschutzgebietes gelegenes Hotel mit 18 Zimmern und Restaurant. RRR

Oribi Gorge
Alle Reservierungen über **KZN Wildlife Reservations**, vgl. Giant's Castle, S. 206.
Camp mit Cottages und Hütten (2–10 Personen). Gemeinschaftsküche. R–RR

Oudtshoorn

Altes Landhaus Country Lodge
P.O. Box 1491, Oudtshoorn 6620
✆ 044-279-2652
www.alteslandhaus.co.za
Im beschaulichen Schoemanshoek Valley gelegenes Landhotel im alten kapholländischen Stil. Mit beheiztem Pool in großem Garten. RR–RRR

Outeniqua Gables
106 Church St., Oudtshoorn 6620
✆ 044-272-3369
Klassisches Gästehaus mit fünf Zimmern, ruhig und doch zentral gelegen. Entspannung pur. RR

Kleinplaas Holiday Resort
Baron van Reede St., Oudtshoorn 6620
✆ 044-272-5811
www.kleinplaas.co.za
Schattiger Platz mit Restaurant. Auch etliche Chalets.

Paarl

Alba House
16 Lille St., Paarl
✆ 072-997-6953, www.albahouse.co.za
Mit herrlichem Blick über das Berg River Valley. Reichhaltiges Frühstück. RRR

De Wingerd Wijnland Lodge
7 Waltham Cross St., Paarl 7622
✆ 021-863-19
www.wingerd.co.za
Äußerst geschmackvolle Zimmer und Suiten. Großartiges Frühstücksbüffet. RRR

Phalaborwa

Sefapane Lodge
Copper Rd., Phalaborwa 1390
✆ 015-780-6700
www.sefapane.co.za
Chalets und Rondavels im afrikanischen Stil. Pool mit Bar. Exzellentes Restaurant. RRR–RRRR

Pietermaritzburg

Valley Vista Lodge
26 Valley Vista Rd., Pietermaritzburg 3201
✆ 033-345-7074
www.valleyvista.co.za
Bed & Breakfast mit zehn Zimmern. Gutes Preis-Leistungs-Verhältnis in bester Lage. Dinner auf Anfrage. RRR–RRRR

Aberfeldy
5 New England Rd., Scottsville
Pietermaritzburg 3201
✆ 033-342-4316
Großzügiges, stilvolles viktorianisches Haus. Backpacker willkommen, Selbstversorgung möglich. R–RR

Pilanesberg National Park

Tshukudu Lodge
✆ 015-793-2476/1886
www.tshukudulodge.co.za
13 Zimmer der Extraklasse in einer Safari-Lodge. Alle Zimmer mit eigener Veranda und Blick auf die Drakensberge. RRR–RRRR (VP)

Pilanesberg National Park
P. O. Box 1201, Mogwase 0305
✆ 014-555-1600/071-687-2782
www.pilanesberg-game-reserve.co.za
Unterkunft im **Manyane Camp** (Chalets und Caravan Park); **Bakgatla Camp** (Chalets und Caravan/ Camping). R–RRR

Pilgrim's Rest

The Royal Hotel
Main Rd., Pilgrim's Rest 1290
✆ 013-768-1100
www.royalhotelpilgrims.co.za
Hotel mit 50 Zimmern in historischen Gebäude. Gepflegtes Ambiente. Zentrale Lage. Restaurant. RR–RRR

Pilgrim's Rest Caravan Park
Main Rd., Pilgrim's Rest 1290
✆ 013-768-1309
Am Blyde River gelegen mit Stellplätzen für Wohnmobile und Zelte. Gute Ausstattung. Pool. Es gibt auch Safarizelte für Selbstversorger. R

Plettenberg Bay

Hunter's Country House
10 km westl. von Plettenberg Bay, an N2 ausgeschilderter Abzweig
Plettenberg Bay 6600
✆ 044-532-7818
www.hunterhotels.com
Chalets der Luxusklasse in tropischem Garten. Candlelight-Dinner. RRR–RRRR

The Dunes
Keurboomstrand, 7 km von Plettenberg Bay
✆ 044-535-9606
https://dunepark.co.za
Nur Dünen trennen den schönen Platz vom langen Sandstrand. Mit Swimmingpool. RR–RRR

Polokwane

African Roots Guest House
58A Devenish St., Polokwane 0699
✆ 015-297-0113
www.africanroots.info
Mit vielen Kunstwerken aus verschiedenen Epochen ausgestattetes Gästehaus. Alle Zimmer haben privaten Zugang zum Garten oder zum Pool. RRR

Pongolapoort Biosphere Reserve

White Elephant Lodge, Umkhaya Bush Lodge
P. O. Box 792, Pongola 3170
✆ 034-413-2489
www.whiteelephant.co.za
»Out of Africa«-Feeling garantiert. Gediegene Lodge und rustikales Buschcamp der Extraklasse. Viele Aktivitäten. RRR–RRRR (VP)

Port Alfred

The Lookout
24 Park Rd., Port Alfred 6170
✆ 046-624-4564, www.thelookout.co.za
Drei Suiten der Extraklasse mit fantastischer Aussicht. RRR

Fish River Diner Caravan Park
02 Sunshine Coast, am Ufer des Fish River, 30 km entfernt
✆ 040-676-1058
www.caravanparks.com
50 Stellplätze, Diner, auch Bootstouren sind möglich. R

Port Edward

The Estuary Country Hotel
Main Rd., Port Edward 4295
✆ 039-311-2675
www.estuaryhotel.co.za
Überblickt ein landschaftlich schönes Naturschutzgebiet. Mit Tee-Garten und Restaurant. RRR

Port Elizabeth

Africa Beach B&B
12 Skegness Rd., Summer Strand
Port Elizabeth 6001
✆ 041-583-5833
www.africabeach.co.za
Gepflegtes Gästehaus mit sechs Zimmern. Drei Minuten zu Hobie Beach. Afrikanisches Flair. RRR

Brookes Hill Hotel
Brookes Hill Dr., Humewood
Port Elizabeth 6013
✆ 041-584-0444
Themenhotel. Wunderbarer Blick auf Strand und Meer von den Terrassen aus. RR–RRR

Willows Holiday Resort
Marine Dr., Port Elizabeth
✆ 041-396-2000
www.thewillowspe.co.za
Schön gelegen und sauber. Mit Restaurant. R–RR

Port Shepstone

Kapenta Bay Resort
11–12 Princess Elizabeth Dr.
Port Shepstone 4240
✆ 039-682-5528, www.kapentabay.co.za
Große Ferienanlage mit verschiedenen Unterbringungsmöglichkeiten. Schöner Blick aufs Meer. RR–RRR

Port St. Johns

Cremorne Estate
Ferry Point Rd., Port St. Johns 5120
✆ 047-564-1110
www.cremorne.co.za
Blockhütten am Ufer des Umzimvubu River mit Frühstück. Schöne Cottages für Selbstversorger. Es gibt auch Wohnmobil- und Campingplätze. Mit Restaurant. R–RR

Potchefstroom

Elgro Hotel
60 Wolmarans St., Potchefstroom 2520
✆ 018-297-5411
www.elgro.co.za
Das Hotel hat 103 Zimmer, Pool, Restaurant und einen guten Service. Zentrale Lage. RR–RRR

Potchefstroom Dam Holiday Resort
✆ 018-299-5473
Wohnmobil- und Zeltplatz direkt am Stausee. Es werden auch Hütten vermietet. Eigener Pool und Kanuverleih.

Pretoria

The Farm Inn
Lynnwood Rd. East, Silver Lakes, The Willows
Pretoria 0041
✆ 012-809-0266
www.farminn.co.za
Die warmen Töne des imposanten Natursteingebäudes verleihen der Lodge eine heimelige Atmosphäre. 85 moderne Zimmer. RRR–RRRR

Irllyria
327 Bourke Street, Muckleneuk
Pretoria 0041
✆ 012-344-5193
www.illyria.co.za
Einmalig schönes Hotel – fast wie eine Schlossübernachtung. RRR–RRRR

Richards Bay

Imvubu Lodge
Krewelkring, Meerensee 3901
✆ 035-753-4122
www.imvubulodge.co.za
Stilvolle Lodge im Grüngürtel von Richards Bay gelegen. Ruhig und komfortabel. Bar und Restaurant. RRR

Robertson

Fraai Uitzicht
P. O. Box 91, Robertson 6705
✆ 023-626-6156
www.fraaiuitzicht.com
Zwischen Montagu und Robertson gelegenes historisches Weingut aus dem Jahr 1798. Vier Luxus-Cottages im Weinberg. Gourmet-Weinprobe (Di–Fr 11–14 Uhr). RRR–RRRR

Royal Natal National Park

Hlalanathi Drakensberg Resort
Richtung Northern Drakensberg
✆ 036-438-6308
www.hlalanathi.co.za
Fantastisch gelegene Ferienanlage mit herrlichem Blick auf das Panorama der Drakensberge. Mit Golfplatz. R–RRR

Royal Natal National Park
Buchung über **KZN Wildlife Reservations**, vgl. Giant's Castle, S. 206.
Unterkünfte: **Tendele Camp** mit einer 6-Bett-Lodge sowie Cottages, Bungalows und Chalets; **Mahai Camp** mit Wohnmobil- und Zeltplätzen; **Rugged Glen Camp** ebenfalls mit Wohnmobil- und Zeltplätzen.

Rustenburg

Glen Ross Guest Lodge
66 Nylrivier, Rustenburg
✆ 076-120-6837, www.glenrossguestlodge.co.za
Urgemütliches B&B mit großzügigen Zimmern, Kamin und Pool. Vollpension möglich. RRR

Luxusunterkunft im Zululand

Sabie

Misty Mountain
P.O. Box 116, Sabie 1260
✆ 013-764-3377, www.mistymountain.co.za
Idyllisch am Long Tom Pass gelegen mit grandiosem Blick auf den Mount Andersen. Schöne Country-Chalets mit offenem Kamin. Pub und Restaurant. RRR

Lone Creek River Lodge
255 Old Lydenburg Rd., Sabie 1260
✆ 013-764-2611
www.lonecreek.co.za
Elegantes Hotel mit viel Atmosphäre. Man wohnt in luxuriösen Blockhäusern (Selbstversorgung) oder River-Suites mit vollem Service. RR–RRR

Castle Rock Caravan Park
Old Lydenburg Rd., Sabie 1260
✆ 013-764-2874
Schattiger Platz am Sabie River mit gehobener Ausstattung.

Saldanha

Blue Bay Lodge
Henry Wicht Ave., Saldanha 7395
✆ 022-714-1177/8/9, www.bluebaylodge.co.za
Wunderschöne Unterkunft mit 16 Zimmern direkt an der Bucht gelegen. Sehr gemütlich. RRR

Sani Pass

Sani Pass Hotel
P.O. Box 44, Himeville 3256
✆ 033-702-1320, www.premierhotels.co.za
Garten-Cottages und großzügige Doppelzimmer im Haupthaus. Traumhafte Berglage. RRR

Sani Valley Lodge
P.O. Box 203, Himeville 3256
✆ 033-702-0203, www.sanivalley.co.za
Komplett ausgestattete Ferienhäuser für Selbstversorger direkt am Lifton Lake gelegen. Auch Vollpension möglich. RRR

Shakaland

aha Shakaland Hotel
Normanhust Farm, Nkwalini
✆ 035-460-0912, www.aha.co.za
Im romantischen Nkwalini Valley gelegenes Resort am ehemaligen Drehort des Films »Shaka Zulu« mit traditionellen Zulu-Hütten – natürlich in der Luxusversion. Kulturelles Programm. RRR–RRRR (VP)

Simon's Town

Magellan's Passage
3 Meryl Rd., Simon's Town
✆ 021-786-5291, www.magellanspassage.com
Herrlicher Blick über False Bay und Swartkop Nature Reserve. Mittag- und Abendessen auf Wunsch. RRR–RRRR

Sodwana Bay National Park

Sodwana Bay Lodge
✆ 035-571-9101, www.sodwanabaylodge.com
Nur Vollpension möglich. Tauchschule. Walbeobachtung von Juni–November. RRR (VP)

Buchung über **KZN Wildlife Reservations,** vgl. Giant's Castle, S. 206. Übernachtungsmöglichkeiten in Log Cabins und Camping.

Springbok

Naries Guest Farm
P.O. Box 35, Springbok 8240
✆ 076-238-2934/021-872-0398, www.naries.co.za
27 km westlich von Springbok (R 35 nach Kleinzee) gelegene Farm mit Zimmern, Cottages und Mountain-Suiten. Sehr idyllisch. Selbstversorgung und Vollpension.
RRR–RRRR

Springbok Caravan Park
Goegap Rd., Springbok 8240
✆ 027-718-1584
www.springbokcaravanpark.co.za
Sehr ruhiger, sauberer Platz, auch mit Chalets, 2 km außerhalb an der Straße zum Flughafen.

Stellenbosch

D'Ouwe Werf Country Inn
30 Church St., Stellenbosch 7600
✆ 021-887-4608, www.oudewerfhotel.co.za
Die älteste Herberge Südafrikas mit 25 gemütlichen Zimmern. RRR–RRRR

Rusthuiz Guest House
13 Piet Retief St., Stellenbosch 7599
✆ 021-886-6948/9, www.rusthuiz.co.za
Fünf sehr schön möblierte und großzügige Zimmer. Bar und Pool. Mit vielen Freizeitmöglichkeiten. RRR

Mountain Breeze Caravan Park
✆ 021-880-0200
www.mountainbreezeresort.co.za
Außerhalb Richtung Somerset West gelegener schattiger Platz. Auch Chalets.

St. Lucia

Seasands Lodge and Garden Cottages
135 Hornbill St., St. Lucia 3936
✆ 035-590-1082
www.seasands.co.za
28 Apartments in exklusiver Lodge. Tropischer Garten. Pool und Bar. B&B, HP und Selbstversorgung möglich. RRR

Sudwala Caves

Sudwala Lodge
Beschilderung zu den Höhlen folgen
✆ 013-733-3073
www.sudwalalodge.com
Umgeben vom Wäldern am Houtbosloop River gelegen. RR–RRR

Come Together Guest Farm
Schagen 1207
✆ 013-733-3052
Ferien auf dem Bauernhof mit Campingplätzen.

Sun City und Lost City

Palace of the Lost City
P.O. Box 308, Sun City 0316
✆ 014-557-4307
www.suninternational.com
Hotel wie aus Tausend-und-einer-Nacht. Der Residenz eines fabulösen Prinzen nachempfunden. Gilt als extravagantestes Hotel auf der Welt. RRRR

Sun City Hotel und Kasino
P.O. Box 7, Sun City 0316
✆ 014-557-1000
Das »Original« am Platz. 340 Zimmer in diesem quirligen Hotelkomplex. In tropischer Gartenanlage mit riesigem Pool. RRR

Swellendam

Swellengrebel Hotel
91 Voortrek St., Swellendam 6740
✆ 028-514-1144
www.swellengrebelhotel.co.za
Preisgekröntes Hotel in Familienbesitz mit 48 Zimmern. Entspannte Atmosphäre. Pool in großem Garten. RR–RRR

Swellendam Caravan Park
Glen Barry Rd., Swellendam 6740
✆ 028-514-8575
Schattiger, sauberer Platz. Auch Bungalows.

Tembe Elephant Park

Tembe Elephant Lodge
72 km von Jozini
✆ 031-267-0144, www.tembe.co.za
Sehr schöne Safari-Zelte unterschiedlicher Ausstattung. Pool. RRRR (VP)

Thohoyandou

2Ten Hotel
1446 Mphephu St., Sibasa
5 km außerhalb
✆ 015-963-0210/2010
www.2tenhotel.com
Sehr moderne Zimmer. Guter Ausgangsort für Ausflüge in das Land der Venda. RR

Tsitsikamma Section (Garden Route NP)

Unterkunft: **Storms River Mouth Rest Camp** mit Cottages und Oceanettes verschiedener Größe, Platz für Wohnmobile und Zelte; **Nature's Valley Rest Camp** bietet einfache Forest Huts und ebenfalls Plätze für Wohnmobile und Zelte. Buchung über **South African National Parks**, vgl. Addo Elephant National Park, S. 201.

Misty Mountain Reserve
P.O. Box 144, Stormsriver 6308
✆ 082-921-3055/079-715-4621
www.mistymountainreserve.co.za
Luxus-Chalets auf einer Milchfarm im Herzen der Tsitsikamma-Landschaft. Weiter Blick bis auf den Ozean. Pool, Bar, Restaurant. RRR

Tulbagh

Manley Wine Lodge
Tulbagh 6820
✆ 023-230-0582, www.manleywinelodge.co.za
Ehemals herrschaftlicher Landsitz. Heute mit außergewöhnlich schönen Gästezimmern. Traumhafte Landschaft. Pool. RRR

Kliprivier Park Resort
✆ 023-230-0506
Schöner Campingplatz mit Pool. Es gibt auch Chalets.

Tzaneen

Coach House
P. O. Box 544, Tzaneen 0850
✆ 015-306-8000, Reservierung unter 086-199-1199, www.coachhouse.co.za
Entspannung garantiert! Nicht nur die 41 Zimmer laden zum Verweilen ein, auch der große Garten mit seinem fantastischen Blick auf die Bergwelt. Urig und doch modern. RRR–RRRR

Ulundi

Holiday Inn Garden Court
Princess Magogo St., Ulundi 3838
✆ 035-870-1012
www.tsogosunhotels.com
Gutes Hotel der gehobenen Klasse mit 72 Zimmern und Restaurant. RRR

Underberg

Eagle's Rock Mountain Retreat
P. O. Box 495, Underberg 3257
✆ 033-701-1757
www.eaglesrock.co.za
Gemütliche Chalets mit Blick auf ein Bilderbuchpanorama. B & B und für Selbstversorger. RR–RRR

Upington

Protea Hotel Oasis Lodge
24 Schröder St., Upington 8801
✆ 054-337-8400
www.marriott.com
32 moderne Zimmer. Sehr zentral gelegen. Mit Restaurant und Pool. RRR

Mafani Lodge
18 Budler St., Upington 8800
✆ 054-332-1442
Fünf ruhige Zimmer am Fluss. Nahe zum Stadtzentrum gelegen. R–RR

Die Eiland Resort & Caravan Park
✆ 054-334-0286/8
Schattiger Platz am Fluss. Auch Rondavels und Chalets. Mit Pool. Vorsicht: Viele Affen!

Waterval-Boven

Luilekker Guest House
P. O. Box 572, Waterval-Boven 1195
✆ 083-625-6894
www.luilekker.co.za
Fünf elegante und großzügige Zimmer mit B & B und Dinner. Auch fünf Chalets für Selbstversorger. RR

Wellington

Oude Wellington Wine Estate
Bainskloof Rd. (3 km, R303)
Wellington 7654
✆ 021-873-2262
www.kapwein.com
Sieben stilvolle Zimmer in einem historischen Weingut gelegen. Mit Restaurant und Bar. Pool. RRR

White River

Glory Hill Country Manor
P. O. Box 24, White River 1240
✆ 013-751-3239
www.gloryhill.co.za
Das Originalhaus wurde von Sir Henry Baker eingerichtet. Fünf sehr bemerkenswerte Zimmer. Abendessen auf Anfrage. RRR

Wilderness

Pink Lodge on the Beach
45 Die Duin
Wilderness 6560
✆ 044-877-0263
www.pinklodge.co.za
Elf Zimmer in elegantem Haus direkt am Meer. R–RR

Wilderness Section (Garden Route NP)

Unterkünfte: **Wilderness Restcamp** u.a. mit Log Cabins, Cottages, Chalavans;
Ebb & Flow Restcamp (South und North) mit Hütten und Zeltplatz.
Buchung über **South African National Parks**, vgl. Addo Elephant National Park, S. 201.

Willem Pretorius Game Reserve

Aldam Estate
Private Bag X06, Ventersburg 9450
✆ 057-652-2200, www.aldamestate.co.za
Großzügig angelegtes Ferienresort mit Chalets und Rondavels. Auch schattiger Platz für Wohnmobile und Zelte. Restaurant, Bar und Supermarkt. R–RR

Winterton

Rose Cottage
bei Winterton, 2 km R600 Richtung Ladysmith
✆ 0027 82-804-3774 (mobil)
www.rosecottagebnb.co.za
Gemütlich und vielfältig: Rondavel, Doppelzimmer, Studio oder Suite. Schöner Garten mit Pool. Dinner auf Anfrage. Ballonfahrten möglich. RRR

Swallow's Nest
Springfield Rd.
Winterton 3340
✆ 036-488-1009
www.swallowsnestbnb.co.za
Traditionelles Gästehaus in schöner Gartenlage. RR–RRR

Worcester

Protea Hotel Cumberland
2 Stockenstrom St.
Worcester 6850
✆ 023-347-2641
www.marriott.com
55 moderne Zimmer in zentral gelegenem Hotel. Gallery-Restaurant und Bar. Großer Pool. RR–RRR

Nekkies Holiday Resort
4,5 km Richtung Rawsonville
✆ 023-343-2909
Am Brandvlei-Staudamm. Für Wohnmobile und Zelte. Auch rustikale Hütten.

Schlafen im Grünen: Campingplatz im Wilderness National Park an der Garden Route

SERVICE VON A BIS Z

Anreise

Reisende aus EU-Ländern benötigen zurzeit kein **Visum** für einen Urlaubsaufenthalt bis maximal 90 Tage. Nicht-EU-Mitglieder müssen ein Visum bei der Botschaft oder im Konsulat beantragen. Der Pass muss sechs Monate nach dem geplanten Ausreisetermin gültig sein und zwei freie Seiten für Ein- und Ausreise aufweisen. Dies gilt auch für Kinderausweise, die nur mit Foto gültig sind. Ferner muss ein Rückflugticket vorliegen. Kinder, die mit nur einem Elternteil einreisen, brauchen die schriftliche Einwilligung des anderen.

Die Anreisezeit mit dem **Flugzeug** aus Europa beträgt etwa elf Stunden. Der Hauptflughafen ist Johannesburg International Airport (30 km von der Innenstadt und 60 km von Pretoria entfernt). Hier muss man auch bei einem Inlandsweiterflug durch die Passkontrolle und mit dem Gepäck durch den Zoll. Im Flugzeug werden bereits Formulare zur Einreise und Zollerklärung ausgeteilt und nach dem Ausfüllen wieder eingesammelt. Es gibt auch einige Direktflüge nach Kapstadt (Flughafen–City ca. 20 km) und Durban (Flughafen–City ca. 16 km).

Über 50 internationale Linien fliegen derzeit nach Südafrika. Es ist sinnvoll, einen Übernachtflug zu buchen, da man sich so bereits zwei Übernachtungen sparen kann. Sollten Sie einen Tagesflug buchen, achten Sie darauf, dass die Ankunftszeit noch so früh am Nachmittag liegt, dass sie bei Helligkeit Ihr Hotel erreichen.

An allen bedeutenden Flughäfen gibt es Tourist Informations. Auch die großen Autovermieter haben ihre Filialen direkt im Ankunftsbereich oder bieten Shuttle-Busse an. Einige Hotels bieten ihren Gästen den Transfer vom/zum Flughafen an.

Auskunft

Informationen über Südafrika im Internet:
www.southafrica.net
www.sanparks.org
www.suedafrika.org
www.accommodation.co.za

Informationen über die einzelnen Provinzen und größeren Städte:
www.cape-town.net
www.nmbt.co.za (Port Elizabeth)
www.places.co.za/html/free_state.html
www.bloemfonteintourism.co.za
www.gauteng.net
www.joburg.org.za
www.kzn.org.za (KwaZulu/Natal Province)

Bei Safaris in den Nationalparks muss man auch auf vierbeinige Verkehrsteilnehmer achten

www.durban.co.za
www.golimpopo.com
www.limpopo.gov.za
www.visiteasterncape.co.za
www.experiencenortherncape.com
www.kimberley.co.za
www.tourismnorthwest.co.za

i South African Tourism
Friedensstr. 6–10, 60311 Frankfurt/Main
Servicecenter: ✆ (0800) 118 91 18
www.tourismus.de

i Botschaft der Republik Südafrika
Tiergartenstr. 18, 10785 Berlin
✆ (030) 22 07 30
www.suedafrika.org
Allgemeine Informationen zur Sicherheit und Visumsfragen.

i South African National Parks
P. O. Box 787, Pretoria 0001
✆ 012-428-9111, www.sanparks.org
Reservierung von Übernachtungen und Aktivitäten in Nationalparks.

Autofahren, Automiete

In Südafrika herrscht **Linksverkehr** – für die meisten Europäer ist das eine gewaltige Umstellung. Das Lenkrad befindet sich auf der rechten Seite. Sollten Sie noch niemals links gefahren sein, gehen Sie die Sache ruhig an und fahren Sie an den ersten Tagen nur kleinere Distanzen. Das Befahren der großen Schnellstraßen ist sehr übersichtlich – es wird nicht so schnell gefahren wie bei uns.

Bei 50 Prozent der Autounfälle in Südafrika ist Alkohol im Spiel, obwohl die **Promillegrenze** bei 0,5 liegt. Das **Tempolimit** innerhalb von Ortschaften beträgt 60 km/h, auf geteerten Landstraßen 100 km/h, auf Autobahnen und Schnellstraßen 120 km/h. In Wildparks herrschen besondere Verkehrsregeln. Wenn auf Schildern gekennzeichnet, gibt es eine besondere Stoppschildregelung: Wer zuerst auf die Kreuzung trifft, darf sie auch als Erster überqueren.

Einige Streckenabschnitte auf Schnellstraßen sind sogenannte *toll roads*, für die man eine Mautgebühr entrichten muss. An den meisten Tankstellen werden keine Kreditkarten angenommen. Selbstbedienung *(self service)* ist eher die Ausnahme als die Regel. Scheibenputzen ist im Service inbegriffen, der Tankwart freut sich aber über ein kleines Trinkgeld.

Im Fall einer Panne ist es ratsam, wenn möglich bis in die nächste Ortschaft zu fahren. Von dort aus muss der Autovermieter verständigt werden. Sind Sie Mitglied im ADAC, genießen Sie auch in Südafrika durch die *Automobile Association of South Africa (AA)* Unterstützung.

Es ist sinnvoll, schon von Deutschland aus ein Auto oder Wohnmobil zu buchen, obwohl es auch vor Ort durchaus gute Möglichkeiten gibt. Man wird Sie am Flughafen abholen. Das Netz der öffentlichen Verkehrsmittel eignet sich mit Ausnahme von Kapstadt nicht für touristische Zwecke, es lohnt sich also, ein Auto zu mieten, selbst wenn man einige Tage in einer Großstadt verbringen möchte.

Beim Anmieten muss man neben dem nationalen Führerschein auch einen internationalen Führerschein und eine Kreditkarte vorlegen. Es wird eine Kaution abgebucht, die man bei Rückgabe des Fahrzeuges zurückerstattet bekommt. Der Fahrer muss mindestens 21 Jahre alt sein. Lassen Sie sich keine unnötigen Versicherungen aufschwatzen, informieren Sie sich vorher. Wichtig ist, zusammen mit dem Vermieter das Fahrzeug auf Schäden zu inspizieren und festzuhalten.

Besonders bei Campmobilen ist eine **gründliche Einweisung** sinnvoll. Auf alle Fälle sollte man sich auch bei Pkws das Wechseln des Reserverads erklären lassen, ferner das Öffnen des Tankdeckels und des Kofferraumes.

Diplomatische Vertretungen

ℹ Deutsche Botschaft
201 Florence Ribeiro Ave., Pretoria 0083
✆ 0027 12-427-8900
www.southafrica.diplo.de

ℹ Österreichische Botschaft
454 A Fehrsen Street (Eingang William St.)
Brooklyn, Pretoria 0181
✆ 0027 12-452-9155
www.bmeia.gv.at/botschaft/pretoria.html

ℹ Schweizer Botschaft
225 Veale Street, Parc Nouveau
New Muckleneuk 0181, Pretoria
✆ 0027 12-452-0660
www.eda.admin.ch/pretoria

Einkaufen

Shoppingcenter bieten viele Geschäfte an einem Ort. So umfasst das **Canal Walk Shopping Centre** in Kapstadt über 400 Läden sowie Restaurants.

Kunsthandwerk, Schmuck und Weine sind die beliebtesten Souvenirs Südafrikas. Zum Kunsthandwerk zählen Schnitzereien, Lederwaren und Metallarbeiten – darunter auch die Drahtgeflechte, die an Straßenständen angeboten werden. Afrikanische Masken sind nicht landestypisch! **Monkeybiz** (www.monkeybiz.co.za, Wale St., Kapstadt) bietet ungewöhnliche Perlenarbeiten wie Puppen und Tiere.

Sehr geschmackvoll ist das berühmte Silberbesteckdesign von **Carrol Boyes** (www.carrolboyes.com). Oder die Keramik von **Clementina van der Walt** (www.clementina.co.za) in The Old Biscuit Mill in Woodstock.

Schmuck gibt es in jeder Preislage. Ganz oben stehen Diamanten. Auf ein offizielles Zertifikat achten. Aber auch Schmuck mit anderen Edelsteinen aus dem Land wie Smaragden oder Halbedelsteinen wie Lapis Lazuli sind beliebt. Ebenso Gold- und Silberschmuck.

Von nahezu jedem Weingut kann man sich die edlen Tropfen nach Hause schicken lassen.

Die Einfuhr von Waren aus Elfenbein nach Deutschland – selbst wenn sie ein »Zertifikat« haben – **steht unter Strafe.**

Für Waren über 250 Rand erhält man die Steuer (VAT) bei Ausreise am Flughafen gegen Quittung zurück.

Essen und Trinken

Es gibt überall **Restaurants** unterschiedlicher Preisklassen – von Fast-Food-Ketten bis zur Luxus-Cuisine. Achten Sie darauf, ob ein Restaurant *fully licensed* ist – dann gibt es Bier und Wein. In einem *unlicensed* Restaurant ist es durchaus üblich, alkoholische Getränke mitzubringen.

Das Schild im Eingangsbereich *Wait to be seated* bedeutet, dass man vom Personal persönlich zu einem Tisch geführt wird, oft muss reserviert werden. In den meisten Restaurants wird gute Kleidung erwartet – kurze Hosen bei Männern und Bikini-Tops bei Frauen sind unangemessen.

Dutzende Läden an einem Ort: Shoppingcenter an der Victora and Albert Waterfront in Kapstadt

Eine Besonderheit ist die **Ladies' Bar**, das sind Pubs und Bars, in die auch Frauen dürfen – wobei die meisten Bars der Hotels und Gästehäuser mittlerweile für Frauen zugänglich sind.

Gourmets schwärmen von der exquisiten Vielfalt der südafrikanischen Küche mit ihrem multikulturellen Einschlag. Die heimische Küche verdient besonders viel Aufmerksamkeit. Kapholländische Gerichte zeichnen sich durch eine gelungene Mischung aus europäischer Hausmannskost, verfeinert durch Kräuter und Gewürze von den ehemaligen Gewürzkolonien, aus. Der asiatische Einfluss spiegelt sich wider in *Bredies* (Eintöpfen), in der Spezialität *Bobotie*, einem raffinierten Hackfleischgericht, und in Kürbisleckereien oder Ingwertörtchen. Besonders in KwaZulu-Natal lockt die indische Küche mit leckeren *Currys* und Hühnchen oder Hammel nach *Tandoori*-Art.

Seafood-Restaurants haben Hochkonjunktur, bieten sie doch fangfrischen Fisch und Austern. Besonders *Kingklip*, ein weißfleischiger Leckerbissen, ist sehr empfehlenswert.

Im Landesinneren, zum Beispiel in der Karoo, stehen Lammgerichte oder Raritäten wie *Waterblommetjie bredie* (Schafseintopf mit Knospen von Wasserlilien) auf dem Speiseplan. Fleisch gibt es in vielen Variationen und bester Qualität. Unbedingt sollte man **Wild** wie Kudu, Nyala, Impala oder Strauß probieren! Wie wäre es mit Perlhuhn-Eintopf *(Guinea fowl casserole)* oder einer deftigen Ochsenschwanzsuppe?

Potjiekos nennt man alles, was in den dreibeinigen Eisentöpfen über offenem Feuer gekocht wird. Lagerfeuerromantik kommt auch bei dem liebsten Zeitvertreib der Südafrikaner auf, dem *Braai* – mit viel Fleisch, viel Bier und vielen Geschichten!

Auch die Spezialitäten der schwarzen Bevölkerung sollte man probieren. Oft werden sie auf Wildfarmen angeboten. *Masonja* (Mopana-Wurm) gilt als Leckerei, *Xi Fu Fu Nu Nu* nennt sich die geröstete Larve des Scarabäus-Käfers. Doch es gibt auch Harmloseres wie etwa *Ngwiri* (wilde Süßkartoffel) oder *Nkaanyi* (zerkleinerte, geröstete Nüsse des Marula-Baumes).

Bekannte **Nachspeisen** sind *Koeksisters* (Törtchen mit Sirup), *Souskluitjies* (eine Art Krapfen) oder *Melktert* (ein leckerer Kuchen). Zu den Teespezialitäten gehört der **Rooibos-Tee**, der nicht nur gut schmeckt, sondern auch noch sehr gesund ist.

Südafrika gehört zu den Ländern mit dem weltweit höchsten **Alkoholkonsum** (5 Mrd. Liter landesweit pro Jahr, entsprechen 9–10 Liter reinen Alkohol pro Person). Tendenz steigend. Am Strand, an öffentlichen Plätzen und staatlichen Einrichtungen ist Alkohol verboten!

Südafrikas **Weine** sind weltberühmt! Das günstige Mittelmeerklima mit warmen Sommern und Regen im Winter und der fruchtbare Boden bieten ideale Bedingungen für Reben wie Chenin Blanc, Colombard, Chardonnay, Sauvignon Blanc, Riesling und Semillon. Unter den Rotweinen rangieren Cabernet Sauvignon, Pinotage, Merlot, Shiraz und Pinot Noir unter den meistverkauften Sorten. Die meisten der über 600 Keltereien Südafrikas befinden sich in der Western Cape Province, in der Nähe von Kapstadt.

Das südafrikanische **Bier** ist nicht von schlechten Eltern. Die meist deutschstämmigen Braumeister verstehen ihr Handwerk. Bier und Wein gibt es in größeren Supermärkten zu kaufen. Spirituosen sind nur in *liquor stores* erhältlich. Sonntags meist kein Verkauf.

Bei den im Reiseführer empfohlenen Restaurants werden **Preiskategorien** (R, für Rand) angegeben, die sich auf den Preis für eine Hauptmahlzeit beziehen:

R – preiswert
RR – mittlere Preisklasse
RRR – teuer

Feiertage, Feste, Veranstaltungen

Offizielle Feiertage:

Neujahrstag (1. Januar)
Tag der Menschenrechte (21. März)
Karfreitag
Familientag (Ostermontag)
Freiheitstag (27. April)
Tag der Arbeit (1. Mai)
Tag der Jugend (16. Juni)
Nationaler Frauentag (9. Aug.)
Tag des nationalen Erbes (24. Sept.)
Tag der Versöhnung (16. Dez.)
Weihnachtsfeiertag (25. Dez.)
Tag des Guten Willens (26. Dez.)

Wenn einer dieser Tage auf einen Sonntag fällt, dehnt sich der Feiertag auf den anschließenden Montag aus. Dies sollte man bei Buchungen berücksichtigen. Auch die Südafrikaner lieben lange Wochenenden und fahren gerne an die Strände und in die Wildparks. Da die meisten Südafrikaner Urlaub im eigenen Land machen, wird es in den Schulferien eng.

Die Sommerferien dauern von Mitte Dezember bis Mitte Januar, Osterferien ab Karfreitag 14 Tage, Winterferien vier Wochen ab Ende Juli und die Frühlingsferien eine Woche im September.

Geld, Kreditkarten

Die südafrikanische **Währung** heißt Rand (ZAR). Im Dezember 2016 betrug der Wechselkurs 1 € = 15,02 Rand bzw. 1 Rand = 0,066 €. Den aktuellen Wechselkurs kann man z. B. unter www.oanda.com abfragen.

Es gibt Scheine im Wert von 10, 50, 100 und 200 Rand. 1 Rand hat 100 Cents. Münzen gibt es im Wert von 5, 10, 50 Cents und 1, 2 und 5 Rand. Scheine zu 100 und 200 Rand können oft nicht gewechselt werden.

Ohne **Kreditkarte** geht fast nichts mehr, am meisten verbreitet sind VISA und Eurocard, damit kann man auch **Bargeld** aus Bankautomaten (ATM) und am Bankschalter abheben (PIN nicht vergessen). EC-Karten werden an Automaten mit Maestro-Zeichen akzeptiert. Euro-Reiseschecks von zu Hause mitbringen, Rand-Reiseschecks können im Land erworben werden. Unbedingt nach den Umtauschkonditionen der Wechselstuben erkundigen – oft werden horrende Gebühren erhoben. Rennies Travel Agency tauscht ohne Gebühren Reiseschecks. Die Einfuhr von mehr als 5 000 Rand ist nicht gestattet.

Hinweise für Menschen mit Handicap

Insgesamt gibt es gute Reisebedingungen für Behinderte. Die Association for the Physically Disabled informiert unter ✆ 011-646-8331 über Freizeitaktivitäten und behindertengerechte Unterkünfte. In den meisten Nationalparks gibt es barrierefreie Übernachtungsmöglichkeiten. Größere Autovermieter stellen Fahrzeuge mit Handbetrieb. Menschen mit Sehbehinderung finden Rat beim SA National Council for the Blind unter ✆ 012-452-3811.

Internet

Etwa 40 Prozent der Südafrikaner nutzen das Internet. Doch es gehört mittlerweile zum touristischen Standard, dass in Hotels, Pensionen

Auf ein Gläschen in einem Weinkeller in Paarl

Handgemachte Püppchen auf einem Kunstmarkt in Johannesburg

und in Ferienhäusern WLAN – in der Regel kostenlos – zur Verfügung steht. Im Krügerpark gibt es in Berg-en-Dal und Skukuza Internetcafés. Letztere gibt es auch in allen größeren Orten.

Klima, Kleidung, Reisezeit

Lockere, legere Freizeitkleidung gehört in jedes Gepäck. Für Wanderungen durch den Busch sind lange Hosen und feste Schuhe unverzichtbar, ebenso ein Sonnenhut oder eine Kappe. Zur Tierbeobachtung sind grüne Töne und sanfte Farben besser geeignet als kräftige. Die Abende können durchaus kühl werden, besonders in den bergigen Regionen, deshalb sollte man eine warme Grundausstattung dabei haben. So locker, wie es in den Wildparks zugeht, so schick kleidet man sich in den besseren Hotels und Restaurants. Durch die Klimaanlagen ist es dort oft sehr kalt.

Das Land ist ganzjährig hervorragend zu bereisen. Da Südafrika in der südlichen Hemisphäre liegt, sind die Jahreszeiten den unseren entgegengesetzt. Günstig für alle, die dem europäischen »Schmuddelwetter« entgehen wollen. Der südafrikanische **Frühling** (Mitte September bis Mitte Dezember) lockt mit milden Temperaturen und Blütenpracht in den halbariden Zonen entlang der Westküste und blühendem Fynbos an der Garden Route. Im **Sommer** (Mitte Dezember bis Mitte März) ist Hochsaison. Es kann sehr heiß werden, besonders an der Ostküste und im Krügerpark.

Der **Herbst** (Mitte März bis Mitte Juni) ist beschaulich – die Bäume verlieren die Blätter, es kühlt ab – und wunderbar geeignet für Wanderungen. Nicht nur in den Küstenorten geht der Tourismus merklich zurück – auch die Preise. Für Tierbeobachtung ist der südafrikanische **Winter** (Mitte Juni–Mitte Sept.) ideal mit seinen klaren, meist trockenen Tagen. Die spärliche Vegetation eröffnet einen freieren Blick auf das Wild. In den Hochregionen der Berge kann es allerdings zu Schneefall kommen.

Maße und Gewichte

Das metrische System wird verwendet, Entfernungen werden in Kilometern gemessen, Temperaturen in Grad Celsius angegeben.

Medizinische Versorgung

Die medizinische Infrastruktur ist ausgezeichnet. Dennoch ist es ratsam, vom Arzt verschriebene Medikamente in ausreichender Menge mitzubringen, ebenso eine Ersatzbrille. Informieren Sie sich im Tropeninstitut oder bei Ihrem Arzt über eine mögliche **Malariaprophylaxe**.

Besonders im Norden und Osten ist es in der Regenzeit (Dez.–März) ratsam, sich effektiv vor Moskitostichen zu schützen. Da helfen Insektenspray, Schlafen unter Moskitonetz und abends das Tragen von langärmliger Kleidung. Man kann sich auch in Apotheken *(pharmacy)* beraten lassen. Bei Fieber sofort einen Arzt *(doctor)* aufsuchen.

Zeckenfieber handelt man sich schnell ein. Bei Wanderungen ein spezielles Antizeckenmittel auf die Kleidung und die Schuhe auftragen (z.B. Bayticol). **Schlangenbisse** abbinden und sofort einen Arzt verständigen. Knöchelhohe Stiefel tragen. **Bilharziose-Gefahr** besteht in stehenden Gewässern mit niedrigem Wasserstand. **Tuberkulose** gehört zwar zu den Hauptkrankheiten des Landes, als Tourist kommt man aber selten damit in Kontakt. **AIDS** ist weit verbreitet. Die **Tetanusimpfung** sollte man auffrischen.

Mit Kindern in Südafrika

Obwohl Südafrikaner kinderfreundlich sind, gibt es viele Wildparks und Hotels, die ein Mindestalter der Kinder von oft 12 oder 14 Jahren voraussetzen, bei Buchung der Unterkunft unbedingt vorab klären.

Mit Kleinkindern sollte man nicht in Malaria gefährdete Regionen fahren. Kindersitze müssen bei den Autovermietern vorbestellt werden.

Notfälle, wichtige Rufnummern

Die **Notrufnummer** lautet im ganzen Land ✆ **10 111**. Deutlich Namen und Standort nennen und das Problem kurz schildern. In den Nationalparks liegt die Polizeigewalt bei den Rangern.
Notruf allgemein: 10 177
Touristenpolizei und Fundbüro: 418-2853
Verlust von Kreditkarten: +49 116 116
Automobilclub (bei Pannen): ✆ 0800-01 01 01.

Öffnungszeiten

Die **Ladenzeiten** sind Mo–Fr von 8.30–13 und 14–17.30 Uhr. Dies gilt auch für Apotheken. Supermärkte, wie z.B. Seven Eleven, haben von 7–23 Uhr offen, **Shoppingcenter** auch sonntags. **Kleinere Tankstellen** haben zwischen 7–18 Uhr geöffnet, größere oft 24 Stunden. In der Regel ist ein kleiner Laden oder Schnellimbiss angeschlossen. **Banken** sind Mo–Fr 9–15.30, Sa bis 11, **Postämter** Mo–Fr 8–16.30, Sa 8.30–11.30 Uhr geöffnet.

Post, Briefmarken

Postämter gibt es in jedem größeren Ort. Hier kann man Briefmarken kaufen und Postkarten sowie Briefe versenden. Die Beförderung dauert ein bis zwei Wochen. Pakete verschickt man am besten mit privaten Diensten wie beispielsweise Post-Net.

Presse

Es gibt wenige überregionale Tageszeitungen. Die wichtigsten sind Business Day, The Star und The Times. Wöchentlich erscheinen The Sunday Times und Mail & Guardian. Aktuelle Onlineinformationen erhält man unter www.news24.com, www.mg.co.za, www.sabc.co.za und www.timeslive.co.za.

Rauchen

Rauchen ist strikt untersagt in Restaurants, Pubs, Shoppingcentern und Büros. Außerdem generell in der Öffentlichkeit. Dies gilt für Balkone, Verandas ebenso wie für Fußwege und Parkplätze. Und auch für Hotelzimmer. Genauso verboten ist das Rauchen im Auto wenn sich Kinder darin befinden.

Reservierungen

Wer seine Route zu Hause bereits ausgearbeitet hat, dem sei generell geraten, rechtzeitig – besonders in den Hauptreisezeiten – in den stark frequentierten Nationalparks und den Parks von KwaZulu-Natal vorab zu buchen. Man erhält dann sogenannte *Vouchers,* die vorher bezahlt werden müssen. Nur diese garantieren, dass man seinen Reiseplan auch einhalten kann. Ebenso ist es günstig, Hotels,

Großes Abenteuer für junge Entdecker: Safari in den Wildparks

Gästehäuser und auch Campingplätze zu reservieren. Dies geht problemlos per E-Mail – oft wird die Kreditkartennummer erwünscht.

Vor Ort ist es sinnvoll, in stark frequentierten Gebieten abends den Platz im Restaurant zu reservieren. Oftmals übernimmt das Hotel oder Gästehaus kostenlos diesen Service.

Sicherheit

Es gibt einige Sicherheitsregeln, die zu beachten sind. Als **Fußgänger** in Städten sollte man sich nur in belebten innerstädtischen Gebieten aufhalten und Geld, Ausweis und Kreditkarte in einem Gürtel direkt am Körper tragen. Johannesburgs Innenstadt ist unbedingt zu meiden und auch durch Townships geht man am besten nur in Begleitung eines Führers.

Als **Autofahrer** sollte man sich gut auf die Strecke vorbereiten. Besonders in ländlichen Regionen ist es schwierig, englischsprachige Menschen zu finden, die Auskunft geben können. Bei Helligkeit am Zielort ankommen, nie bei Nacht fahren! In Ortschaften die Autotüren verriegeln. Auch auf Schnellstraßen auf Passanten oder Tiere auf der Fahrbahn achten.

Beliebtes Wellenreiter-Paradies: Jeffrey's Bay

Wanderer müssen sich bei längeren Touren unbedingt bei den Rangern an- und abmelden. Wandern Sie besser niemals alleine! Bei Küstenwanderungen Gezeiten berücksichtigen. Bei Wanderungen im Landesinneren mit Flussüberquerungen bei Regen immer mit Sturzfluten rechnen. Auf Schlangen achten, genügend Trinkwasser mitnehmen. Morgens vorsichtshalber in die Wanderstiefel schauen – Skorpione lieben diese Nachtquartiere.

In vielen Camps gibt es mittlerweile keine Elektrozäune mehr. Zwischen Sonnenunter- und -aufgang sollte man auf nachtaktive Tiere wie Löwen, Leoparden, Flusspferde und Hyänen achten und sich nicht weit vom Camp entfernen. Aktuelle Hinweise bietet das Auswärtige Amt unter www.auswaertiges-amt.de.

Sport und Erholung

Abseiling
Den Tafelberg einmal anders erleben? Mit rasendem Pulsschlag über einer steilen Klippe hängen, den Himmel über sich, den Atlantik tief unten? Geboten z. B. bei **AbseilAfrica**, www.abseilafrica.co.za.

Baden
Der Atlantische Ozean an der Westküste und rund um die Kap-Halbinsel und False Bay erreicht nie mehr als 18 Grad. Der Indische Ozean an der Ostküste dagegen steigt im Sommer auf 25 Grad und lädt zum Schwimmen ein.

Bungee-Jumping
Der Klassiker der südafrikanischen Bungee-Sprünge ist der »Jump« von der **Bloukrans Bridge** (216 m), der etwa 160 m in die Tiefe führt. Zu buchen bei www.faceadrenalin.com.

Gleitschirmsegeln/Drachenfliegen
Das Buch »Fresh Air Sites Guide« von Greg Hamerton ist der beste Führer für alle, die in Südafrika Gleitschirmsegeln oder Drachenfliegen wollen. Informativ auch www.flysa.net.

Golf
Zu den fünf schönsten Plätzen wurden gewählt: **Fancourt** in George, **Leopard Creek** in Malelane, **Gary Player CC** in Sun City, **Glendower** in Johannesburg und der **Durban Country Club**. In den meisten Plätzen sind Gäste

willkommen. Unter www.southafricagolf.com findet man alle Golfplätze der einzelnen Provinzen.

Mountainbiken
Über 400 der besten Mountainbike-Strecken findet man unter www.mtbroutes.co.za.

Reiten
Pferde werden auf vielen Farmen vermietet. Beliebt sind Ausritte entlang der langen Sandstrände. Interessant sind die Angebote von **Horizon Horseback**, www.ridinginafrica.com, und **Wild Coast Horseback Adventures**, www.wildcoasthorsebackadventures.com.

Retreats
Immer mehr Menschen kommen nach Südafrika, um in der Schönheit und Stille der Landschaft zur Besinnung zu kommen. Zu den schönsten Retreats gehören das **Emoyeni Retreat Centre** in den Magaliesbergen (www.emoyeni.org.za), das **Blue Butterfly Retreat** im Welbedacht Nature Reserve (www.thebluebutterfly.co.za), **Satori** in den Natal Midlands (www.satorifarm.co.za), **Little Samadhi** in der Little Karoo (www.littlesamadhi.co.za). Besonders empfehlenswert ist das **Temenos Retreat** in McGregor (www.temenos.org.za).

Segeln
Segeln kann man rund ums Jahr. Der vornehmste Segelclub ist der **Royal Yacht Club** in Kapstadt. In den meisten Häfen kann man Segelboote mit oder ohne Crew mieten. Die besten Auskünfte über den Wassersport und auch über Ausbildung erhält man unter www.sailing.org.za.

Surfen
Langebaan an der West Coast und **Jeffrey's Bay** am Indischen Ozean zählen zu den besten Surfspots. Eine komplette Karte der besten Surfreviere unter www.surfing-waves.com.

Strände
Camps Bay, mit dem fantastischen Panorama der Zwölf Apostel im Hintergrund, wurde zur Nummer eins unter den Stränden gewählt. Platz Nummer zwei teilen sich **North Beach** bei Durban und **Santos Beach**, Mossel Bay. **Nahoon** bei East London punktet mit einem Boardwalk durch die Dünenlandschaft.

Clifton bei Kapstadt besteht aus vier Strandabschnitten. Hier ist es erstaunlicherweise oft windstill – der beste Platz, den Sonnenuntergang zu genießen. Der Strand von **Cape Vidal** im iSimangaliso Wetland Park ist wild und schön. **Diaz Beach** in Mossel Bay ist im Dezember hoffnungslos überfüllt. Das hat seinen Grund: Das Wasser ist warm, die Wellen sind sanft und der Strand frei von Felsen und Steinen. Blue-Flag-Strände unter www.blueflag.org.za.

Wandern in den Highlands der Langeberge entlang der Garden Route

Tauchen/Schorcheln
Wrack- und Haitauchen *(Cage Diving)* sind sehr populär. Im kalten Wasser des Atlantiks sind es die Kelpwälder und die Wracks, die faszinieren, im Indischen Ozean die reiche Meeresflora und -fauna. Topgebiete sind **Aliwal Shoal** vor der Küste Umkomaas. **Protea Bank** liegt bei Shelley Beach und ist bekannt für seine große Haipopulation. Aber auch Mantas und Rochen zählen zu den Sichtungen.

Wandern
Das Land ist von Wanderwegen durchzogen, die insgesamt immer gut markiert sind. Für Mehrtageswanderungen muss man sich immer anmelden und Übernachtungshütten buchen. Die besten Wanderwege findet man unter www.nature-reserve.co.za/best-hiking-trails-south-africa.html.

Affenbrotbaum im Mapungubwe-Nationalpark

Strom

Die Stromspannung beträgt 220 Volt. Bei Steckdosen wird ein dreipoliges System verwendet, wofür ein dreipoliger Adapter notwendig ist *(three-point round-pin adapter)*. Vielfach gibt es neben der Steckdose einen kleinen Schalter, den man betätigen muss. Mit Stromausfall muss jederzeit gerechnet werden.

Telefonieren

Die Vorwahl nach Deutschland ist ✆ 00 49. Nach Südafrika muss man die ✆ 00 27 vorwählen, anschließend wählt man die Teilnehmernummer einschließlich der Ortsnetzkennziffer ohne die 0. Bei Inlandsgesprächen wird die mit 0 beginnende Ortsnetzkennziffer als Bestandteil der Telefonnummer auch bei Ortsgesprächen mitgewählt (Beispiel Kapstadt: 021-).

Öffentliche Telefonzellen in Südafrika arbeiten mit Münzgeld oder Telefonkarten, erhältlich in vielen Geschäften und Supermärkten, auf der Post, auf Flughäfen oder in Buchläden zu R10–200. Mit einer WORLD-CALL-CARD kann man über eine Hotline von jedem Telefon aus anrufen. Günstig telefoniert man mit dem eigenen Handy (*cell phone*). Dazu kauft man in einem Telefonshop eine SIM-Card mit eigener Rufnummer und eine Prepaid-Card.

Trinkgeld

Bedienungen und Taxifahrer bekommen mindestens 10 Prozent des Rechnungsbetrages, Kofferträger 5–10 Rand pro Gepäckstück, Zimmermädchen 5 Rand pro Tag. Ebenso erhalten Tour-Guides und Caddies auf dem Golfplatz ein Trinkgeld *(tip)*. Seien Sie großzügig, die Gehälter sind niedrig, und wer Arbeit hat, ernährt damit meist eine große Familie.

Unterkunft

Es gibt eine große Palette von Unterkünften in jeder Preiskategorie, angefangen von Fünfsternehotels und Luxuslodges über Gästehäuser, Farmen, B & Bs und Ferienwohnungen/-häuser für Selbstversorger bis hin zu Backpackerunterkünften, Jugendherbergen und Camping. Nicht zu vergessen: die wunderbaren Unterkünfte in den staatlichen Nationalparks und Wildparks in KwaZulu/Natal.

Hotels müssen nicht unbedingt reserviert werden. Es gibt eine Rezeption, einen Frühstücksraum und Service. Zu den bekanntesten Hotelketten in Südafrika zählen Holiday Inn, Protea Hotels, Southern Sun und Sun International.

Gästehäuser *(Guest Houses)* sind zu Pensionen umgewandelte Privathäuser oder Anwesen. Oft ist der Besitzer gleichzeitig der Manager – eine gute Gelegenheit, Südafrikaner kennenzulernen.

Als **Landhotel** *(Country House)* bezeichnet man ein großes Gästehaus in natürlicher Umgebung wie z. B. einem Naturreservat oder an einem See. **Bed & Breakfast** (B & B) wird zumeist in einem größeren Privathaushalt angeboten.

Eine **Lodge** ist ein großes Gästehaus auf dem Land oder in einem Privatreservat. Im Preis sind manchmal Vollpension und verschiedene Aktivitäten wie z. B. Pirschfahrten oder Wanderungen inbegriffen.

Selbstversorger sind in *Self-Catering Accomodations* untergebracht. Das können Häuser, Hütten, Hausboote, Safarizelte oder Ferienwohnungen sein. Bei **Backpacker-Unterkünften** kann es ich um eine Art Jugendherberge handeln, aber auch um Unterkünfte für Wanderfreunde.

Verkehrsmittel

Lassen Sie sich von Ihrem Hotel, Gästehaus oder Restaurant ein **Taxi** rufen. Das gewährleistet den besten Service und ein eingeschaltetes Taxameter. **Minibustaxis** sind für Touristen nicht unbedingt geeignet. Nur **Kapstadt** verfügt über ein gutes öffentliches Verkehrsnetz aus Metro und Bussen. Es verkehrt ein regelmäßiger Shuttle-Bus von der Tourist Information zur Tafelbergbahn und zur Victoria & Alfred Waterfront.

Buslinien von Greyhound (✆ 011-249-8900), Intercape (✆ 021-386-4400) und Translux (✆ 021-449-3333) verbinden die wichtigsten Orte des Landes. Wer mit kleinem Budget reist, sollte sich bei Baz-Bus (✆ 021-422-5202, www.bazbus.co.za) erkundigen.

Shosholoza Mey informiert über **landesweite Passagierzüge** unter www.shosholozameyl.co.za.

Luxusreisezug: Der weltberühmte **Blue Train**, ein Zug der Luxusklasse, verkehrt regelmäßig zwischen Pretoria und Kapstadt sowie von Pretoria in den Krügerpark, ✆ 012-334-8459, www.bluetrain.co.za.

Ein Klassiker ist auch der **Shongololo Safari Express**. Der Zug **Good Hope** führt zwischen Kapstadt und Johannesburg zu 23 Top-Touristenattraktionen. Der **Southern Cross** verkehrt zwischen Johannesburg und den Viktoriafällen und der **Dune Express** kombiniert das wüstenhafte Namibia mit dem üppigen Weinland am Kap (✆ 03691-7911-70, www.shongololo.de).

Dampfeisenbahn und historisches Flugzeug: Ob man nun im Luxuszug **Pride of Africa** von Rovos Rail (✆ 012-315-8242, www.rovos.com) oder mit einer DC3 zur Southern African Air Safari (www.airsafaris.co.za) aufbricht – eines ist garantiert: Luxus pur.

Leider wurden die Strecken der beiden legendären Dampfeisenbahnen Outeniqua Choo-Tjoe und der Apple-Express eingestellt.

Zeitzone

Während der mitteleuropäischen Sommerzeit gibt es keine Zeitverschiebung, in unserer Winterzeit ist es in Südafrika eine Stunde später (also MEZ + 1 Stunde).

Zoll, VAT

50 Zigarren, 250 Gramm Tabak, 400 Zigaretten, 1 Liter hochprozentiger Alkohol, 2 Liter Wein und 250 Milliliter Eau de Toilette sowie Geschenke bis zu einem Wert von R500 dürfen eingeführt werden. Die Einfuhr von Jagdwaffen, Tieren und Pflanzen ist genehmigungspflichtig. Zollfrei bei der Rückreise sind Waren bis zu einem Wert von 200 Euro.

VAT steht für die 14-prozentige Mehrwertsteuer, die auf Hotelübernachtungen, Waren, Touren und Transportmitteln erhoben wird und bei der Ausreise am Flughafen, sofern sie auf der Rechnung ausgewiesen ist, erstattet werden kann (Mindestwarenwert R250, Höchstwert R3000). Informationen erhält man unter: www.taxrefunds.co.za.

Am Fuße der Tafelberge gelegen: Camps, der malerische Vorort von Kapstadt

SPRACHFÜHRER

Es gibt in Südafrika elf offizielle Sprachen, darunter sind die am meisten verbreiteten isiZulu (23,8 %), isiXosa (17,6 %), Africaans (13,3 %), Sesotho sa Leboa (9,4 %) und Englisch mit ca. 8,2 Prozent. Die Amtssprache ist Englisch. In Städten, touristischen Einrichtungen und Restaurants sollte man sich mit Englisch verständigen können. Im Folgenden finden Sie einige notwendige Wendungen und Begriffe.

Alltag, Umgangsformen

Hello! Wer kennt diese alltagstaugliche Begrüßung nicht? Sie klingt weniger salopp als das deutsche *Hallo* und wird in Südafrika jederzeit verwendet. *Good afternoon* und *Good evening* kann man – je nach Anlass – auch sagen. Das ist dann schon etwas förmlicher. Junge Leute bevorzugen übrigens das inzwischen auch hier übernommene *Hi!*

Wird man jemandem vorgestellt, so hört man meist ein *How do you do?* oder ein *Nice to meet you!* Die Antwort darauf lautet genauso: *How do you do?*

Die Südafrikaner sind in der Regel sehr hilfsbereit und höflich und werden Sie, wenn's mit der Sprache mal etwas hapert, nicht im Regen stehen lassen. Noch etwas wird Ihnen den Einstieg leichter machen: im Englischen gibt es weder unterschiedliche Artikel (es heißt immer *the*) noch die Unterscheidung in »Du« und »Sie«. Man sagt einfach immer *you*.

(Good) morning!	Guten Morgen!
(Good) evening!	Guten Abend!
(Good) night!	Gute Nacht!
Hello!	Guten Tag!
Hi!	Hallo!
How are you?	Wie geht es dir/Ihnen?
Goodbye!	Auf Wiedersehen!
Have a nice trip!	Gute Reise!
Bye!/See you!	Tschüss!
See you soon!	Bis bald!
See you tomorrow!	Bis morgen!
It was nice meeting you.	Schön, dich kennengelernt zu haben.
yes/no/maybe, perhaps	ja/nein/vielleicht
My name is …	Ich heiße …
What's your name?	Wie heißt du?
Excuse me! (I'm) Sorry!	Entschuldigung!
Thank you./Thanks.	Danke.
You're welcome!	Bitte schön

Falls Sie nicht alles verstehen, können Sie sagen: *I didn't understand that. Could you speak a bit more slowly, please?* Wenn auch das nichts hilft, bleibt noch die Möglichkeit, sich das Gesagte aufschreiben zu lassen: *Could you write it down for me, please?*

Autofahren

Sollten Sie mit dem Auto unterwegs sein, können Sie die folgenden Vokabeln sicher gut gebrauchen, an jeder Tankstelle und im alltäglichen Straßenverkehr. Und falls Sie mal eine Werkstatt nötig haben …

Was auf Straßenschildern steht

detour	Umleitung
dead-end	Sackgasse
no parking	Parkverbot
parking disc	Parkscheibe
danger	Gefahr

Rund ums Auto

I'd like to hire a car.	Ich möchte ein Auto mieten.
a four-wheel drive/ off-roader	ein Geländewagen
a motorbike	ein Motorrad
a motor caravan/ camper van	ein Wohnmobil
My car has been broken into.	Mein Auto ist aufgebrochen worden.
Could you give me your name and address, please.	Bitte geben Sie mir Ihren Namen und Ihre Adresse an.
You were driving too fast.	Sie sind zu schnell gefahren.
driving licence	Führerschein
Could I see your driving licence and insurance, please.	Ihre Papiere, bitte.
You cut the corner.	Sie haben die Kurve geschnitten.
You were driving too close.	Sie sind zu dicht aufgefahren.
I was driving … kilometres per hour.	Ich bin … km/h gefahren.
motorway	Autobahn
car park, parking space	Parkplatz
parking meter	Parkuhr
ticket dispenser	Parkscheinautomat
Can I park here?	Kann ich hier parken?
seat belt	Sicherheitsgurt
petrol station	Tankstelle
petrol	Benzin
unleaded	bleifrei
diesel	Diesel
four-star	Super verbleit
Full, please./Full tank, please.	Bitte volltanken.
Could you do an oil change, please?	Machen Sie bitte einen Ölwechsel.
to drive	fahren
to tow away	abschleppen

to repair	reparieren
(to the) right/(to the) left/straight ahead	(nach) rechts/(nach) links/geradeaus
to cross	überqueren
to move into 1st gear	den 1. Gang einlegen
map of the town/city	Stadtplan
security/safety	Sicherheit
traffic jam	Stau

In the garage	**In der Werkstatt**
I've had an accident.	Ich habe einen Unfall gehabt.
I've run out of petrol.	Ich habe kein Benzin mehr.
Could you tow my car away?	Könnten Sie meinen Wagen abschleppen?
My car won't start.	Mein Auto springt nicht an.
The battery's flat.	Die Batterie ist leer.
The brake's broken.	Die Bremse ist defekt.
The engine sounds funny.	Der Motor klingt seltsam.
When will the car be ready?	Wann wird der Wagen fertig sein?
gears, gearbox	Getriebe
spark plug	Zündkerze
wing, mudguard	Kotflügel
carburettor	Vergaser
flashing lights	Blinker
tyre	Reifen
tyre pressure	Reifendruck
starter	Anlasser
windscreen wipers	Scheibenwischer
dynamo	Lichtmaschine
headlights, headlamps	Scheinwerfer
radiator	Kühler

Einkaufen

How much is/are …?	Was kostet/kosten …?
money	Geld
cash desk	Kasse
to spend	ausgeben
to pay	bezahlen
to sell	verkaufen
special offer	Sonderangebot
shop window	Schaufenster
A bit less, please.	Etwas weniger, bitte.
A bit more, please.	Etwas mehr, bitte.
bigger/smaller	kleiner/größer
Where can I get …?	Wo bekomme ich …?
I'd like …	Ich hätte gerne …
Could I have a package of …?	Geben Sie mir bitte eine Packung …
Could you show me …	Zeigen Sie mir bitte …
What are you looking for?	Was wünschen Sie?
Can I help you?	Kann ich Ihnen helfen?
Could I try this on?	Kann ich das anprobieren?
Where are the fitting rooms?	Wo sind die Umkleidekabinen?
Can I pay with this credit card?	Kann ich mit dieser Kreditkarte zahlen?
I'd like something cheaper.	Ich hätte gerne etwas Billigeres.
too expensive	zu teuer
Which other sizes do you have?	Haben Sie das noch in einer anderen Größe?
What size are you?	Welche Größe haben Sie?
I'm size …	Ich habe Größe …
sales	Ausverkauf
shirt	Hemd
trousers	Hose
a pair of shoes	ein Paar Schuhe
coat	Mantel
skirt	Rock
dress	Kleid
suit	Kostüm
tights	Strumpfhose
stockings	Strümpfe
(sports) jacket	Sakko
jacket	Jacke
scarf	Halstuch
sweater	Pullover

Colours and patterns	**Farben und Muster**
blue	blau
brown	braun
yellow	gelb
red	rot
green	grün
black	schwarz
white	weiß
grey	grau
plain/one coloured	einfarbig
colourful	bunt
patterned	gemustert
checked	kariert

Essen und Trinken

Wo bekommt man's	
bakery	Bäckerei
sweet shop	Süßwarenladen
butcher('s shop)	Fleischerei
market	Markt
greengrocer	Gemüsehändler
fruitseller	Obstgeschäft
supermarket	Supermarkt

In a restaurant	**Im Restaurant**
Is there a good restaurant around here?	Wo gibt es hier in der Nähe ein gutes Restaurant?
Is there a reasonably cheap restaurant?	Wo gibt es ein preiswertes Restaurant?

A table for three, please.	Einen Tisch für drei Personen, bitte.
I'd like to reserve a table for two for eight o'clock.	Ich möchte einen Tisch für zwei Personen um acht Uhr reservieren.
Excuse me, where are the toilets?	Entschuldigung, wo sind hier die Toiletten?
This way.	Dort entlang.
Could I have the menu, please?	Die Karte bitte.
wine list	Getränkekarte
I'd just like something to drink.	Ich möchte nur etwas trinken.
Are you still serving hot meals?	Gibt es noch warme Küche?
What can you recommend?	Was empfehlen Sie mir?
I can recommend …	Ich empfehle Ihnen …
Do you serve vegetarian dishes?	Haben Sie vegetarische Gerichte?
I won't have a starter, thank you.	Danke, ich nehme keine Vorspeise
I'll have (Can I have) a beer, please?	Ich möchte ein Bier, bitte.
I'll have a (half-)bottle of red wine.	Ich möchte eine (halbe) Flasche Rotwein.

Im Englischen ist es übrigens nicht üblich, sich vor dem Essen einen »Guten Appetit« zu wünschen, bisweilen hört man aber dennoch ein *Bon appétit* oder ein *Enjoy your meal*.

Cheers!	Zum Wohl!
Could I have the bill, please?	Ich möchte zahlen, bitte.
We'd like to pay separately.	Wir möchten getrennt bezahlen.
Could I have a receipt?	Ich möchte eine Quittung.
Did you enjoy it?	Hat es Ihnen geschmeckt?
It was delicious, thank you.	Danke, sehr gut.
Do you mind if I smoke?	Stört es dich/Sie, wenn ich rauche?
tip	Trinkgeld
to eat	essen
to drink	trinken
still mineral water	Mineralwasser ohne Kohlensäure
sparkling mineral water	Mineralwasser mit Kohlensäure
house wine	Hauswein
beer	Bier
lager	helles Bier
stout	dunkles Bier
glass	Glas

Fish and seafood	**Fisch und Meeresfrüchte**
mussels	Muscheln
shellfish	Schalentiere
calamari	fritierte Tintenfischringe
lobster	Hummer
crayfish	Flusskrebs
king prawn	Riesengarnele
shrimps	Garnelen
potted shrimps	Krabben in Butter gebacken
crabs	Krabben
spiny lobster	Languste
oysters	Austern
anchovies	Sardellen
tuna	Tunfisch
bass	Seebarsch
eel	Aal
smoked eel	Räucheraal
trout	Forelle
sardines	Sardinen
salmon	Lachs
Dover sole	Seezunge
fishcake	Fischfrikadelle
fish fingers	Fischstäbchen
kedgeree	Reis mit Fisch und hartgekochten Eiern
plaice mornay	mit Käse überbackene Scholle
fish and chips	fritierte Fischstücke mit Pommes frites, legendär!

Meat dishes	**Fleischgerichte**
pork	Schwein
fillet of pork	Schweinefilet
hare	Hasenbraten
rabbit	Kaninchen
cutlet	Kotelett
escalope	Kalbsschnitzel
lamb	Lamm
leg of lamb	Lammkeule
beef	Rindfleisch
veal	Kalbfleisch
game	Wild
braised beef	Rinderschmorbraten
roast beef	Rinderbraten
hot pot	Eintopf mit Fleisch und Kartoffeln
stew	Fleischeintopf
Irish stew	Eintopf mit Hammelfleisch, Kartoffeln und Zwiebeln
ham and eggs	Spiegeleier mit Schinken
cottage pie	Fleischwürfel mit Soße, mit Kartoffelbreihaube überbacken
beefburger, rissole	Frikadelle
meat balls	Fleischklößchen
minced meat	Hackfleisch
sausages	Würstchen
ham	Schinken
boiled/raw ham	gekochter/roher Schinken

Poultry	**Geflügel**
chicken	Hähnchen, Huhn
chicken breasts/leg	Hühnerbrust/-keule
chicken wings	marinierte Hühnerflügel
chicken in the basket	paniertes halbes Hähnchen mit Pommes frites, serviert in einem Körbchen
duck	Ente
goose	Gans
turkey	Truthahn, Pute
quail	Wachtel
ostrich	Strauß
Vegetables	**Gemüse**
asparagus	Spargel
spinach	Spinat
cabbage	Kohl
beans	Bohnen
peas	Erbsen
potatoes	Kartoffeln
salad	Salat
tomato	Tomate
cucumber	Gurke
cauliflower	Blumenkohl
mushrooms	Pilze
onion	Zwiebel
pumpkin	Kürbis
sweetcorn	Mais
corn on the cob	Maiskolben
coleslaw	Krautsalat
carrots	Möhren
brussels sprout	Rosenkohl
Fruits	**Obst**
pineapple	Ananas
apple	Apfel
pear	Birne
strawberries	Erdbeeren
raspberries	Himbeeren
apricot	Aprikose
cherries	Kirschen
melon	Melone
peach	Pfirsich
banana	Banane
lemon	Zitrone
orange	Orange
grapes	Weintrauben
granadilla	Passionsfrucht
watermelon	Wassermelone
Extras	**Beilagen**
boiled rice	gekochter Reis
brown rice	Naturreis
wild rice	Wildreis
baked potatoe	gebackene Kartoffel
French fries, chips	Pommes frites
duchess potatoes	überbackener Kartoffelbrei
fried potatoes	Bratkartoffeln
mashed potatoes	Kartoffelbrei
potato fritters	Kartoffelkuchen
sweet potatoes	Süßkartoffeln
dumplings	Knödel
noodles	Nudeln
pasta	Teigwaren
Ways of cooking	**Zubereitungsarten**
baked	gebacken
barbecued	gegrillt
boiled	gekocht
braised	geschmort
steamed	gedämpft
deep-fried	fritiert
fried	gebraten
medium	medium
rare	englisch, blutig
well done	durchgebraten
What else?	**Was es sonst noch gibt**
milk	Milch
skimmed milk	fettarme Milch
cream	Sahne
cheese	Käse
yoghurt	Joghurt
porridge	Haferbrei (meist zum Frühstück)
eggs	Eier
butter	Butter
spices	Gewürze
garlic	Knoblauch
salt	Salz
pepper	Pfeffer
chillis	Peperoni
ginger	Ingwer
horse radish	Meerettich
sugar	Zucker
vinegar	Essig
olive oil	Olivenöl
honey	Honig
coffee	Kaffee
decaffeinated coffee, decaf	koffeinfreier Kaffee
ice cream	Eis
soup	Suppe
At the bakery	**Beim Bäcker**
bread	Brot
sandwich	belegtes Brot
white bread	Weißbrot
wholemeal bread	Brot aus Vollkornmehl
roll	Brötchen
muffin	süßes faustgroßes Gebäck
donut, doughnut	süßer Hefeteigring, fritiert
bagel	ringförmiges Gebäck
cake	Kuchen
cakes	Gebäck
biscuits	Kekse

Kosmetik, Presse, Geld, Post, Öffentliche Verkehrsmittel

Was Sie zur Körperpflege brauchen	
toothbrush	Zahnbürste
toothpaste	Zahnpasta
cotton wool	Wattepads
shaving cream	Rasiercreme
razor-blade	Rasierklinge
shampoo	Haarshampoo
brush	Bürste
comb	Kamm
lipstick	Lippenstift
soap	Seife
hair dryer	Fön
handkerchiefs, tissues	Papiertaschentücher
flannel	Waschlappen
nail scissors	Nagelschere
tweezers	Pinzette
cleansing milk	Reinigungsmilch
skin cream/body cream	Hautcreme
suntan oil	Sonnenöl
mosquito repellent	Mückenschutz
At the stationer's shop	**Im Zeitschriftenladen**
newspaper	Zeitung
magazine	Zeitschrift/Illustrierte
I'd like a German newspaper.	Ich hätte gerne eine deutsche Zeitung.
Do you have a more recent paper?	Haben Sie auch eine neuere Zeitung?
stamps	Briefmarken
envelope	Briefumschlag
Postkarte	Postcard
paper	Papier
ball-point pen	Kugelschreiber
book	Buch
adhesive paper	Klebeband
playing cards	Spielkarten
At the bank	**In der Bank**
Excuse me, is there a bank around here?	Entschuldigen Sie bitte, wo ist hier eine Bank?
Where can I change some money?	Wo kann ich Geld wechseln?
When does the bank close?	Wann schließt die Bank?
I'd like to change Euro into pounds.	Ich möchte Euro in Rand umtauschen.
I'd like to cash a traveller's cheque.	Ich möchte einen Reisescheck einlösen.
Could you give me some small change, please?	Geben Sie mir bitte etwas Kleingeld.
cash	Bargeld
cash dispenser	Geldautomat
maximum amount/limit	Höchstbetrag
credit card	Kreditkarte
traveller's cheque	Reisescheck
transfer	Überweisung
to sign	unterschreiben
currency	Währung
counter	Schalter
to withdraw	abheben
At the post office	**In der Post**
Where's the nearest letterbox?	Wo ist der nächste Briefkasten?
How much is a postcard to Germany?	Was kostet eine Postkarte nach Deutschland?
Is there any mail for me?	Haben Sie Post für mich?
sender	Absender
to send	verschicken
addressee	Empfänger
parcel	Paket
Public transport	**Öffentliche Verkehrsmittel**
train	Zug
to change trains	umsteigen
station	Bahnhof
bus	Bus
aircraft	Flugzeug
airport	Flughafen
take-off	Abflug
to fly	fliegen
to book	buchen
ship	Schiff
port, harbour	Hafen
ferry	Fähre
departure	Abfahrt
arrival	Ankunft
timetable	Fahrplan
luggage, baggage	Gepäck
delay	Verspätung

Medical treatment / Medizinische Versorgung

At the doctor	**Beim Arzt**
doctor	Arzt
GP	praktischer Arzt
dentist	Zahnarzt
I've got …	Ich habe …
My … hurts.	Mein … tut weh.
Does he speak German?	Spricht er Deutsch?
My husband/my wife is sick.	Mein Mann/meine Frau ist krank.
My stomach is upset.	Ich habe mir den Magen verdorben.
I've been vomiting.	Ich habe mich übergeben.
I've got a bad cold.	Ich bin stark erkältet.

I'm ... months pregnant.	Ich bin im ... Monat schwanger.
I've got high/ low blood pressure.	Ich habe einen hohen/ niedrigen Blutdruck.
It hurts here.	Hier habe ich Schmerzen.
I've hurt myself.	Ich habe mich verletzt.
I've had a fall.	Ich bin gestürzt.
Can you give me a doctor's certificate?	Können Sie mir ein Rezept ausstellen?

mouth	Mund
arm	Arm
ankle	Knöchel
heart	Herz
tooth	Zahn
knee	Knie
leg	Bein
hand	Hand
eye	Auge
ear	Ohr
skin	Haut
foot	Fuß
head	Kopf
back	Rücken
diarrhoea	Durchfall
to vomit	erbrechen
nausea	Brechreiz
cough	Husten
headaches	Kopfschmerzen
circulatory problems	Kreislaufstörungen
lumbago	Hexenschuss
sunburn	Sonnenbrand
dizziness	Schwindel
hay fever	Heuschnupfen
flu, influenza	Grippe

ointment	Salbe
antiseptic ointment	Wundsalbe
pill, tablet	Tablette
sleeping pills/tablets	Schlaftabletten
drops	Tropfen
painkiller	Schmerzmittel
first-aid kit	Verbandszeug
charcoal tablets	Kohletabletten
plaster	Pflaster

Wo? Wie? Was? – Orientierung

Wie man nach dem Weg fragt (und die Antwort versteht)

Excuse me, where's ...?	Entschuldigung, wo ist ...?
How do I get to ...?	Wie komme ich nach ...?
What's the quickest way to get to the station?	Wie komme ich am schnellsten zum Bahnhof?
How do I get onto the motorway?	Wie komme ich zur Autobahn?
Straight ahead.	Geradeaus.
(To the) right.	Nach rechts.
(To the) left.	Nach links.
Cross the bridge.	Überqueren Sie die Brücke.
Is this the road to ...?	Ist das die Straße nach ...?

Welche Sehenswürdigkeiten gibt es in der Stadt

guided tour	Führung
places of interest, sights	Sehenswürdigkeiten
bridge	Brücke
castle, palace	Schloss
treasury	Schatzkammer
tower	Turm
changing of the guard	Wachablösung
monument	Denkmal
river	Fluss
fountain	Brunnen
church	Kirche
cathedral	Kathedrale
square	Platz
museum	Museum
town hall, city hall	Rathaus
ruins	Ruine

To make a call	**Telefonieren**
My mobile phone was stolen.	Mein Handy wurde gestohlen
Where can I make a phone call around here?	Wo kann ich hier telefonieren?
Can you tell me where I can find a phone box?	Können Sie mir bitte sagen, wo hier eine Telefonzelle ist?
Where can I get a phonecard?	Wo bekomme ich eine Telefonkarte?
What's the code for ...?	Wie ist die Vorwahl von ...?
There's no reply.	Es meldet sich niemand.
The line is engaged.	Die Leitung ist besetzt.
payphone	Münztelefon

Internet

text message	SMS
Do you have wi-fi?	Haben Sie WLAN?
I have no signal.	Ich habe kein Signal.
printer	Drucker
attachment	Anhang
to refresh	aktualisieren
to connect with	sich verbinden mit

Lodging	**Unterkunft**
Do you know where I can find a room in the centre?	Wissen Sie, wo ich ein Zimmer in zentraler Lage finden kann?
Do you have a room for two nights?	Haben Sie ein Zimmer frei für zwei Tage?

I'm looking for a bed and breakfast.	Ich suche eine Pension.
How much is it?	Wie viel kostet es?
Could you book me in?	Können Sie für mich reservieren?
Is it far from here?	Ist es weit von hier?
How do I get there?	Wie komme ich dorthin?
Do you have a double/ single room?	Haben Sie ein Doppelzimmer/Einzelzimmer frei?
Can I see it, please?	Kann ich es mir bitte ansehen?
Can you put in a cot?	Können Sie ein Kinderbett aufstellen?
sink	Waschbecken
shower and toilet	Dusche und WC
bathroom	Badezimmer
The key to room 10, please.	Bitte den Schlüssel für Zimmer 10.
We're leaving tomorrow.	Wir reisen morgen ab.
Could you wake me up at seven?	Können Sie mich um sieben wecken?
May I have my bill, please?	Machen Sie bitte die Rechnung fertig.
Would you order me a taxi?	Rufen Sie bitte ein Taxi.
campsite	Campingplatz
tent	Zelt
youth hostel	Jugendherberge

Weather	**Wetter**
How is the weather today?	Wie wird das Wetter heute?
weather forecast	Wetterbericht
It's going to be warm.	Es wird warm.
It's quite humid/close.	Es ist ganz schön schwül.
hot	heiß
cloudy	bewölkt
cold	kalt
cool	kühl
variable	wechselhaft
What's the temperature?	Wie viel Grad haben wir?
cloud	Wolke
storm, thunderstorm	Gewitter
hailstorm	Hagelsturm
heat	Hitze
rain, shower	Regen
sun	Sonne
wind	Wind
climate	Klima
wet	nass
fog	Nebel

sunrise	Sonnenaufgang
sunset	Sonnenuntergang

Numbers	**Zahlen**
zero	null
one	eins
two	zwei
three	drei
four	vier
five	fünf
six	sechs
seven	sieben
eight	acht
nine	neun
ten	zehn
eleven	elf
twelve	zwölf
thirteen	dreizehn
fourteen	vierzehn
fifteen	fünfzehn
sixteen	sechzehn
seventeen	siebzehn
eighteen	achtzehn
nineteen	neunzehn
twenty	zwanzig
thirty	dreißig
fourty	vierzig
fifty	fünfzig
sixty	sechzig
seventy	siebzig
eighty	achtzig
ninety	neunzig
hundred	hundert
thousand	tausend

Time/Calendar	**Zeitangaben/ Kalender**
What's the time?	Wie spät ist es?
It's (around) one o'clock.	Es ist (ungefähr) ein Uhr.
It's quarter past one.	Es ist viertel nach eins.
It's half past one.	Es ist halb zwei.
It's quarter to two.	Es ist viertel vor zwei.
In about half an hour.	In ungefähr einer halben Stunde.
today	heute
yesterday	gestern
the day before yesterday	vorgestern
tomorrow	morgen
the day after tomorrow	übermorgen
in the morning	morgens, vormittags
in the afternoon	nachmittags, abends
at night	nachts
early	früh
late	spät
day	Tag
week	Woche
month	Monat
year	Jahr

Monday	Montag
Tuesday	Dienstag
Wednesday	Mittwoch
Thursday	Donnerstag
Friday	Freitag
Saturday	Samstag
Sunday	Sonntag

January	Januar
February	Februar
March	März
April	April
May	Mai
June	Juni
July	Juli
August	August
September	September
October	Oktober
November	November
December	Dezember

Einige landestypische Ausdrücke:

Afrikaaner	weißer Südafrikaner mit europäischem Stammbaum (holländischer, deutscher oder französischer Abstammung)
Biltong	getrocknetes Fleisch (Spezialität des Landes)
Bushveld	Buschlandschaft
Boerewors	spezielle Grillwurst
Boma	eingezäunter Pferch
Coloureds	Farbige (Mischlinge aus Europäern, Schwarzen, Malaien etc.)
Dam	Staudamm
Drostdy	Landgerichtsgebäude
Highveld	Hochebene
Impi	Krieger der Zulu
Inyanga	Kräuterkundige/r
Indaba	afrikanische Diskussionsrunde
Kerk	Kirche
Kloof	Schlucht
Rivier	Fluss
Robot	Verkehrsampel
Rondavel	Rundhütte, oft Ried gedeckt
Sangoma	traditioneller Medizinmann (oder -frau)
Shebeen	Kneipe in Township
Spa	Heil- oder Thermalbad, Wellness-Einrichtung
Township	Wohnort für Schwarze/ Farbige
Winkel	Laden

Badehäuschen in St. James auf der Kap-Halbinsel

Orts- und Sachregister

Die **fetten** Hervorhebungen verweisen auf ausführliche Erwähnungen, *kursiv* gesetzte Begriffe und Seitenzahlen beziehen sich auf den Service von A bis Z.

Orts- und Sachregister

Namenregister

The Argus, Kapstadt: S. 16 u.
Hugh Exton Photographic Museum, Pietersburg: S. 14 u.
Friedrich H. Köthe, München: S. 26 o., u., 157 o.
Clemens Emmler/laif, Köln: 56
Fotolia/Nic: S. 40; S Austin: S. 222
Professor Christoph Heubeck, Friedrich-Schiller-Universität Jena: S. 117 o., 117 u.
iStockphoto/BethWolff43: S. 58/59; bravobravo: S. 231; Dominiquedelacroix: S. 52/53; Henrique NDR Martins_ S. 22 o.; Holgs: S. 49; michaeljung: S. 22 u., Oversnap: S. 50
Mark Müller, Volketswil, Schweiz: S. 36/37
Christine Philipp, Bernried: S. 8 u., 57, 125, 198, 211, 216
Shutterstock/Andrew M. Allport: S. 151; BarryTuck: S. 17; Bernhard Richter: S. 9; BlueOrange Studio: S. 227; Carolyn Hall: S. 226; Codegoni Daniele: S. 18/19; Diriye Amey: S. 74, 83, 223; Dominique de La Croix: S. 220; Eric Valenne: S. 169 u., Felix Lipov: S. 112; Greg da Silva: S. 105; Grobler du Preez: S. 30, 141, 142, 174; Hedrus: S. 4; Hein Welman: S. 161; Hieronymus: S. 129; lkpro: S. 187, 199; Ilonde van Hoolwerff: S. 7; JeremyRichards: S. 172; Lmspencer: S. 228; Long Jon: S. 23; Magdalena Paluchowska: S. 169 o.; michaeljung: S. 72, 75; Naeblys: S. 194; PhotoSky: S. 229; Villiers Steyn: S. 230; WitR: S. 113 o.
South African Tourism, Frankfurt/M.: S. 4/5, 7 o., 10, 24 o., 24 u., 25, 27, 28, 29, 31, 32 o., 32 u., 33, 34, 35, 38, 39, 43, 45, 47, 51, 52, 54, 55 o., 58 o., 58/59, 61, 62, 63, 64, 65, 66, 67 o., 67 u., 69 o., 70, 71, 73, 75, 76/77, 79, 81, 82, 85, 86 o., 86 u., 87, 88, 88/89, 92, 93, 94 o., 94 u., 95 o., 95 u., 96, 99, 100, 101 o., 101 u., 103, 107, 108, 109, 110, 116, 120, 121 o., 121 u., 122, 123, 124 o., 126 o., 126 u., 127, 130/131, 133 o., 133 u., 135 o., 135 u., 136 o., 136 u., 137, 139, 143, 145, 146, 146/147, 148, 149, 150, 151 o., 152 o., 152 u., 153, 154 o., 154 u., 155, 156, 157 u., 158 o., 158 u., 159 o., 159 u., 160, 162/163, 166, 167 u., 173, 174/175, 176/177, 181, 182, 183, 184/184, 188, 189, 192, 193, 195, 197, 200, 201, 220, 239
South African Tourism T&C: S. 41, 106, 225
The Star, Johannesburg: S. 16 o.
Tsogo Sun/Keke Raviv: S. 208
Wikipedia (CC BY-SA 2.0)/Sara&Joachim: S. 170; Wikipedia (CC BY-SA 2.5)/Winfried Bruenken (Amrum): S. 134; Wikipedia (CC BY-SA 3.0)/Vogler: S. 11
Wolfgang R. Weber, Darmstadt: S. 6, 80, 91 o., 114, 118, 124 u., 152 r., 191

Alle übrigen Abbildungen stammen aus dem Archiv der Autorin.

Titelbild: Giraffe mit Magenhacker im Krüger-Nationalpark, Foto: iStockphoto/BirdImages
Vordere Umschlagklappe (innen): Übersichtskarte von Südafrika mit den eingezeichneten Reiseregionen
Schmutztitel (S. 1): Zulu-Mädchen in typischer Tracht, Foto: Shutterstock/Jane Rix
Haupttitel (S. 2/3): Gordon's Bay südöstlich von Kapstadt, Foto: South African Tourism, Frankfurt/M.
Hintere Umschlagklappe (innen): Kapstadt von oben, Foto: iStockphoto/michaeljung
Umschlagrückseite: Blüte der Protea aristata im Botanischen Garten Kirstenbosch, Foto: Shutterstock/laranik (oben); Bunte Strandhütten in Kapstadt, Foto: Shutterstock/Richard Cavalleri (unten)

Konzeption, Layout und Gestaltung dieser Publikation bilden eine Einheit, die eigens für die Buchreihe der **VISTA POINT Reiseführer** entwickelt wurde. Sie unterliegt dem Schutz geistigen Eigentums und darf weder kopiert noch nachgeahmt werden.

7., redaktionell korrigierte Auflage 2019

Reihenkonzeption: Horst Schmidt-Brümmer, Andreas Schulz
Aktualisierung der 6. Auflage: Christine Philipp
Lektorat: Kristina Linke, 6. Auflage: Christina Richter
Layout und Herstellung: Sandra Penno-Vesper
Reproduktionen: Henning Rohm, Köln; Noch & Noch, Datteln
Kartographie: Berndtson & Berndtson GmbH, Fürstenfeldbruck; Kartographie Huber, München
Druckerei: Florjančič tisk d.o.o., Slowenien

ISBN 978-3-96141-397-3

An unsere Leser!
Die Informationen dieses Buches wurden gewissenhaft recherchiert und von der Verlagsredaktion sorgfältig überprüft. Nichtsdestoweniger sind inhaltliche Fehler nicht immer zu vermeiden. Der Verlag übernimmt keine Haftung für die Richtigkeit von Informationen. Für Ihre Korrekturen und Ergänzungsvorschläge sind wir dankbar.

VISTA POINT Verlag
Rolandsecker Weg 30 · 53619 Rheinbreitbach
Telefon: +49 (0)2224/7795-0 · Fax: +49 (0)2224/7795-100
www.vistapoint.de · info@vistapoint.de · www.facebook.de/vistapoint